KUAIJIXUE YUANLI XITI YU SHIXUN

国家级一流本科专业建设点教学成果
高等学校会计学与财务管理专业系列教材

会计学原理
习题与实训

主　编　周传丽　张程睿

中国教育出版传媒集团
高等教育出版社·北京

内容提要

本书是高等学校会计学与财务管理专业系列教材之一，是《会计学原理》配套教材。

本书对主教材中各章的重点、难点进行了讲解与说明，设置了大量的练习题，方便学生巩固所学的内容。同时，为了提高学生理论联系实际的能力，本书设计了综合模拟实训，包含完整业务的仿真凭证，以及可裁剪、填写的空白账簿。

本书既可作为高等学校会计学与财务管理专业课程教材，也可作为社会人士自学用书。

图书在版编目(CIP)数据

会计学原理习题与实训/周传丽，张程睿主编.—北京：高等教育出版社，2023.3

ISBN 978-7-04-059859-9

Ⅰ.①会… Ⅱ.①周… ②张… Ⅲ.①会计学-高等学校-习题集 Ⅳ.①F230-44

中国国家版本馆CIP数据核字(2023)第032893号

策划编辑 张正阳 **责任编辑** 张正阳 **封面设计** 张文豪 **责任印制** 高忠富

出版发行	高等教育出版社	**网　　址**	http://www.hep.edu.cn
社　　址	北京市西城区德外大街4号		http://www.hep.com.cn
邮政编码	100120	**网上订购**	http://www.hepmall.com.cn
印　　刷	上海叶大印务发展有限公司		http://www.hepmall.com
开　　本	787 mm×1092 mm 1/16		http://www.hepmall.cn
印　　张	16.25		
字　　数	356千字	**版　　次**	2023年3月第1版
购书热线	010-58581118	**印　　次**	2023年3月第1次印刷
咨询电话	400-810-0598	**定　　价**	34.00元

物 料 号 59859-00

教师教学资源服务指南

关注微信公众号“**高教财经教学研究**”，可浏览云书展了解最新经管教材信息、下载教学资源、申请教师样书、下载试卷、观看师资培训课程和直播录像等。

下载教学资源

电脑端进入公众号点击导航栏中的“教学服务”，点击子菜单中的“资源下载”，或浏览器输入网址链接http://101.35.126.6/，注册登录后可搜索相应资源并下载。

申请教师样书

点击导航栏中的“教学服务”，点击子菜单中的“云书展”，了解最新教材信息及申请样书。

下载试卷

高教财经教学研究公众号目前提供基础会计学、中级财务会计、财务管理、管理会计、审计学、税法、税收筹划、税务会计课程试卷下载。点击导航栏中的“教学服务”，点击子菜单中的“免费试卷”，下载试卷。

观看教师培训课程

高教财经教学研究公众号上线了“路国平谈中级财务会计教学”“黄中生谈高级财务会计教学”“池国华谈财务报表分析教学”“刘海生谈管理会计教学”“李越冬谈审计学教学”“智能投资在线课程”“Python量化投资在线课程”等课程。点击导航栏中的“教师培训”，点击子菜单中的“培训课程”即可观看教师培训课程和“名师谈教学与科研直播讲堂”的录像。

联系我们

联系电话：（021）56718921

高教社本科会计教师论坛QQ群：116280562

前 言

本书为《会计学原理》(周传丽、张程睿主编,2022 年 8 月第 1 版)的配套教材,是对主教材的重要补充。本书旨在辅助会计学原理课程的教学和学生自学,帮助学生进一步掌握本课程的总体框架、重要知识点及难点;通过大量的习题与实训巩固基本原理、方法与程序,提高理论联系实际的能力与会计实操能力。

会计学原理是一门实践性很强的课程,为了更好地学习和理解会计的基本理论和方法,学生应当通过做适量的练习题来检验和巩固所学知识。由于篇幅所限,尽管主教材设置了部分习题,但不够全面和系统。为此,我们在本书中根据主教材每一章的具体内容精心编写了大量的、具有典型性的练习题,并设计了基础会计综合模拟实训练习。

本书的主体框架包括两大部分:一是分章学习指引与练习(包括本章结构、学习指引、练习题);二是综合模拟实训。本书的特点体现在:

第一,本书与主教材《会计学原理》所有章节的内容保持高度衔接与一致,并通过思维导图呈现每一章的内容、结构、知识点和逻辑。

第二,本书对主教材的重点与难点进行必要的解释与说明,学生通过学习本书可以回顾本章的关键知识点。

第三,练习题的设计覆盖了主教材每一章的所有知识点,具有较强的针对性。

第四,为了提高学生理论联系实际的能力,本书第二部分设计了综合模拟实训环节,通过模拟会计实务中的凭证、账簿及报表填制与编制,实现与会计实务的对接。

本书由华南师范大学会计系周传丽、张程睿任主编,第一、二、四、五、十、十二章由周传丽编写,第三、六、七、八、九、十一章由张程睿编写,由周传丽教授对全书进行修改和总纂。任金庆、施丹媛、肖淑丹、谢宇同学对本书资料的搜集与整理做出了贡献,在此一并致谢!

限于水平和时间,本书编著过程中可能会有所疏漏,恳请读者批评指正,我们将持续进行修订与完善。

编 者

2023 年 2 月

目　录

第一章 总 论

一、本章结构

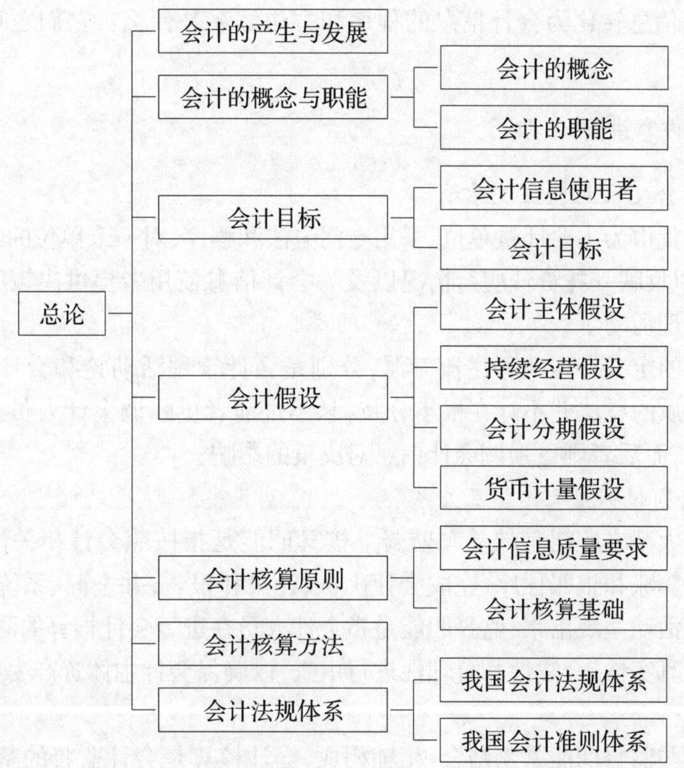

二、学习指引

(一) 学习重点

1. 会计的含义以及有关会计定义的两种代表性观点。
2. 会计目标与会计信息使用者。
3. 会计假设的含义及作用。
4. 会计的基本职能及其相互关系。
5. 会计信息质量特征。
6. 权责发生制与收付实现制的区别。
7. 收益性支出与资本性支出的划分。

8. 配比原则。

(二) 学习难点

1. 如何理解管理活动论与信息系统论对会计含义的解释?
2. 会计的基本职能与现代会计的扩展职能之间存在什么关系?
3. 如何理解决策有用观与受托责任观?两者对会计信息质量的基本要求是什么?
4. 为什么要建立会计假设?如何理解四大会计假设?
5. 会计信息质量特征的本质含义是什么?
6. 将经济信息转化为会计信息的程序和方法体系是什么?它们之间存在怎样的联系?

(三) 主要内容讲解

1. 会计的含义及两大主流学派

会计是以货币为主要计量单位,采用专门方法和程序,对一个单位的经济活动进行核算和监督,以反映受托责任履行情况以及为会计信息使用者提供决策所需会计信息的一项经济管理活动。

现代会计的定义存在两种主流学派,分别是会计管理活动论和会计信息系统论。二者对会计本质的看法并不存在根本分歧,只不过前者更强调会计人员在管理活动中的主观能动性,而后者则更强调会计信息对决策的影响。

2. 会计的基本职能及其相互关系

会计的两大基本职能是核算与监督。核算职能是指按照会计相关法律法规的要求,通过记账、算账和报账程序,完成会计确认、计量和报告,并全面、系统、完整地将会计主体的经济活动呈现出来;监督职能是指会计人员在进行会计核算的同时,对特定主体经济活动的真实性、合法性和合理性进行审查,以确保会计主体资产安全、经营合规、信息可靠。

核算职能与监督职能紧密结合、相辅相成,会计核算是会计监督的基础,会计监督是会计核算的延续和质量的保证。

3. 会计信息使用者与会计目标

会计信息使用者是会计主体的利益相关者,企业会计信息的主体主要包括投资者、债权人、管理层、供应商、客户、政府、员工等。

会计目标包括受托责任和决策有用两个方面,由此产生了受托责任观和决策有用观。受托责任观主要强调会计信息的客观性和可靠性;而决策有用观则更强调会计信息的相关性和有用性。

4. 会计假设及其相互关系

会计假设包括会计主体假设、持续经营假设、会计分期假设和货币计量假设。

会计主体假设是持续经营假设、会计分期假设和各项会计原则的基础,会计分期假设建立在持续经营假设基础上,同时又是会计信息可比性原则的基础。货币计量假设中除了规定会计应当以货币为主要计量单位外，还隐含了一个币值稳定的假设。

5. 会计信息质量特征

我国企业会计准则规定的会计信息质量特征包括可靠性、相关性、可理解性、可比性、实质重于形式、重要性、谨慎性和及时性八个方面。

6. 权责发生制与收付实现制

权责发生制与收付实现制是两种不同的会计核算基础。权责发生制是以权利与责任的形成或发生为标准来确定本期收入和费用的一种会计核算基础；收付实现制是以款项的实际收付为标准来确定本期收入和费用的一种会计核算基础。二者在收入和费用的确认与计量方面存在差异。我国《企业会计准则——基本准则》规定，企业应当以权责发生制为会计核算基础。

7. 划分收益性支出和资本性支出

划分收益性支出和资本性支出的目的在于正确地确定企业当期损益。

凡是支出的效益仅与本会计年度或一个营业周期相关的，应当作为收益性支出；凡是支出的效益与几个会计年度或几个营业周期相关的，应当作为资本性支出。

8. 配比原则及其配比方式

配比原则是指将相关费用和相关收入相互配合计算出损益（利润或亏损）的方式。配比的方式包括因果配比、间接配比和期间配比三种。

9. 会计核算方法体系

会计核算方法是对会计主体的经济活动进行会计确认、计量和报告所采用的方法，主要包括：设置账户、复式记账、填制与审核会计凭证、登记账簿、成本计算、财产清查和编制财务会计报告。各种具体方法构成了一个完整、系统的核算方法体系以及会计工作的流程。

10. 我国会计法规体系的构成

我国会计法规体系可分为三个层次，第一层次为会计法律，第二层次为会计行政法规，第三层次为会计规章。

我国企业会计准则由基本会计准则、具体会计准则、应用指南及企业会计准则解释公告四个层次构成。

11. 会计的分支

会计行为随着经济的发展和管理的需要不断演变和丰富，从而出现了不同侧重点的会计分支，按照会计信息使用者的不同，会计分为财务会计和管理会计两大分支。

三、练习题

（一）名词解释

1. 会计　　2. 核算职能

3. 监督职能　　4. 会计目标

5. 受托责任观　　6. 决策有用观

7. 会计主体假设
8. 持续经营假设
9. 会计分期假设
10. 货币计量假设
11. 权责发生制
12. 收付实现制
13. 收益性支出
14. 资本性支出
15. 配比原则
16. 可靠性
17. 相关性
18. 可理解性
19. 可比性
20. 实质重于形式
21. 重要性
22. 谨慎性
23. 及时性

（二）单项选择题

1. 复式记账法产生于（　　）。

A. 美国　　B. 英国　　C. 法国　　D. 意大利

2. 意大利数学家卢卡·帕乔利（　　）出版的《算术、几何、比及比例概要》系统地介绍了复式簿记方法。

A. 1202　　B. 1492　　C. 1494　　D. 1594

3. 世界上第一个会计职业团体——爱丁堡特许会计师协会于（　　）年成立。

A. 1554　　B. 1654　　C. 1754　　D. 1854

4. 掌握王朝计政的官员“司会”最早出现于我国的（　　）。

A. 西周　　B. 清朝　　C. 唐朝　　D. 明朝

5. （　　）的诞生标志着我国中式簿记由单式记账向复式记账的转变。

A. 三柱结算法　　B. 龙门账

C. 四脚账　　D. 结绳记账法

6. 近代会计史的两个里程碑分别是（　　）。

A. 卢卡·帕乔利复式簿记著作的出版和会计职业的出现

B. 生产活动中出现了剩余产品和会计萌芽阶段的产生

C. 会计学基础理论的创立和会计理论与方法的逐渐分化

D. 首次出现“会计”二字构词连用和设置了“司会”官职

7. 主要向外部信息使用者提供企业财务状况、经营成果和现金流量信息的是（　　）。

A. 管理会计　　B. 财务管理　　C. 财务会计　　D. 审计

8. 下列有关会计的说法中，不正确的是（　　）。

A. 会计是一种经济管理活动　　B. 会计以货币为唯一计量单位

C. 会计的主要职能是核算与监督　　D. 会计采用一系列专门的方法和程序

9. 会计方法体系中最基本方法是（　　）。

A. 会计核算方法　　B. 会计监督方法

C. 会计分析方法　　D. 会计决策方法

10. 会计的基本职能是(　　)。

A. 核算与监督　　B. 分析与考核

C. 预测和决策　　D. 核算与分析

11. 以货币为主要计量单位,对特定主体的经济活动进行记账、算账、报账的功能是(　　)。

A. 会计核算职能　　B. 会计监督职能

C. 会计计划职能　　D. 会计预测职能

12. 下列关于会计基本特征的表述中,不正确的是(　　)。

A. 会计是以货币为主要计量单位,同时可以使用实物计量和劳动计量

B. 会计核算方法包括预测、决策、控制等方法

C. 会计具有核算与监督两个基本职能

D. 会计的目标是实现受托责任和决策有用

13. 在企业的利益相关者中,企业风险的最终承担者是(　　)。

A. 债权人　　B. 投资者　　C. 客户　　D. 供应商

14. 下列选项中属于会计目标的两种主要学术观点的是(　　)。

A. 决策有用观与受托责任观　　B. 决策有用观与信息系统观

C. 信息系统观与管理活动观　　D. 管理活动观与决策有用观

15. 受托责任观下的会计目标主要强调会计信息的(　　)。

A. 可比性　　B. 相关性　　C. 可靠性　　D. 谨慎性

16. 决策有用观下的会计目标主要强调会计信息的(　　)。

A. 重要性　　B. 及时性　　C. 可靠性　　D. 相关性

17. 下列属于会计目标的是(　　)。

A. 权责发生制　　B. 永续盘存制

C. 受托责任观　　D. 配比原则

18. 关于会计主体的概念,下列各项说法中,不正确的是(　　)。

A. 可以是独立法人,也可以是非法人单位

B. 可以是一个企业,也可以是企业的一个分部

C. 可以是一个单一的企业,也可以是由几个企业组成的企业集团

D. 当企业与业主有经济往来时,应将企业与业主作为同一个会计主体处理

19. 下列有关会计主体的表述中,不正确的是(　　)。

A. 会计主体是指会计所核算和监督的特定单位和组织

B. 会计主体就是法律主体

C. 由若干具有法人资格的企业组成的企业集团也是会计主体

D. 会计主体界定了从事会计工作和提供会计信息的空间范围

20. 确定会计核算工作空间范围的前提条件是(　　)假设。

A. 会计主体　　B. 持续经营　　C. 会计分期　　D. 货币计量

21. 下列各项假设中,作为会计分期基础的是(　　)。

A. 会计主体　B. 持续经营　C. 会计要素　D. 货币计量

22. 货币计量假设的隐含假设是(　　)。

A. 会计主体　B. 持续经营　C. 会计分期　D. 币值稳定

23. 关于会计核算基本前提的说法中,不正确的是(　　)。

A. 会计基本假设包括会计主体、持续经营、会计分期和货币计量

B. 如果企业发生破产清算,经相关部门批准后,可继续使用持续经营假设

C. 我国以公历年度作为企业的会计年度

D. 会计的货币计量假设隐含了币值不变的假定

24. 会计核算要求以实际发生的交易或事项为依据进行会计确认、计量、报告,体现的会计信息质量要求是(　　)。

A. 可靠性　B. 相关性　C. 可比性　D. 谨慎性

25. 不同企业发生的相同或相似的交易或者事项,应当采用统一的会计政策,以确保会计信息口径一致,这体现了(　　)的要求。

A. 可靠性　B. 可比性　C. 可理解性　D. 及时性

26. 下列各项中,体现可比性要求的是(　　)。

A. 会计信息应当清晰明了　B. 按照交易的实质进行会计处理

C. 会计信息必须真实可靠　D. 会计指标口径一致

27. 实质重于形式原则中的"实质"是指(　　)。

A. 经济活动遵循的法律　B. 交易或事项的本质

C. 会计核算的法律依据　D. 会计核算的一般规律

28. 企业将融资租入固定资产视同自有固定资产进行核算,体现的会计信息质量要求是(　　)。

A. 可靠性　B. 可比性　C. 及时性　D. 实质重于形式

29. 企业对可能发生的各项资产损失计提资产减值或跌价准备,充分体现了(　　)的要求。

A. 可靠性　B. 谨慎性

C. 权责发生制　D. 实质重于形式

30. 对于重要的会计事项,应单独核算、分项反映,体现了(　　)原则。

A. 重要性　B. 谨慎性　C. 及时性　D. 实质重于形式

31. 由权责发生制衍生出来的(　　)是正确确认利润的基础。

A. 收付实现原则　B. 历史成本原则

C. 配比原则　D. 重要性原则

32. 下列有关会计信息质量要求的说法中,不正确的是(　　)。

A. 应当合理预计可能发生的损失和费用

B. 会计核算中应根据法律形式反映经济业务的内容

C. 财务会计报告应根据经济业务的重要程度,采取不同的处理方法

D. 会计提供的信息应当及时,不得提前或者延后

33. 我国会计准则规定,企业的会计核算应当以(　　)为基础。

A. 实地盘存制　　B. 永续盘存制

C. 收付实现制　　D. 权责发生制

34. 某企业 5 月份发生下列支出:(1)预付下半年仓库租金 18 000 元;(2)支付第 1 季度银行借款利息 9 300 元;(3)以现金 500 元购买办公用品;(4)计提本月应负担的银行借款利息 3 100 元。则按权责发生制确认的本月费用为(　　)。

A. 3 600　　B. 9 700　　C. 30 900　　D. 6 600

35. 企业 1 月初支付上半年房租金 6 000 元,将本月应负担的 1 000 元计入当月费用,符合(　　)。

A. 收付实现制原则　　B. 历史成本原则

C. 权责发生制原则　　D. 实质重于形式原则

36. 下列各项中,体现应收应付的会计记账基础是(　　)。

A. 权责发生制　　B. 收付实现制

C. 永续盘存制　　D. 实地盘存制

37. 若一项支出用于形成生产经营能力且在以后各期取得收益,则应作为(　　)。

A. 收益性支出　　B. 资本性支出

C. 预付账款　　D. 营业外支出

38. 下列属于资本性支出的项目是(　　)。

A. 支付本期办公经费　　B. 支付本期水电费

C. 支付本期房租　　D. 支付固定资产买价

39. 若本年将收益性支出当作资本性支出处理,则会导致本年度(　　)。

A. 资产虚增、收益虚增　　B. 资产虚减、收益虚增

C. 资产虚增、收益虚减　　D. 资产虚减、收益虚减

40. 下列项目中,不属于会计核算内容的是(　　)。

A. 企业计划的制定　　B. 收入的记录

C. 资本的增减　　D. 经营成果的计算

41. 下列属于国家会计法律层次的是(　　)。

A.《企业财务会计报告条例》　　B.《中华人民共和国会计法》

C.《企业会计准则》　　D.《会计基础工作规范》

42. 下列各项中,属于行政法规的是(　　)。

A.《中华人民共和国会计法》　　B.《中华人民共和国注册会计师法》

C.《企业财务会计报告条例》　　D.《企业会计准则》

(三) 多项选择题

1. 我国明清时期产生了(　　)。

A. 龙门账　　B. 四柱清册　　C. 四脚账　　D. 结绳记事

E. 三柱结算法

2. 会计核算职能的特征包括(　　)。

A. 反映过去已经发生的经济活动　　B. 以货币为主要计量单位

C. 具有连续性、系统性、全面性　　D. 具有预测、决策、控制功能

E. 包括事前、事中、事后核算

3. 会计的核算职能主要包括(　　)。

A. 记录　　B. 计算　　C. 报告　　D. 分析

E. 考核

4. 会计的拓展职能包括(　　)。

A. 预测　　B. 决策　　C. 控制　　D. 分析

E. 考核

5. 下列有关会计基本职能关系的说法中,正确的有(　　)。

A. 核算职能是监督职能的基础

B. 监督职能是核算职能的保证

C. 没有核算职能提供可靠的信息,监督职能就没有客观依据

D. 没有监督职能进行控制,也不可能提供真实可靠的会计信息

E. 会计两大基本职能是紧密结合、相辅相成的

6. 下列属于会计核算具体内容的有(　　)。

A. 款项的收付　　B. 财物的收发

C. 债权债务的发生和结算　　D. 收入与费用的计算

E. 审查会计记录的合规性

7. 会计对交易事项的监督,主要从(　　)方面进行。

A. 有效性　　B. 真实性　　C. 合法性　　D. 合理性

E. 有用性

8. 下列关于会计监督的说法中,正确的有(　　)。

A. 对特定主体的经济活动的真实性、合法性和合理性进行审查

B. 主要监督价值指标

C. 包括事前监督、事中监督和事后监督

D. 会计监督是会计核算质量的保障

E. 会计监督是事后对发生的交易进行审核

9. 下列利益相关者中,属于外部利益相关者的有(　　)。

A. 投资者　　B. 债权人　　C. 供应商　　D. 员工

E. 客户

10. 下列各项中,属于企业会计目标的有(　　)。

A. 反映企业管理层受托责任的履行情况

B. 向报告使用者提供有用的信息

C. 进行会计核算,实施会计监督

D. 进行财产物资的收发、增减和使用

E. 正确确认收入与费用

11. 会计假设是会计核算的前提，一般公认的会计假设有(　　)。

A. 会计主体　　B. 持续经营　　C. 会计分期　　D. 货币计量

E. 权责发生制

12. 会计主体假设确定了(　　)。

A. 会计核算的空间范围　　B. 会计核算的时间范围

C. 会计核算的计量问题　　D. 会计为谁记账问题

E. 会计核算的质量问题

13. 有关会计主体假设，下列说法正确的有(　　)。

A. 会计主体可以是一个法人企业，也可以是集团公司

B. 合伙企业属于非法人企业，不是会计主体

C. 会计核算的范围不包括企业所有者本人的经济活动

D. 法律主体必然是会计主体，但会计主体不一定就是法律主体

E. 会计主体假设是持续经营假设、会计分期假设和各项会计原则的基础

14. 下列项目中，可以作为一个会计主体进行核算的有(　　)。

A. 母公司　　B. 分公司　　C. 企业集团　　D. 销售部门

E. 子公司

15. 会计主体可以是(　　)。

A. 一个营利性组织　　B. 具备"法人"资格的实体

C. 不具备"法人"资格的实体　　D. 不进行独立核算的企业

E. 非营利性组织

16. 会计分期假设的主要意义在于(　　)。

A. 可使会计核算建立在非清算基础之上

B. 为分期结算账目奠定基础

C. 界定了提供会计信息的时间范围和空间范围

D. 为编制定期财务会计报告奠定了基础

E. 是会计信息可比性原则的基础

17. 以下属于会计信息质量特征的有(　　)。

A. 可靠性　　B. 相关性　　C. 可比性　　D. 可理解性

E. 及时性

18. 会计信息质量特征中的可靠性要求(　　)。

A. 企业应当以实际发生的交易或事项为依据进行会计确认、计量和报告

B. 如实反映符合确认和计量要求的各项会计要素及其他相关信息

C. 保证会计信息真实可靠、内容完整

D. 企业提供的会计信息应当清晰明了，便于财务报告使用者理解和使用

E. 与会计信息使用者的决策需要相关

19. 下列会计信息质量要求中，体现可比性要求的有(　　)。

A. 采用一致的会计政策　　B. 会计信息的口径一致
C. 满足会计信息使用者的需求　　D. 不得随意变更会计政策
E. 会计信息披露及时

20. 下列各项中,属于谨慎性原则具体运用的有(　　)。
A. 不得多计资产　　B. 不得多计收益
C. 低估费用和损失　　D. 不低估费用和损失
E. 确认一切可能的收益

21. 根据谨慎性原则的要求,对可能发生的损失或费用作出合理预计,通常的做法有(　　)。
A. 对应收账款计提坏账准备　　B. 固定资产加速折旧
C. 资产按公允价值计量　　D. 计提存货跌价准备
E. 对固定资产提取减值准备

22. 会计核算的基础包括(　　)。
A. 权责发生制　　B. 收付实现制
C. 实地盘存制　　D. 永续盘存制
E. 先进先出法

23. 权责发生制原则的要求有(　　)。
A. 本期已经实现的收入无论款项是否收到,都作为本期收入处理
B. 凡是在本期收到和付出的款项,都作为本期收入和费用处理
C. 本期已经发生的支出无论款项是否实际支付,都作为本期费用处理
D. 凡是本期没有实际收到或付出款项,都不作为本期收入或费用处理
E. 以收入或费用的归属期确定本期收入或费用

24. 本月收到上月销售产品的货款存入银行,以下表述正确的有(　　)。
A. 在收付实现制下,应当作为本月收入
B. 在权责发生制下,不应作为本月收入
C. 在收付实现制下,不应作为本月收入
D. 在权责发生制下,应当作为本月收入
E. 以货款收到的时间作为收入确认时间

25. 根据权责发生制原则,应计入本期收入或费用的有(　　)。
A. 本期收到的前期提供劳务的款项
B. 本期销售商品一批,尚未收款
C. 本期耗用的水电费,尚未支付
D. 本期预付下一年的报刊费
E. 应由本期负担的尚未支付的借款利息

26. 按照权责发生制的要求,下列处理正确的有(　　)。
A. 本月销售产品一批,货款尚未收到,确认为本月收入
B. 本月收到上月利息收入,确认为本月收入

C. 本月收到上月产品销售的收入,确认为本月收入
D. 本月签订销售合同,约定下月销售货物,确认为本月收入
E. 本月预收下季度闲置厂房租赁收入,不作为本月收入

27. 按照收付实现制的要求,下列应计入本期收入或费用的有(　　)。
A. 本期提供劳务已收款　　B. 本期提供劳务未收款
C. 本期预付后期的费用　　D. 本期支付上期的费用
E. 本期欠付的费用

28. 下列属于资本性支出的项目有(　　)。
A. 固定资产日常小修理费　　B. 购置无形资产支出
C. 购置生产设备的支出　　D. 水电费支出
E. 办公费支出

29. 下列属于收益性支出的项目有(　　)。
A. 支付当月办公费　　B. 短期借款利息支出
C. 购置设备支出　　D. 工资支出
E. 销售费用

30. 下列属于会计核算方法的有(　　)。
A. 设置账户　　B. 复式记账
C. 填制和审核凭证　　D. 登记账簿
E. 编制财务报告

31. 我国已颁布的会计准则有(　　)。
A. 企业会计准则　　B. 小企业会计准则
C. 事业单位会计准则　　D. 政府会计准则
E. 会计基础工作规范

32. 我国企业会计准则体系由(　　)构成。
A. 基本会计准则　　B. 具体会计准则
C. 会计准则解释公告　　D. 会计准则应用指南
E. 总会计师条例

(四) 判断题

1. 复式簿记法的出现成为了会计发展史上的第一个里程碑。(　　)

2. 会计可以反映过去已经发生的经济活动,也可以反映未来可能发生的经济活动。(　　)

3. 会计以货币为唯一计量单位,反映和监督会计主体的经营活动。(　　)

4. 会计的管理活动论和信息系统论对会计本质的看法并不存在根本分歧,均认为会计具有核算和监督的基本职能。(　　)

5. 会计的核算职能具体体现在记账、算账、报账三个阶段。(　　)

6. 会计的监督职能是指会计人员在进行会计核算之前,对特定会计主体经济活动

的合法性、合理性、完整性等进行审查。 ( )

7. 会计监督具有强制性。 ( )

8. 企业的利益相关者也是会计信息的需求者。 ( )

9. 我国会计目标既强调受托责任,又强调决策相关。 ( )

10. 会计假设是会计核算的前提。 ( )

11. 会计主体一定是法律主体,法律主体大于会计主体。 ( )

12. 会计分期假设是持续经营假设的前提。 ( )

13. 持续经营假设并非意味着企业将永远存续下去,如果遇到破产清算则改用清算假设。 ( )

14. 凡是不能进行货币计量的交易或事项,均不能作为会计信息加以确认。 ( )

15. 会计主体假设为会计核算确定了时间范围。 ( )

16. 会计核算必须以实际发生的经济业务为依据,表明会计核算应当遵循可靠性原则。 ( )

17. 企业进入破产清算时,按照会计信息质量可比性的要求,应仍坚持原有的会计程序与方法。 ( )

18. 可比性原则是指会计处理方法在不同企业以及同一企业不同会计期间应当一致,不得随意变更。 ( )

19. 重要性原则要求企业在会计确认与计量过程中对交易或事项应当区别其重要程度,采用不同的核算和披露方式。 ( )

20. 谨慎性原则要求企业不仅要核算可能发生的收入,也要核算可能发生的费用和损失。 ( )

21. 从谨慎性原则考虑,可以把购置的固定资产作为当期的收益性支出。 ( )

22. 按照权责发生制的要求,凡是本期实际收到款项的收入和付出款项的费用,都应当作为本期的收入和费用处理。 ( )

23. 融资租入固定资产因为所有权不属于企业,故不能确认为企业的资产。 ( )

24. 收付实现制和权责发生制的主要区别是确认收入和费用的时点标准不同。 ( )

25. 产品销售收入和产品销售成本的配比属于期间配比。 ( )

26. 由于资本性支出的受益期是跨期的,因此需先将该支出计入资产,待该资产被消耗时再转换为费用。 ( )

27. 如果将资本性支出列为收益性支出,就会减少资产价值而增加当期费用,从而少计当期利润。 ( )

(五) 业务题

1. **目的:**掌握权责发生制与收付实现制的区别。

资料:某公司20×3年9月发生下列业务:

(1) 向A公司销售商品一批,价款85 000元尚未收到。

(2) 以银行存款支付促销费用80 000元。

(3) 收到B公司前欠货款60 000元存入银行。

(4) 向C公司销售商品一批,价款200 000元,已收到款项存入银行。

(5) 以银行存款支付第四季度财产保险费50 000元。

(6) 以银行存款支付第三季度贷款利息9 000元(7、8月份各预提3 000元)。

要求:

(1) 计算权责发生制下9月份的收入和费用。

(2) 计算收付实现制下9月份的收入和费用。

2. **目的**:掌握权责发生制与收付实现制的区别。

资料:某公司20×3年4月份发生如下经济业务:

(1) 销售产品86 000元,其中66 000元收到并存入银行,其余20 000元尚未收到。

(2) 用银行存款支付本月水电费1 200元。

(3) 用银行存款预付第二季度房屋租赁费24 000元。

(4) 用银行存款支付第一季度银行借款利息3 000元。

(5) 经法院判决,获得赔偿收入2 000元,尚未收到。

(6) 预收客户购货定金4 000元,存入银行。

要求:按照权责发生制和收付实现制分别确认4月份的收入、费用和利润(见下表)。

权责发生制与收付实现制对比　　　　单位:元

业务号	权责发生制		收付实现制	
	收　入	费　用	收　入	费　用
(1)				
(2)				
(3)				
(4)				
(5)				
(6)				
利　润				

参考答案

第二章　会计要素与会计等式

一、本章结构

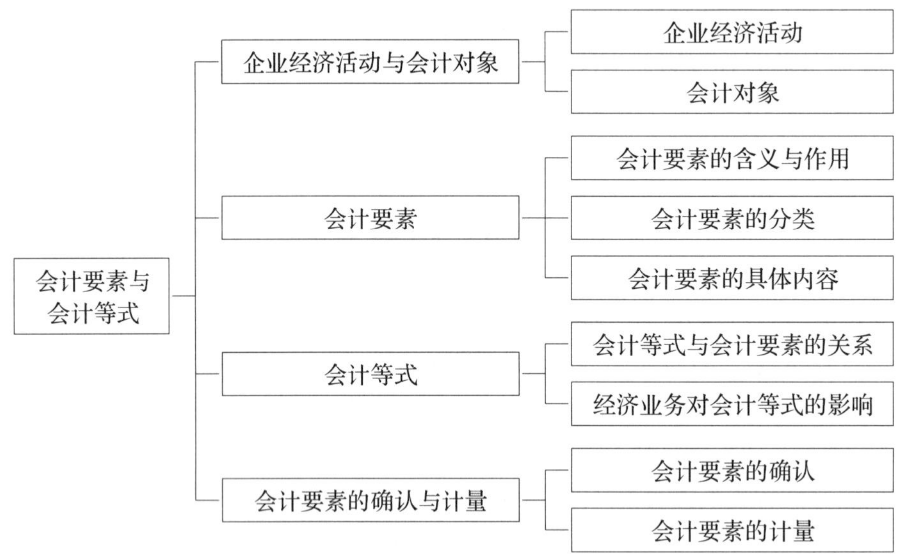

二、学习指引

(一) 学习重点

1. 会计六大要素的概念及特征。
2. 会计要素的具体分类依据及项目。
3. 根据会计要素构建的会计等式的具体形式以及会计恒等式的恒等原理。
4. 企业经济业务的发生对会计等式的影响。
5. 会计确认的意义。
6. 不同会计计量属性的适用环境或条件。

(二) 学习难点

1. 会计对象为什么定义为会计主体的资金运动,企业经济业务与会计事项之间的关系是什么?

2. 会计六大要素之间的关系是什么?由此形成的基本会计等式和扩展会计等式之间存在怎样的关系?

3. 为什么无论企业发生何种经济业务，都不会破坏会计等式的平衡关系？

4. 为什么要建立各种会计计量属性，它们各有什么特点？

(三) 主要内容讲解

1. 企业经济活动与会计对象

会计对象是社会再生产过程中的资金运动，企业组织再生产过程中产生的经济活动包括筹资活动、投资活动和经营活动三项主要内容，因此，这些经济活动中的交易或事项就是会计核算和监督的对象。

制造业的资金运动从货币形态开始，依次经过储备资金、生产资金、成品资金，最后又回到货币资金，通常将这一运动过程称为资金循环，周而复始的资金循环称为资金周转。

2. 会计要素及其分类

会计要素是对会计对象的基本分类，是按照会计对象的特征归类的项目，是会计对象的具体化。我国企业会计准则将企业会计要素概括为资产、负债、所有者权益、收入、费用和利润六大要素。

按照各会计要素与财务报表的关系，可划分为反映企业财务状况的会计要素，包括资产、负债和所有者权益，以及反映企业经营成果的会计要素，包括收入、费用和利润。

资产是指企业过去的交易或者事项形成的、由企业拥有或者控制的、预期会给企业带来经济利益的资源。按变现速度分类，资产进一步可划分为流动资产和非流动资产。

负债是指企业过去的交易或者事项形成的、预期会导致经济利益流出企业的现时义务。按偿还期限分类，负债进一步可划分为流动负债和非流动负债。

所有者权益是指企业资产扣除负债后由所有者享有的剩余权益，又称为股东权益，它在数额上等于企业全部资产减去全部负债后的余额，一般包括实收资本(或股本)、资本公积、盈余公积和未分配利润。

收入是指企业在日常活动中形成的、会导致所有者权益增加的、与所有者投入资本无关的经济利益的总流入。狭义的收入仅指营业收入，包括主营业务收入和其他业务收入，广义的收入还包括利得，如营业外收入。

费用是指企业在日常活动中发生的、会导致所有者权益减少的、与向所有者分配利润无关的经济利益的总流出。费用按照其性质或用途通常划分为计入生产经营成本的费用和计入当期损益的期间费用，广义的费用还包括损失，如营业外支出。

利润是指企业在一定会计期间的经营成果，利润包括收入减去费用后的净额以及直接计入当期利润的利得和损失等。按照我国利润表的结构，利润可分为营业利润、利润总额和净利润三个基本层次。

3. 会计等式的具体形式以及各会计等式之间的内在关系

会计等式具体包括基本会计等式、动态会计等式和扩展的会计等式三种形式。

基本会计等式又称会计恒等式或静态会计等式，表达为“资产＝负债＋所有者权益”，是反映企业财务状况的等式，也是资产负债表的编制基础。

动态会计等式表达为“收入－费用＝利润”，是反映企业经营成果的等式，也是利润表的编制基础。

将静态等式与动态等式相结合，便构成了扩展会计等式，表达为“资产＝负债＋所有者权益＋(收入－费用)”，反映一定时期内取得的经营成果对企业财务状况的影响结果。

4. 经济业务对会计等式的影响

企业每一项经济业务的发生都会引起会计等式发生变化，具体可以概括为四种类型：①经济业务引起等式两边同时增加且增加的金额相等，此时等式两边的总额同时等额增加，等式保持平衡；②经济业务引起等式两边同时减少且减少的金额相等，此时等式两边的总额同时等额减少，等式保持平衡；③经济业务只引起等式的左边(资产)内部项目一增一减，且增减的金额相等，此时等式两边的总额不变，等式保持平衡；④经济业务只引起等式的右边(负债或所有者权益)内部项目一增一减，且增减的金额相等，此时等式两边的总额不变，等式保持平衡。

企业发生各项经济业务会对有关的会计要素产生影响，但无论会计要素如何变化，均不会破坏会计等式的恒等关系。

5. 会计确认与计量

会计确认，即会计要素的确认，是指将企业经济活动中由交易产生的会计事项作为会计要素加以记录并列入财务报表的过程。

会计计量是为了将符合确认条件的会计要素登记入账，确定其金额并列入财务报表。我国企业会计准则规定的会计计量属性主要包括历史成本、重置成本、可变现净值、现值和公允价值。

三、练习题

(一) 名词解释

1. 会计对象
2. 资金循环与周转
3. 会计要素
4. 资产
5. 流动资产
6. 非流动资产
7. 负债
8. 流动负债
9. 非流动负债
10. 所有者权益
11. 收入
12. 费用
13. 利润
14. 利得
15. 损失
16. 会计等式
17. 会计确认
18. 会计计量
19. 历史成本
20. 重置成本
21. 可变现净值
22. 现值
23. 公允价值

(二) 单项选择题

1. 下列经济活动中属于工业企业经营活动的是(　　)。
A. 购买原材料　　B. 购买股票
C. 购买债券　　D. 借款

2. 下列不会最终引起货币资金变化的会计事项是(　　)。
A. 购买原材料　　B. 向银行借款
C. 销售商品　　D. 计提折旧

3. 会计的对象是特定主体的(　　)。
A. 资金运动　　B. 经济活动　　C. 财产物资　　D. 货币资金

4. 下面关于会计对象的说法中,不正确的是(　　)。
A. 会计对象是指会计所要核算与监督的内容
B. 特定主体能够以货币表现的经济活动,都是会计的对象
C. 企业日常进行的所有活动都是会计对象
D. 会计对象就是社会再生产过程中的资金运动

5. 下列项目中,属于负债会计要素的是(　　)。
A. 银行存款　　B. 固定资产　　C. 应付债券　　D. 实收资本

6. 下列项目中,属于所有者权益会计要素的是(　　)。
A. 应收票据　　B. 存货　　C. 应付债券　　D. 实收资本

7. 下列资产项目中,除(　　)之外,其余都是流动资产。
A. 无形资产　　B. 库存现金　　C. 银行存款　　D. 应收账款

8. 下列项目中属于非流动负债的是(　　)。
A. 应付账款　　B. 应付票据　　C. 应交税费　　D. 长期借款

9. 核算企业非日常活动带来的利得的会计科目是(　　)。
A. 主营业务收入　　B. 其他业务收入
C. 营业外收入　　D. 投资收益

10. 下列费用中不属于期间费用的是(　　)。
A. 管理费用　　B. 财务费用　　C. 销售费用　　D. 制造费用

11. 税后利润是指企业利润总额扣除(　　)之后的净利润。
A. 消费税　　B. 增值税　　C. 印花税　　D. 所得税

12. 下列属于流动负债的项目是(　　)。
A. 应付债券　　B. 预收账款　　C. 预付账款　　D. 存货

13. 企业所拥有的资产从财产归属来看,一部分属于投资者,另一部分属于(　　)。
A. 企业职工　　B. 债权人　　C. 债务人　　D. 企业法人

14. 从数量上看,所有者权益是(　　)。
A. 流动资产减去流动负债的余额　　B. 长期资产减去长期负债的余额
C. 全部资产减去流动负债的余额　　D. 全部资产减去全部负债的余额

15.《企业会计准则第 14 号——收入》规定,企业的日常经营收入不包括( )。

A. 销售商品的收入　　B. 提供劳务的收入

C. 出租固定资产取得的收入　　D. 捐赠获得的收入

16. 对会计对象的具体划分称为( )。

A. 会计科目　　B. 会计账簿　　C. 会计要素　　D. 会计凭证

17. 投资者出资额超出其在股本中所占份额的部分,应记入( )。

A. 盈余公积　　B. 实收资本

C. 资本公积　　D. 未分配利润

18. 下列选项中不属于利得的是( )。

A. 与企业日常活动无关的政府补助　　B. 捐赠收入

C. 销售原材料的收入　　D. 盘盈收入

19. 下列选项中属于静态会计等式的是( )。

A. 收入－费用＝利润

B. 资产＝负债＋所有者权益

C. 资产＝负债＋所有者权益＋利润

D. 资产＝负债＋所有者权益＋(收入－费用)

20. 当一项资产增加、一项负债增加的经济业务发生时,则所有者权益总额( )。

A. 发生与资产同增的变动　　B. 发生与资产同减的变动

C. 发生与资产不等额的变动　　D. 不会变动

21. 企业期初的资产总额为 90 万元,现发生一笔以银行存款 10 万元偿还银行借款的经济业务,则期末资产总额为( )。

A. 80 万元　　B. 90 万元　　C. 100 万元　　D. 70 万元

22. 企业期初资产总额为 600 万元,本期发生以下经济业务:(1)收到投资者 40 万元投资款存入银行;(2)以银行存款支付购入材料价款 12 万元;(3)以银行存款偿还银行借款 10 万元。则期末资产总额为( )。

A. 628 万元　　B. 630 万元　　C. 636 万元　　D. 648 万元

23. 收到客户欠款,存入银行,该经济业务的发生会引起会计等式( )。

A. 两边同时增加　　B. 两边同时减少

C. 资产一增一减　　D. 负债一增一减

24. 下列选项中能引起资产和负债同时减少的业务是( )。

A. 用银行存款偿还应付账款　　B. 用银行存款购买机器设备

C. 购买材料,货款暂未支付　　D. 预收客户的定金

25. 用盈余公积转增资本,则此业务对会计要素的影响是( )。

A. 资产增加　　B. 负债减少

C. 所有者权益增加　　D. 所有者权益不变

26. 某公司期初资产总额为 250 000 元,负债总额为 100 000 元。本期取得收入共计 70 000 元,发生费用共计 50 000 元。不考虑税费等其他因素,该公司期末的所有者

权益总额为(　　)元。

A. 310 000　　B. 180 000　　C. 100 000　　D. 170 000

27. 企业资产按照取得时的实际成交价格进行计量,采用的计量属性是(　　)。

A. 公允价值　　B. 历史成本　　C. 可变现净值　　D. 现值

28. 按历史成本计量模式获得的信息更具有(　　)。

A. 可靠性　　B. 重要性　　C. 相关性　　D. 谨慎性

29. 按公允价值计量模式获得的信息更具有(　　)。

A. 可靠性　　B. 重要性　　C. 相关性　　D. 谨慎性

30. 企业出售固定资产,售价 60 000 元,预计出售时支付的各项税费合计为 4 000 元,则差额 56 000 元称为(　　)。

A. 历史成本　　B. 重置成本　　C. 现值　　D. 可变现净值

(三) 多项选择题

1. 企业经济活动包括(　　)。

A. 股权筹资活动　　B. 债务筹资活动

C. 证券投资活动　　D. 购置固定资产

E. 购买原材料

2. 下列项目中,(　　)属于资产负债表要素。

A. 资产　　B. 负债　　C. 所有者权益　　D. 收入

E. 费用

3. 下列项目中,(　　)属于所有者权益要素。

A. 银行存款　　B. 资本公积　　C. 盈余公积　　D. 未分配利润

E. 实收资本

4. 下列权益项目中,(　　)属于留存收益项目。

A. 负债　　B. 股本　　C. 资本公积　　D. 盈余公积

E. 未分配利润

5. 下列项目中,(　　)属于企业日常经营活动产生的经营利润的构成要素。

A. 主营业务收入　　B. 主营业务成本

C. 其他业务收入　　D. 其他业务成本

E. 营业外收入

6. 下列选项中关于负债的表述正确的有(　　)。

A. 负债按其流动性不同,分为流动负债和非流动负债

B. 负债通常是在未来某一时日通过交付资产或提供劳务来清偿

C. 负债也包括正在筹划的未来交易事项产生的债务

D. 负债是企业由于过去的交易或事项而承担的将来义务

E. 负债是企业由于过去的交易或事项而承担的现时义务

7. 企业的收入可能表现为一定期间(　　)。

A. 现金的流入　　B. 银行存款的流入
C. 企业其他资产的增加　　D. 企业负债的增加
E. 企业负债的减少

8. 下列选项中关于资产特征的说法正确的有(　　)。
A. 由过去的交易或事项形成
B. 必须是有形的
C. 为企业拥有或者控制
D. 预期能够给企业带来未来的经济利益
E. 是一项经济资源

9. 下列选项中,应确认为企业资产的有(　　)。
A. 购入的无形资产　　B. 已霉烂变质无使用价值的存货
C. 融资租入的固定资产　　D. 计划下个月购入的材料
E. 销售商品暂时尚未收回的款项

10. 下列选项中属于流动资产的有(　　)。
A. 存放在银行的存款　　B. 存放在仓库的材料
C. 厂房和机器　　D. 企业的办公楼
E. 企业的办公用品

11. 下列有关营业利润、利润总额和净利润关系的公式中,正确的有(　　)。
A. 利润总额=营业利润+营业外收支净额
B. 净利润=利润总额-所得税费用
C. 净利润=营业利润+利润总额
D. 利润总额=营业利润-所得税费用
E. 净利润=利润总额-营业外收支净额-所得税费用

12. 下列各项中,属于收入要素的项目有(　　)。
A. 销售商品的收入
B. 出租固定资产取得的租金收入
C. 销售材料的收入
D. 处置固定资产取得的罚没收入
E. 接受捐赠的收入

13. 下列反映资金运动静态表现的会计要素有(　　)。
A. 资产　　B. 负债　　C. 收入　　D. 利润
E. 所有者权益

14. 下列各项反映企业经营成果的会计要素有(　　)。
A. 利润　　B. 费用　　C. 收入　　D. 利得
E. 损失

15. 下列经济业务中,会引起会计等式两边同时发生增减变动的有(　　)。
A. 用银行存款偿还前欠货款　　B. 购买原材料未付款
C. 从银行提取现金　　D. 向银行借款存入银行

E. 销售商品未收款

16. 下列经济业务中，引起资产一增一减的有(　　)。

A. 以银行存款购买设备　　B. 从银行提取现金

C. 预付材料款　　D. 接受股东投资

E. 偿还银行借款

17. 企业接受股东的投资，将导致(　　)。

A. 资产增加　　B. 负债增加

C. 所有者权益增加　　D. 费用增加

E. 收入增加

18. 下列正确的会计等式有(　　)。

A. 资产＝权益

B. 资产＝负债＋所有者权益

C. 收入－费用＝利润

D. 资产＝负债＋所有者权益＋(收入－费用)

E. 资产＋负债－费用＝所有者权益＋收入

19. 下列关于会计等式的说法中，正确的有(　　)。

A. “资产＝负债＋所有者权益”是最基本的会计等式，表明了会计主体在某一期间所拥有的各种资产与债权人、所有者之间的动态关系

B. “收入－费用＝利润”这一等式动态地反映经营成果与相应期间的收入和费用之间的关系，是企业编制利润表的基础

C. “资产＝负债＋所有者权益＋(收入－费用)”这一会计等式说明了企业经营成果对资产和所有者权益所产生的影响，体现了会计六要素之间的内在联系

D. 企业各项经济业务的发生并不会破坏会计基本等式的平衡关系

E. 会计恒等式是编制资产负债表的基础

20. 只引起会计等式的左边会计要素发生增减变动的经济业务有(　　)。

A. 接受投资者投资款　　B. 从银行提取现金

C. 购买材料，货款暂欠　　D. 以银行存款购买机器设备

E. 收到捐赠物资

21. 引起会计等式的两边同时发生增减变动的经济业务有(　　)。

A. 以银行存款偿还前欠货款　　B. 收到某客户前欠货款，存入银行

C. 将资本公积转增资本　　D. 向银行借款，已存入银行

E. 收到投资者追加的投资款

22. 根据会计等式原理，下列不可能发生的情况有(　　)。

A. 资产增加，负债减少，所有者权益不变

B. 资产不变，负债增加，所有者权益增加

C. 资产一增一减，权益总额不变

D. 债权人权益增加，所有者权益减少，资产不变

E. 资产增加,权益增加

23. 会计计量属性包括(　　　)。

A. 历史成本　　B. 公允价值　　C. 现值　　D. 可变现净值

E. 重置成本

24. 会计确认的条件有(　　　)。

A. 符合会计要素的定义

B. 经济利益很可能流出或流入企业

C. 金额能够可靠计量

D. 经济业务发生一定能带来经济利益

E. 必须能用公允价值计量

25. 可变现净值是指在正常生产经营过程中,以预计售价减去(　　　)后的净值。

A. 进一步加工成本　　B. 销售所必需的费用

C. 销售的相关税费　　D. 坏账准备

E. 存货跌价准备

(四) 判断题

1. 会计对象是指企业的资金运动,即企业的经济活动。(　　)

2. 投资活动产生投资收益,经营活动产生营业利润。(　　)

3. 凡是能给企业带来经济利益的资源都可以确认为企业的资产。(　　)

4. 负债是一种现时义务,预期会导致经济利益流出企业。(　　)

5. 未分配利润是指企业尚未指定用途,留待以后再向股东分配的利润。(　　)

6. 非日常活动带来的收入通过其他业务收入科目进行核算。(　　)

7. 利得和损失是偶发的,不属于企业日常经营活动。(　　)

8. 营业利润包括企业日常经营活动产生的利润和投资活动产生的投资收益。(　　)

9. 亏损会导致所有者权益的减少。(　　)

10. 企业与供应商签订一份合同,预计明年购入一条新生产线,由于该生产线预计可以为企业带来经济利益,此时应该确认为一项资产。(　　)

11. 库存中已失效或已毁损的商品,由于企业对其拥有所有权并且能够实际控制,因此应该确认为资产。(　　)

12. 制造费用、销售费用、管理费用和财务费用均属于期间费用。(　　)

13. 利润是所有收入与所有费用相抵后的差额,是经营成果的最终要素。(　　)

14. 会计上所称的“流动性”主要是指资产的变现能力。(　　)

15. 只有企业拥有某项财产物资的所有权才能将其确认为企业的资产。(　　)

16. 企业发生的某些经济活动可能影响会计等式的平衡关系。(　　)

17. 会计等式的左边资产增加,等式右边的负债或者所有者权益必然会等额增加。(　　)

18. 会计等式在任何时点都是平衡的。 ( )

19. 企业接受捐赠物资一批,该项经济业务会引起收入增加,并最终引起所有者权益的增加。 ( )

20. 企业收到客户偿还欠款,会引起会计等式左右两边同时增加。 ( )

21. 利润不单独计量,其金额取决于收入和费用,以及直接计入当期利润的利得和损失金额的计量。 ( )

22. 经济业务的发生,可能引起资产总额与权益总额发生变化,但不会破坏会计等式的平衡。 ( )

23. 可变现净值是考虑货币时间价值的一种计量属性。 ( )

24. 公允价值是一个动态的概念,基于此,历史成本也是当时的公允价值。 ( )

25. 企业对会计要素采用重置成本、可变现净值、现值和公允价值计量的,应当保证所确定的会计要素金额能够取得并可靠计量。 ( )

(五) 业务题

1. **目的:**掌握经济业务对会计等式的影响。

资料:李某于20×3年5月创办了一家A公司,本月发生如下经济业务:

(1) 将300 000元投入公司。

(2) 支付一年的办公场地租金60 000元。

(3) 支付各种费用5 000元。

(4) 用银行存款购入商品80 000元。

(5) 商品全部出售,收到货款130 000元存入银行,同时结转已售商品成本80 000元。

要求:列出每一项经济活动发生后会计等式的变化结果。

2. **目的:**掌握利润的计算方法。

资料:续第1题,A公司6月份发生了下列业务:

(1) 因逾期未交税金,向税务部门缴纳滞纳金500元。

(2) 为其他公司代售商品,收到代售佣金6 000元。

(3) 从银行提取现金3 000元。

(4) 用银行存款支付广告宣传印刷费1 200元。

要求:计算A公司截至6月30日的利润总额。

3. **目的:**掌握会计要素的划分。

资料:某公司20×3年1月31日各项目余额如下:

(1) 出纳员处存放现金1 600元。

(2) 银行存款余额300 000元。

(3) 投资者投入的资本金10 000 000元。

(4) 三年期的银行借款500 000元。

(5) 6个月期限的银行借款200 000元。

(6) 库存原材料 420 000 元。
(7) 生产车间正在加工的产品 580 000 元。
(8) 库存产成品 220 000 元。
(9) 应收客户货款 52 000 元。
(10) 应付供应商材料款 25 000 元。
(11) 为赚取交易差价购买的股票 70 000 元。
(12) 办公楼价值 3 600 000 元。
(13) 机器设备价值 4 600 000 元。
(14) 资本公积共计 560 000 元。
(15) 盈余公积共计 320 000 元。
(16) 持有某企业发行的三年期债券 660 000 元。
(17) 尚未分配的利润 348 600 元。

要求:判断上述每一项目所属的会计要素,并将各项目金额填入下表中。

会计要素分类表

单位:元

序号	金额		
	资产	负债	所有者权益
(1)			
(2)			
(3)			
(4)			
(5)			
(6)			
(7)			
(8)			
(9)			
(10)			
(11)			
(12)			
(13)			
(14)			
(15)			
(16)			
(17)			
合计			

4. **目的:**掌握会计要素之间的相互关系。

资料:某公司 20×3 年 12 月 31 日的资产负债表如下。

资产负债表

单位:元

资　产	金　额	负债及所有者权益	金　额
库存现金	5 000	短期借款	50 000
银行存款	62 000	应付账款	32 000
应收账款	32 000	应交税费	10 000
原材料	50 000	长期借款	B
固定资产	250 000	实收资本	280 000
无形资产	A	盈余公积	18 000
合　计	450 000	合　计	C

要求:

(1) 计算表中的 A、B、C 项。

(2) 分别计算流动资产总额、流动负债总额以及净资产总额。

5. **目的:**掌握会计要素及会计等式。

资料:某公司 20×2 年 12 月 31 日资产总计 450 000 元,负债总计 152 000 元。20×3 年 1 月份发生以下经济业务:

(1) 购入设备 30 000 元,以银行存款支付。

(2) 接受投资者投入货币资金 90 000 元。

(3) 取得短期借款 20 000 元,存入银行。

(4) 购入原材料 30 000 元,货款尚未支付。

(5) 以银行存款偿还上月购入原材料尾款 6 000 元。

(6) 从银行提取现金 8 000 元。

(7) 销售产品取得货款 40 000 元。

要求:

(1) 计算 1 月份发生的经济业务对资产、负债及所有者权益的影响。

(2) 计算 20×3 年 1 月 31 日的资产、负债和所有者权益总额,并验证会计等式。

6. **目的:**掌握权责发生制与收付实现制。

资料:某公司 20×3 年 7 月发生如下经济业务。

(1) 销售产品 80 000 元,收取货款存入银行。

(2) 销售产品 50 000 元,货款尚未收到。

(3) 预付 7—12 月的仓库租金 72 000 元。

(4) 收到上月应收的销货款 40 000 元。

(5) 收到客户预付的货款 20 000 元,下月交货。

(6) 本月应付水电费 3 000 元,下月支付。

要求:根据上述经济业务内容,分别按照权责发生制和收付实现制计算 7 月的收入和费用并填入下表。

20×3 年 7 月份收入和费用

单位:元

业务号	权责发生制		收付实现制	
	收 入	费 用	收 入	费 用
(1)				
(2)				
(3)				
(4)				
(5)				
(6)				
合 计				

参考答案

第三章　账户与复式记账

一、本章结构

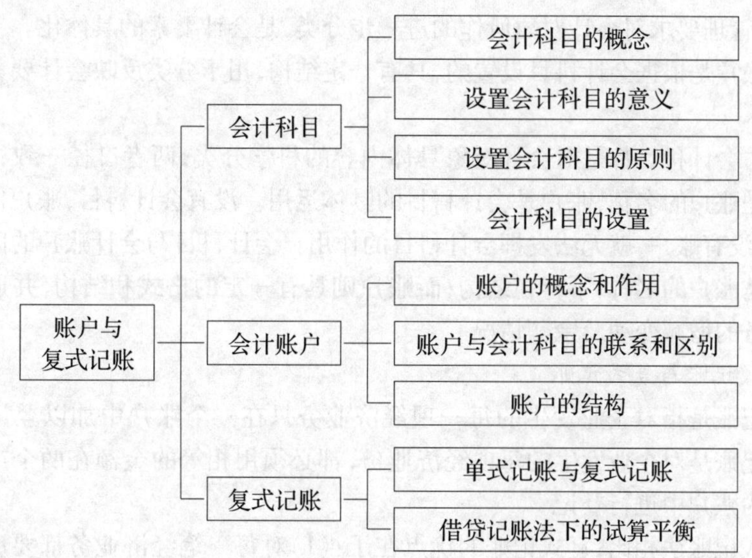

二、学习指引

(一) 学习重点

1. 会计科目的概念与设置方式。
2. 会计账户的概念与基本结构。
3. 复式记账的概念及基本原理。
4. 借贷记账法的记账规则。
5. 借贷记账法下各类账户的基本结构。
6. 借贷记账法下会计分录的编制方法及账户对应关系。
7. 借贷记账下试算平衡原理及平衡表的编制方法。

(二) 学习难点

1. 会计科目与会计账户有何关系?

2. 设置会计科目的基本原则有哪些? 企业常用会计科目有哪些? 如何为经纪业务的核算确定合适的会计科目?

3. 为什么要采用复式记账法而不是单式记账法来记录企业的经济业务?

4. 借贷记账法下各类账户结构的记账规律是怎样的?

5. 为什么试算平衡表可以平衡?

6. 为什么即使试算平衡表借、贷平衡,也并不意味着账户记录一定正确?

(三) 主要内容讲解

1. 会计科目与会计账户的关系

会计科目是对会计要素的具体内容进行科学分类的名称,是在会计要素分类的基础上,根据管理要求对会计对象所作的进一步分类,是会计要素的具体化。

会计账户是根据会计科目设置的,具有一定结构,用于分类反映会计要素增减变动及其结果。

账户与会计科目都是对会计对象具体内容的科学分类,两者口径一致,性质相同。会计科目是账户的名称,账户是会计科目的具体运用。没有会计科目,账户便失去了设置的依据;没有账户,就无法发挥会计科目的作用。会计科目与会计账户的区别在于会计科目仅是账户的名称,不存在结构;而账户则具有一定的格式和结构,并通过结构反映经济业务的增减变动及余额情况。

2. 单式记账与复式记账

单式记账是指对企业发生的每一项经济业务只在一个账户中加以登记的记账方法。复式记账是对企业发生的每项经济业务,都必须用相等的金额在两个或两个以上相互联系的账户中进行登记。

与单式记账法相比,复式记账的优点在于:(1)对每一笔经济业务都要反映其来龙去脉两个方面;(2)便于试算平衡,检查账户记录是否正确。

3. 借贷记账法的记账规则

借贷记账法是以会计等式作为记账原理,以“借”“贷”作为记账符号,以“有借必有贷,借贷必相等”为记账规则的一种复式记账方法。

借贷记账法下账户的哪一方用来登记增加额,哪一方用来登记减少额,要看账户的性质。

4. 借贷记账法下会计分录的编制

会计分录包括会计科目、记账符号和金额三个要素。会计分录分为简单会计分录与复合会计分录两种形式。

5. 试算平衡原理及方法

试算平衡依据的是借贷记账法的记账规则和“资产＝负债＋所有者权益”的平衡关系,当每项经济业务都按照“有借必有贷,借贷必相等”的记账规则来进行记录,借、贷双方的发生额必然是相等的,那么期末按照所有经济业务编制的所有会计分录的借方发生额合计数与贷方发生额合计数也一定是相等的,相对应的所有账户的借方期初、期末余额合计数与所有账户的贷方期初、期末余额合计数也是相等的。

试算平衡的公式为:

全部账户借方发生额合计数＝全部账户贷方发生额合计数

全部账户借方期末(初)余额合计数＝全部账户贷方期末(初)余额合计数

三、练习题

(一) 名词解释

1. 会计科目
2. 会计账户
3. 总分类科目
4. 单式记账
5. 复式记账
6. 借贷记账法
7. 会计分录
8. 简单会计分录
9. 复合会计分录
10. 对应账户
11. 试算平衡

(二) 单项选择题

1. 会计科目是对(　　)的具体分类。

A. 会计要素　　B. 会计对象

C. 会计等式　　D. 会计主体

2. 账户的基本结构指的是(　　)。

A. 账户中登记增减金额的栏次　　B. 账户登记的日期

C. 账户登记的经济内容　　D. 账户的具体格式

3. 下列账户中借方表示减少的是(　　)。

A. 资产类账户　　B. 费用支出类账户

C. 成本类账户　　D. 所有者权益类账户

4. 关于收入类账户说法正确的是(　　)。

A. 期末有借方余额　　B. 增加额记入账户的贷方

C. 期末结转后有余额　　D. 增加额记入账户的借方

5. 复式记账法下,任何一项经济业务至少登记(　　)账户数量。

A. 一个　　B. 四个　　C. 三个　　D. 两个

6. 下列项目中属于流动资产科目的是(　　)。

A. 应付票据　　B. 应付账款

C. 应收账款　　D. 投资性房地产

7. 下列不属于总账科目的是(　　)。

A. 甲材料　　B. 原材料

C. 应付账款　　D. 银行存款

8. 在借贷记账法下,负债账户的期末余额等于(　　)。

A. 期初借方余额＋本期借方发生额－本期贷方发生额

B. 期初借方余额＋本期贷方发生额－本期借方发生额

C. 期初贷方余额＋本期贷方发生额－本期借方发生额
D. 期初贷方余额＋本期借方发生额－本期贷方发生额
9. 非日常活动导致的损失是通过(　　)来核算的。
A. 其他业务收入　　B. 主营业务收入
C. 营业外支出　　D. 营业外收入
10. 在经济业务发生时,使用单式记账方法需要在(　　)中记录。
A. 一个账户　　B. 两个账户
C. 三个账户　　D. 四个账户
11. 发生额试算平衡公式是指(　　)。
A. 贷方期初余额＋贷方本期发生额－借方本期发生额＝贷方期末余额
B. 全部账户借方期末余额合计数＝全部账户贷方期末余额合计数
C. 借方期初余额＋借方本期发生额－贷方本期发生额＝借方期末余额
D. 全部账户本期借方发生额合计数＝全部账户本期贷方发生额合计数
12. 我国《企业会计准则——基本准则》明确规定使用的复式记账方法是(　　)。
A. 四柱记账法　　B. 借贷记账法
C. 收付记账法　　D. 增减记账法
13. 借贷记账法的记账符号是(　　)。
A. 入和出　　B. 增和减　　C. 收和付　　D. 借和贷
14. 复式记账法的理论基础是(　　)。
A. 资产与权益的平衡关系　　B. 历史成本计量
C. 收付发生制　　D. 权责实现制
15. 某公司期末余额试算平衡表如下:

账户名称	本期发生额(元)	
	借　方	贷　方
库存现金	10 000	
银行存款	173 900	
Y 账户		
应付账款		78 200
实收资本		195 000

则 Y 账户(　　)。
A. 有借方余额 89 300 元　　B. 有贷方余额 89 300 元
C. 有借方余额 81 800 元　　D. 有贷方余额 81 800 元
16. 期末余额一般在借方的账户是(　　)。
A. 库存商品　　B. 财务费用
C. 短期借款　　D. 累计折旧

17. 开设明细分类账户的依据是(　　)。

A. 总分类科目　　B. 会计要素内容

C. 试算平衡表　　D. 明细分类科目

18. 负债类账户的借方登记(　　)。

A. 增加或减少发生额　　B. 减少发生额

C. 增加发生额　　D. 本期结转数

19. 存在对应关系的账户称为(　　)。

A. 一级账户　　B. 对应账户

C. 总分类账户　　D. 明细分类账户

20. 非日常活动产生的利得通过(　　)核算。

A. 其他业务收入　　B. 主营业务收入

C. 营业外支出　　D. 营业外收入

21. 下列可以通过试算平衡查出的错误有(　　)。

A. 应借应贷账户的借贷方向颠倒

B. 漏记某项经济业务

C. 应借应贷账户的借贷金额不符

D. 重复登记某项经济业务

22. 下列哪个账户期末结转后无余额(　　)。

A. 资产类账户　　B. 负债类账户

C. 所有者权益类账户　　D. 收入类账户

(三) 多项选择题

1. 设置会计科目的原则是(　　)。

A. 简单明确、字义相符、通俗易懂　　B. 满足管理需要

C. 保持相对稳定性　　D. 符合企业特点

E. 统一性与灵活性相结合

2. 会计科目表中,会计科目分为(　　)几类。

A. 成本类　　B. 损益类　　C. 所有者权益类　　D. 资产类

E. 负债类

3. 下列各项中,属于会计科目的有(　　)。

A. 固定资产　　B. 盈余公积　　C. 实收资本　　D. 原材料

E. 运输设备

4. 与资产结构相反的账户是(　　)。

A. 成本类账户　　B. 负债类账户

C. 收入类账户　　D. 费用类账户

E. 所有者权益类账户

5. 下列各项中,与银行存款账户结构相同的账户有(　　)。

A. 固定资产　　B. 库存现金　　C. 管理费用　　D. 应付账款
E. 应收账款

6. 下列各项中,属于成本计算类的账户有(　　)。
A. 消费税　　B. 材料采购
C. 生产成本　　D. 车船税
E. 教育费附加

7. 下列各项中,属于利润表账户的有(　　)。
A. 营业外收入　　B. 其他业务利润
C. 其他业务成本　　D. 主营业务成本
E. 主营业务收入

8. 下列各项中,属于资产负债表账户的有(　　)。
A. 营业外支出　　B. 营业外收入
C. 应收票据　　D. 固定资产
E. 库存商品

9. 下列各项中,反映流动资产的账户有(　　)。
A. 实收资本　　B. 累计折旧
C. 固定资产　　D. 银行存款
E. 库存商品

10. 下列金额指标中,可以通过账户获知的有(　　)。
A. 期初余额　　B. 本期减少发生额
C. 期中余额　　D. 本期增加发生额
E. 期末余额

11. 下列各项中,反映所有者权益的账户有(　　)。
A. 未分配利润　　B. 本年利润
C. 盈余公积　　D. 实收资本
E. 应付利润

12. 下列关于明细分类科目的表述,正确的有(　　)。
A. 是进行明细分类核算的依据　　B. 也称一级会计科目
C. 是进行总分类核算的依据　　D. 提供更加详细具体的指标
E. 是对总分类科目核算内容详细分类的科目

13. 下列各项中,反映收入情况的账户有(　　)。
A. 利润分配　　B. 本年利润
C. 其他业务收入　　D. 主营业务收入
E. 所得税费用

14. 下列各项中,反映费用情况的账户有(　　)。
A. 原材料　　B. 库存商品
C. 管理费用　　D. 财务费用

E. 销售费用

15. 借贷记账法的记账规则有(　　)。

A. 一项资本增加,另一项资本减少　　B. 一项资产增加,一项资本减少

C. 一项负债增加,另一项负债减少　　D. 一项资本增加,一项负债减少

E. 一项资产增加,一项资产减少

16. 与利润账户结构相同的账户有(　　)。

A. 应付账款　　B. 银行存款

C. 库存商品　　D. 库存现金

E. 实收资本

17. 销售商品货款未收到,涉及的会计科目有(　　)。

A. 主营业务收入　　B. 应收账款

C. 应交税费——应交增值税　　D.本年利润

E. 库存现金

18. 复式记账法包括(　　)。

A. 收付记账法　　B. 增减记账法

C. 借贷记账法　　D. 四柱记账法

E. 跛脚记账法

19. 下列各项中,属于损益类的账户有(　　)。

A. 主营业务收入　　B. 其他业务收入

C. 财务费用　　D. 销售费用

E. 管理费用

20. 如果单位发生的经济业务使其银行存款增加,那么相应地可能使(　　)。

A. 应付账款增加　　B. 固定资产减少

C. 实收资本增加　　D. 长期借款增加

E. 库存现金增加

21. 试算平衡依据借贷记账法的记账规则和会计恒等式,通过汇总计算(　　),来检查账户记录是否正确。

A. 所有性质相同账户的发生额　　B. 所有性质相同账户的余额

C. 所有账户的期初余额　　D. 所有账户的期末余额

E. 所有账户的本期发生额

22. 下列各项中,不能由试算平衡表发现的错误有(　　)。

A. 一笔经济业务全部被重记

B. 一笔经济业务全部被漏记

C. 一笔经济业务应借应贷的账户相互颠倒

D. 一笔经济业务借贷双方金额上发生同样的错误

E. 会计分录的借贷双方在过入总分类账时误记了账户

23. 下列各项中,反映负债的账户有(　　)。

A. 应付账款　　B. 应收账款
C. 预付账款　　D. 预收账款
E. 其他应付款

24. 下列各项中,反映资产增减变动情况的账户有(　　)。
A. 其他应收款　　B. 固定资产
C. 本年利润　　D. 利润分配
E. 原材料

25. 下列各项中,在会计期末一般没有余额的账户有(　　)。
A. 所有者权益类账户　　B. 费用类账户
C. 资产类账户　　D. 收入类账户
E. 负债类账户

26. 下列说法中,正确的有(　　)。
A. 一笔会计分录主要包括三个要素:会计科目、记账方向的符号、金额
B. 一借一贷的会计分录为简单会计分录
C. 一借多贷、多借一贷、多借多贷的会计分录为复合会计分录
D. 可以把反映不同类型经济业务的不相关联的简单会计分录合并而编制多借多贷的复合分录
E. “借”“贷”没有实质含义,只用于会计账户前的增、减指代

27. 在借贷记账法下,借方表示的事项有(　　)。
A. 资产的减少或权益的增加　　B. 资产的增加或权益的增加
C. 资产的减少或权益的减少　　D. 资产的增加或权益的减少
E. 负债的减少或所有者权益的减少

28. 企业用银行存款偿还长期借款,导致的会计要素变化有(　　)。
A. 资产减少　　B. 资产增加
C. 负债减少　　D. 负债增加
E. 收入减少

29. 复合会计分录是指(　　)。
A. 一借一贷的会计分录　　B. 一借多贷的会计分录
C. 多借一贷的会计分录　　D. 多借多贷的会计分录
E. 写出明细科目的会计分录

(四) 判断题

1. 企业销售产品而货款未收到,其资产和负债会同时增加。(　　)
2. 标明经济业务的借、贷账户名称和金额的记录,称为会计分录。(　　)
3. 会计科目是会计核算的最小单元,是对会计要素进行分类形成的。(　　)
4. 在平行登记中,“同内容”是指相同的经济业务内容。(　　)
5. 账户是拥有一定的格式和结构,用于分类反映会计要素增减变动情况及其结果

的载体。（　）

6. 费用(成本)类账户的贷方记录增加,借方记录减少。（　）

7. 资产与所有者权益的借方记录增加,贷方记录减少。（　）

8. 试算平衡表既可以按期末余额进行编制,也可以按本期发生额进行编制。（　）

9. 费用类账户的结构与资产账户结构相同,是因为随着时间的推移,资产最终都会转化为费用,费用是瞬间的资产。（　）

10. 会计账户既有名称又有结构,可以连续系统地反映经济业务的增减变化。（　）

11. 账户的余额一般与记录的增加额在同一方,本期的期末余额为下期的期初余额。（　）

12. 单式记账法是指在业务发生时,只在一个账户进行记录的方法。（　）

13. 收入类账户与费用类账户一般没有期末余额,但有期初余额。（　）

14. 收付记账法不是复式记账法。（　）

15. 借贷记账法账户的基本结构:每一个账户的左边为借方,右边为贷方。（　）

16. 根据"有借必有贷,借贷必相等"的记账规则,任一账户的借方发生额合计数必然等于其贷方发生额合计数。（　）

17. 会计科目有结构,会计账户没有结构。（　）

18. 复合会计分录实际上是由若干简单会计分录复合而成的。（　）

19. 多借多贷会计分录由于账户对应关系不清楚,因此,企业应禁止编制多借多贷的会计分录。（　）

20. 如果试算平衡,即借方发生额合计数等于贷方发生额合计数,就可以推断账户记录肯定无误。（　）

21. 收入类账户的借方记录减少,贷方记录增加,费用类账户的结构刚好相反。（　）

22. 试算平衡也不意味着记账完全正确。（　）

23. 复式记账法的依据是会计恒等式,需要在两个或两个以上的账户中以相等的金额进行记录。（　）

24. 双重性质账户一般是指既能反映资产又能反映负债的账户。（　）

25. 账户的正常余额都在记录增加额的那一方,因此,资产类账户的余额一般在借方,负债和所有者权益类账户的余额一般在贷方。（　）

26. 账户按提供资料的详细程度不同可分为总账账户和明细账户两种。（　）

27. "有借必有贷,借贷必相等"是借贷记账法的记账规则。（　）

(五) 业务题

1. **目的**:熟悉会计科目及其类别。

资料:某公司 20×3 年 3 月 1 日有关资金内容及金额如下:

(1) 存放在企业的现款 2 000 元。

(2) 存放在银行的款项 350 000 元。

(3) 库存的各种材料 21 000 元。

(4) 自用办公楼 850 000 元。

(5) 机器设备 800 000 元。

(6) 投资者投入资本 1 755 000 元。

(7) 购货方拖欠货款 78 000 元。

(8) 从银行借入的半年期借款 140 000 元。

(9) 库存的完工产品 69 000 元。

(10) 拖欠供货方货款 340 000 元。

(11) 企业留存的盈余公积 85 000 元。

(12) 尚未完工的产品 150 000 元。

要求:根据所给资料,利用下表说明每一项资金内容应属于资产、负债和所有者权益中的哪一类,具体应归属于哪一个会计科目,填入各会计要素内容的相应栏次,并计算表中的合计数。

公司资产、负债和所有者权益分析计算表

单位:元

<table>
<tr><th rowspan="2">资料序号</th><th colspan="3">属于会计要素类别及金额</th><th rowspan="2">应归属会计科目</th></tr>
<tr><th>资 产</th><th>负 债</th><th>所有者权益</th></tr>
<tr><td></td><td></td><td></td><td></td><td></td></tr>
<tr><td></td><td></td><td></td><td></td><td></td></tr>
<tr><td></td><td></td><td></td><td></td><td></td></tr>
<tr><td></td><td></td><td></td><td></td><td></td></tr>
<tr><td></td><td></td><td></td><td></td><td></td></tr>
<tr><td></td><td></td><td></td><td></td><td></td></tr>
<tr><td></td><td></td><td></td><td></td><td></td></tr>
<tr><td></td><td></td><td></td><td></td><td></td></tr>
<tr><td></td><td></td><td></td><td></td><td></td></tr>
<tr><td></td><td></td><td></td><td></td><td></td></tr>
<tr><td></td><td></td><td></td><td></td><td></td></tr>
<tr><td></td><td></td><td></td><td></td><td></td></tr>
<tr><td rowspan="2">合 计</td><td rowspan="2"></td><td></td><td></td><td>—</td></tr>
<tr><td colspan="2"></td><td>—</td></tr>
</table>

2. **目的:**掌握账户金额增减变动的平衡关系。

资料:某公司 12 月 31 日有关账户的部分资料见表。

公司 12 月 31 日有关账户的部分资料表　　单位:元

账户名称	期初余额		本期发生额		期末余额	
	借　方	贷　方	借　方	贷　方	借　方	贷　方
固定资产	750 000		440 000	30 000	(　　)	
银行存款	140 000		(　　)	120 000	190 000	
应付账款		200 000	160 000	120 000		(　　)
短期借款		85 000	(　　)	30 000		60 000
应收账款	(　　)		60 000	100 000	40 000	
实收资本		750 000	0	(　　)		1 340 000
其他应付款		60 000	60 000	0		(　　)

要求:根据账户期初余额、本期发生额和期末余额的计算方法,计算并填列表中括号内的数字。

3. **目的:**综合练习编写会计分录、登记丁字形账户、编制试算平衡表。

资料:某公司 20×3 年 3 月初有关总分类账户的余额如下:

(1) 库存现金	1 000 元	(2) 银行存款	200 000 元
(3) 原材料	5 000 元	(4) 固定资产	160 000 元
(5) 生产成本	14 000 元	(6) 短期借款	20 000 元
(7) 应付账款	40 000 元	(8) 实收资本	320 000 元

该企业本月发生如下经济业务(假设不考虑增值税):

(1) 收到投资者投入的货币资金投资 220 000 元,已存入银行。
(2) 用银行存款 50 000 元购入不需要安装的设备 1 台。
(3) 购入材料一批,买价和运费计 15,000 元。货款尚未支付。
(4) 从银行提取现金 1 000 元。
(5) 借入短期借款 15 000 元,已存入银行。
(6) 用银行存款 35 000 元偿还应付账款。
(7) 生产产品领用材料一批,价值 13 000 元。
(8) 用银行存款 20 000 元偿还短期借款。

要求:

(1) 根据所给经济业务编制会计分录。
(2) 根据所给余额资料的账户开设并登记有关账户(开设"T"形账户即可)。
(3) 根据账户的登记结果编制"发生额及余额试算平衡表"。

参考答案

第四章　企业主要经济业务核算

一、本章结构

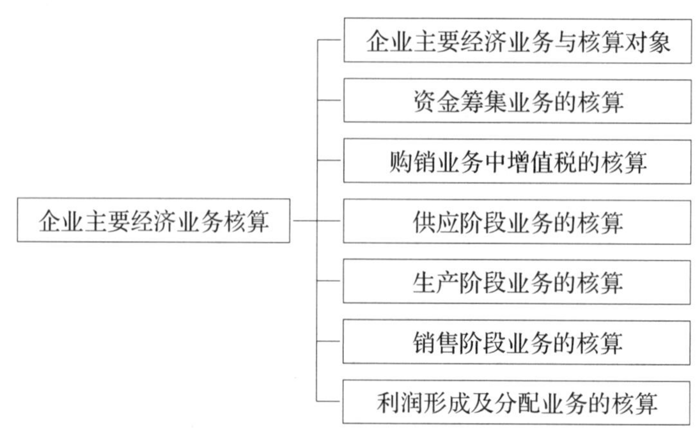

二、学习指引

(一) 学习重点

1. 企业(制造业)筹资、供应、生产、销售、利润形成与分配各阶段核算的主要内容。
2. 各阶段主要账户设置及账户记录的内容。
3. 各阶段的账务处理方法。
4. 采购成本、生产成本和销售成本的计算与结转。
5. 营业利润、利润总额、净利润的计算与相互关系。

(二) 学习难点

1. 企业(制造业)主要经济活动流程以及由此产生的各阶段经济业务(会计事项)之间存在怎样的联系?

2. 企业筹资、供应、生产、销售、利润形成与分配各阶段核算的关键问题有哪些?

3. 各阶段设置的主要账户之间的对应关系以及各阶段业务之间存在怎样的逻辑关系?

4. 资本公积(资本溢价)是如何产生的? 如何正确确认与计量资本溢价?

5. 如何确认和计量长、短期借款的利息? 它们在核算上有什么不同?

6. 制造费用与生产成本账户之间存在怎样的关系?

7. 如何计算确定完工产品的生产成本？产品生产成本与销售成本有何区别？

8. 固定资产入账价值与折旧费用存在怎样的关系？折旧的含义是什么？

9. 采购成本、生产成本、销售成本之间存在怎样的联系？

10. 利润是如何形成的？本年利润与利润分配明细账户之间是如何结转的？

11. 利润的构成要素有哪些？营业利润、利润总额与净利润之间的关系是什么？

12. 联系第十章的内容，分析哪些属于期末账项调整业务。

（三）主要内容讲解

1. 制造业的生产经营过程

制造业的生产经营过程通常包括筹资阶段、供应阶段、生产阶段、销售阶段、利润形成与利润分配阶段。

2. 筹资阶段的核算

企业的资金来源有两个渠道：一是接受投资者投入的资金，称为股权筹资；二是向债权人借入资金，称为债务筹资。前者形成所有者权益（股东权益），后者形成债权人权益，两者统称为“权益”。

筹资阶段会计核算的主要内容是接受投资者投资和向债权人借款。需要设置的主要账户包括“实收资本”“资本公积”“短期借款”“长期借款”“应付利息”等。

3. 供应阶段的核算

供应阶段会计核算的主要内容是购建固定资产和采购材料等物资。

购建固定资产的入账价值，即固定资产取得时的实际成本，包括买价、运输费、保险费、包装费、安装成本等。需要设置“固定资产”和“在建工程”账户，其中，“在建工程”账户用来核算需要安装或自行建造固定资产的全部支出，完工达到预定可使用状态后转入“固定资产”账户。

材料采购业务核算的内容包括购进材料、货款支付和材料验收入库以及材料采购成本的计算。需要设置的主要账户包括“在途物资”“原材料”“应付账款”“应付票据”“预付账款”“应交税费”等。

4. 生产阶段的核算

生产阶段核算的主要内容是生产费用的发生、归集和分配，以及完工产品成本的计算。

生产费用可为直接材料费用、直接人工费用和制造费用三个项目，又称为成本项目。直接费用是指产品生产过程中实际消耗的直接材料和直接人工费用；间接费用是指为生产产品而发生的各项间接支出，通常称为制造费用。

生产阶段需要设置的主要账户包括“生产成本”“制造费用”“应付职工薪酬”“库存商品”等。

生产阶段产品成本的计算主要涉及制造费用的分配与结转和完工产品成本的计算（完工产品的生产成本＝直接材料成本＋直接人工成本＋制造费用）。

5. 销售阶段的核算

销售阶段核算的主要内容包括销售产品并确认收入、与客户之间货款的结算、销售费用的核算以及销售成本的结转。

销售阶段需要设置的主要账户包括“主营业务收入”“主营业务成本”“其他业务收入”“其他业务成本”“应收账款”“应收票据”“预收账款”等。

6. 利润形成阶段的核算

利润形成阶段核算的主要内容包括根据营业收入、营业成本、税金及附加以及各项费用确定利润,包括营业利润、利润总额和净利润。

利润形成阶段需要设置的主要账户包括“本年利润”“所得税费用”和“利润分配——未分配利润”等。

7. 利润分配阶段的核算

净利润在弥补了以前年度亏损后,通常的分配顺序为:提取法定盈余公积、提取任意盈余公积、向投资者分配利润或股利。

利润分配阶段需要设置的主要账户包括“利润分配——未分配利润”“利润分配——提取法定盈余公积”“利润分配——提取任意盈余公积”“利润分配——应付现金股利(或应付利润)”“盈余公积”“应付股利(或应付利润)”等。

8. 特别说明,本教材以增值税一般纳税人为例,设置增值税进项税额和销项税额分别核算购进与销售业务涉及的增值税。

三、练习题

(一) 名词解释

1. 股权筹资
2. 债务筹资
3. 注册资本
4. 实收资本
5. 资本公积
6. 留存收益
7. 增值税
8. 固定资产
9. 原材料
10. 累计折旧
11. 生产成本
12. 库存商品
13. 制造费用
14. 应付职工薪酬
15. 销售费用
16. 管理费用
17. 财务费用
18. 研发费用
19. 所得税费用
20. 主营业务收入
21. 主营业务成本
22. 净利润
23. 利润分配
24. 未分配利润

(二) 单项选择题

1. 企业资产的提供者对资产所享有的要求权,会计核算中称之为(　　)。

A. 资产权益　　B. 债权人权益　　C. 所有者权益　　D. 权益

2. 甲公司成立时注册资本为 1 000 万元，现乙公司向甲公司投入资本 800 万元，占甲公司接受投资后全部股份的 1/3，则甲公司接受投资时，确认的资本公积为(　　)。

A. 200 万元　　B. 300 万元　　C. 500 万元　　D. 800 万元

3. 下列筹资活动中，属于股权融资的是(　　)。

A. 短期借款　　B. 长期借款　　C. 发行股票　　D. 发行债券

4. 下列交易事项中，会导致“资本公积”账户金额增加的是(　　)。

A. 盈余公积转增资本　　B. 资本公积转增资本

C. 向投资者分配股利　　D. 溢价发行股票

5. 企业计提短期借款利息时应借记的账户是(　　)。

A. “财务费用”账户　　B. “短期借款”账户

C. “应付利息”账户　　D. “在建工程”账户

6. 某公司向银行借入一笔 3 年期的贷款 100 万元，年利率为 6%，到期一次还本付息，则每季度末计提长期借款利息时，应编制的会计分录是(　　)。

A. 借：财务费用　　15 000
　　贷：应付利息　　15 000

B. 借：管理费用　　15 000
　　贷：应付利息　　15 000

C. 借：财务费用　　15 000
　　贷：长期借款——应计利息　　15 000

D. 借：管理费用　　15 000
　　贷：长期借款——应计利息　　15 000

7. 购买需要安装的固定资产，要将其安装成本先记入(　　)，待安装完毕交付使用时再转入“固定资产”账户。

A. “在建工程”账户的借方　　B. “在建工程”账户的贷方

C. “生产成本”账户的借方　　D. “生产成本”账户的贷方

8. 企业设置“固定资产”账户是用来反映固定资产的(　　)。

A. 磨损价值　　B. 累计折旧　　C. 原始价值　　D. 净值

9. 下列固定资产中只需在备查簿中进行登记的是(　　)。

A. 融资租入的固定资产　　B. 经营租入的固定资产

C. 赊购的固定资产　　D. 正在安装的固定资产

10. 某公司购入一条生产线，购买价格为 900 万元，增值税额为 117 万元，支付该生产线的保险、装卸等费用为 5 万元，安装期间发生安装费用 8 万元。则该生产线的入账价值为(　　)万元。

A. 900　　B. 905　　C. 913　　D. 1 030

11. 外购设备的成本不应包括(　　)。

A. 安装费　　B. 运输费　　C. 增值税　　D. 买价

12. 某公司外购原材料一批，发票注明买价 20 000 元，增值税税额为 2 600 元，入库前发生挑选整理费用为 1 000 元，则该批原材料的入账价值为(　　)元。

A. 20 000　　B. 22 600　　C. 21 000　　D. 23 600

13. 以下项目中，除了(　　)，其余均计入材料的采购成本中。

A. 购买价格　　B. 运输费用

C. 挑选整理费用　　D. 增值税

14. 某公司同时购进 A、B 两种材料，A 材料 100 千克，单价 20 元，价款 2 000 元，增值税额 260 元；B 材料 200 千克，单价 40 元，价款 8 000 元，增值税额 1 040 元，共发生运杂费 1 500 元(不考虑运费的增值税)，运杂费按材料的重量比例分配，则 A 材料的采购成本为(　　)元。

A. 2 500　　B. 2 260　　C. 2 760　　D. 3 500

15. 企业购入货物或接受应税劳务而支付的增值税额应记入“应交税费——应交增值税”二级账户的(　　)专栏。

A. 已交税金　　B. 进项税额　　C. 销项税额　　D. 进项税额转出

16. 生产成本中包含的间接费用是指(　　)。

A. 直接材料　　B. 直接人工　　C. 制造费用　　D. 管理费用

17. 产品完工后，应从“生产成本”账户转入(　　)账户。

A. 原材料　　B. 库存商品　　C. 主营业务成本　　D. 制造费用

18. 下列账户中，与“制造费用”账户不可能发生对应关系是(　　)。

A. “库存现金”账户　　B. “银行存款”账户

C. “应付职工薪酬”账户　　D. “库存商品”账户

19. 下列费用中，不构成产品成本，而应直接计入当期损益的是(　　)。

A. 直接材料费　　B. 直接人工费

C. 销售费用　　D. 制造费用

20. 如果“应付账款”账户的余额在借方，则反映的是(　　)。

A. 应付供应商的货款　　B. 预收购货单位的款项

C. 预付供应商的货款　　D. 应收购货单位的款项

21. 由生产产品、提供劳务负担的职工薪酬，应当计入(　　)。

A. 管理费用　　B. 产品成本或劳务成本

C. 财务费用　　D. 销售费用

22. 下列各项中，应作为管理费用处理的是(　　)。

A. 生产车间设备折旧费　　B. 固定资产盘亏净损失

C. 公司的业务招待费　　D. 专设销售机构固定资产的折旧费

23. 某车间生产 A、B 两种产品，本月发生车间管理人员工资 8 万元，设备折旧 12 万元。按生产工时分配制造费用，A 产品生产工时为 400 小时，B 产品生产工时为 600 小时。则本月 B 产品应负担的制造费用为(　　)万元。

A. 4.8　　B. 7.2　　C. 12　　D. 20

24. 销售商品取得的收入在(　　)账户核算。

A. 主营业务收入　　B. 其他业务收入

C. 营业外收入　　D. 投资收益

25. 结转已售产品的成本,借记“主营业务成本”,贷记(　　)账户。

A. 生产成本　　B. 本年利润　　C. 库存商品　　D. 制造费用

26. 公司出租固定资产取得的租金收入,应记入(　　)账户。

A. 主营业务收入　　B. 其他业务收入

C. 投资收益　　D. 营业外收入

27. 公司销售商品时代顾客垫付的运杂费应记入(　　)。

A. “应收账款”账户　　B. “预付账款”账户

C. “其他应收款”账户　　D. “应付账款”账户

28. 某公司应交的各种税费分别为:增值税 700 万元,消费税 300 万元,城市维护建设税 70 万元,房产税 20 万元,车船税 10 万元,所得税 500 万元,则应记入“税金及附加”账户的金额为(　　)。

A. 1 600 万元　　B. 400 万元　　C. 1 100 万元　　D. 370 万元

29. 公司发生的下列交易或事项,不应确认为营业外支出的是(　　)。

A. 公益性捐赠支出　　B. 非流动资产报废损失

C. 固定资产盘亏损失　　D. 固定资产减值损失

30. 下列各项内容中,应确认为其他业务收入的是(　　)。

A. 出售材料收入　　B. 接受捐赠收入

C. 出售商品收入　　D. 代销商品收入

31. 与公司净利润计算无关的是(　　)。

A. 消费税　　B. 一般纳税人企业的增值税

C. 所得税　　D. 城市维护建设税

32. 依据我国会计准则的规定,下列有关收入与利得的表述中,正确的是(　　)。

A. 收入和利得均源于日常经营活动

B. 收入和利得均会影响营业利润

C. 收入源于日常活动,利得源于非日常活动

D. 收入会导致所有者权益增加,利得不影响所有者权益

33. 下列内容中,不属于营业收入的是(　　)。

A. 销售商品收入　　B. 提供劳务取得的收入

C. 出售固定资产取得的净收益　　D. 出租机器设备取得的收入

34. 增值税一般纳税人发生的下列税费中,不应通过“税金及附加”账户核算的是(　　)。

A. 增值税　　B. 印花税

C. 房产税　　D. 城市维护建设税

35. 公司本期发生业务招待费 6 万元,产品广告费 15 万元,行政办公费 9 万元,产

品售后服务费 2 万元;发生工资费用共计 32 万元,其中行政管理人员工资 16 万元、车间管理人员工资 8 万元、销售机构人员工资 3 万元。则当期应记入“管理费用”账户的金额是(　　)万元。

A. 33　　B. 39　　C. 36　　D. 31

36. 为筹集生产经营所需资金而发生的费用记入(　　)。

A. 制造费用　　B. 生产成本　　C. 管理费用　　D. 财务费用

37. 某公司本期主营业务收入为 2 000 万元,主营业务成本为 1 200 万元,税金及附加为 100 万元,其他业务收入为 500 万元,其他业务成本为 300 万元,期间费用为 150 万元,投资收益为 250 万元,营业外收入为 180 万元,营业外支出为 230 万元,所得税费用为 300 万元。则本期营业利润为(　　)万元。

A. 650　　B. 1 200　　C. 1 000　　D. 950

38. 未分配利润是(　　)账户的明细账户。

A. “资本公积”　　B. “盈余公积”　　C. “本年利润”　　D. “利润分配”

39. 年末结账后,“利润分配”账户的贷方余额表示(　　)。

A. 本年实现的利润总额　　B. 本年实现的净利润额

C. 本年利润分配总额　　D. 年末未分配利润额

40. 下列各项中,影响营业利润的项目是(　　)。

A. 营业外收入　　B. 营业外支出　　C. 投资收益　　D. 所得税费用

41. 某公司年初所有者权益总额为 800 万元,本年以资本公积 180 万元转增资本,实现净利润 1 500 万元,提取盈余公积 150 万元,向投资者分配现金股利 400 万元,则年末所有者权益总额为(　　)。

A. 1 750 万元　　B. 2 330 万元　　C. 1 900 万元　　D. 2 080 万元

42. 某公司年末所有者权益构成如下:实收资本 600 万元,资本公积 54 万元,盈余公积 114 万元,未分配利润 96 万元。则留存收益为(　　)。

A. 96 万元　　B. 114 万元　　C. 210 万元　　D. 264 万元

43. 某公司年初未分配利润贷方余额为 300 万元,本年实现利润总额为 2 300 万元,本年所得税费用为 500 万元,按净利润的 10%提取法定盈余公积,提取任意盈余公积 100 万元,向投资者分配利润 400 万元。该年末未分配利润贷方余额为(　　)。

A. 1 120 万元　　B. 1 570 万元　　C. 1 870 万元　　D. 1 420 万元

44. 某公司利润总额为 2 000 万元,其中营业外收入 80 万元,营业外支出 60 万元,假设不存在纳税调整事项,所得税税率为 25%,则应缴纳的所得税为(　　)万元。

A. 500　　B. 700　　C. 505　　D. 450

(三) 多项选择题

1. 公司的主要经济业务一般包括(　　)。

A. 资金筹集业务　　B. 供应阶段业务

C. 生产阶段业务　　D. 销售阶段业务

E. 利润及分配业务

2. 下列会引起资产和所有者权益同时变动的业务有( )。

A. 收到投资者的投资款　　B. 提取盈余公积

C. 收到投资者投入设备　　D. 将资本公积转增资本

E. 向投资者分配现金股利

3. 下列筹资活动中,属于债务融资的有( )。

A. 短期借款　B. 长期借款　C. 发行股票　D. 发行债券

E. 股权转让

4. 公司的资本金按其投资主体不同可以分为( )。

A. 货币投资　B. 国家投资　C. 个人投资　D. 法人投资

E. 外商投资

5. 公司增资扩股时,当新进入投资者缴纳的出资额超过其在注册资本中所占份额时,所涉及的账户有( )。

A. 盈余公积　B. 资本公积　C. 实收资本　D. 其他应收款

E. 长期借款

6. 一般纳税人企业购入的机器设备,其入账价值包括( )。

A. 购买价款　B. 运杂费　C. 增值税　D. 保险费

E. 安装成本

7. 误将购入的固定资产的支出记入"管理费用"账户,其结果会导致( )。

A. 费用多计　B. 资产少计　C. 净收益多计　D. 净收益少计

E. 资产多计

8. 下列属于材料采购成本的有( )。

A. 买价　B. 增值税　C. 运费　D. 保险费

E. 装卸费

9. 误将增值税进项税额计入材料采购成本,其结果会使( )。

A. 资产增加　B. 所得税增加　C. 负债增加　D. 财务费用增加

E. 应交税费增加

10. 材料采购费用的分配标准可以选择( )。

A. 材料的重量　B. 材料的体积　C. 生产工时　D. 材料的价值

E. 生产工人工资

11. 采购材料过程中发生的下列费用中,不计入材料采购成本的有( )。

A. 采购人员差旅费　　B. 专设采购机构经费

C. 装卸搬运费　　D.运输途中的合理损耗

E. 运杂费

12. 在材料采购业务核算时,与"原材料"账户相对应的账户可能有( )。

A. 应付账款　B. 应付票据　C. 银行存款　D. 预付账款

E. 应交税费

13. 产品在生产过程中发生的各项生产费用按其经济用途进行分类，构成产品生产成本的成本项目，具体包括(　　)。

A. 直接材料费用　　B. 直接人工费用
C. 管理费用　　D. 财务费用
E. 制造费用

14. 关于“制造费用”账户，下列说法中正确的有(　　)。

A. 借方登记实际发生的各项制造费用
B. 贷方登记分配转入生产成本的制造费用
C. 间接人工费用登记在“制造费用”的借方
D. 期末与其他费用一起结转“本年利润”账户
E. 期末一般没有余额

15. 制造费用可以(　　)作为分配标准。

A. 产品数量　　B. 产品生产工时
C. 原材料的重量　　D. 机器运转小时
E. 生产工人工资比例

16. 产品生产成本包括(　　)。

A. 材料费用　　B. 制造费用　　C. 销售费用　　D. 人工费用
E. 管理费用

17. 计提固定资产折旧，可能涉及的账户有(　　)。

A. 固定资产　　B. 应付账款　　C. 制造费用　　D. 累计折旧
E. 管理费用

18. 下列账户中，月末一般没有余额的有(　　)。

A. “生产成本”　　B. “制造费用”
C. “管理费用”　　D. “应付职工薪酬”
E. “财务费用”

19. 营业收入包括(　　)。

A. 主营业务收入　　B. 其他业务收入
C. 营业外收入　　D. 投资收益
E. 财务费用

20. 确定营业利润的成本与费用项目包括(　　)。

A. 主营业务成本　　B. 销售费用
C. 税金及附加　　D. 管理费用
E. 营业外支出

21. 公司销售业务中产生的债权可能涉及的账户有(　　)。

A. 应收票据　　B. 应收账款　　C. 预收账款　　D. 预付账款
E. 其他应收款

22. 通过“税金及附加”账户核算的税费包括(　　)。

A. 消费税　　B. 城市维护建设税

C. 教育费附加　　D. 增值税

E. 印花税

23. 下列各项支出中,不应计入产品生产成本的有(　　)。

A. 销售费用　　B. 管理费用　　C. 财务费用　　D. 制造费用

E. 营业外支出

24. 下列各项内容中,不应计入“管理费用”账户的有(　　)。

A. 行政管理部门办公楼的折旧费　　B. 生产设备的折旧费

C. 业务招待费　　D. 专设销售机构设备折旧费

E. 生产车间的水电费

25. 下列各项收入中,属于制造业企业其他业务收入的有(　　)。

A. 销售材料的收入　　B. 罚没收入

C. 出租固定资产的租金收入　　D. 出售固定资产的净收入

E. 接受捐赠收入

26. 期间费用包括(　　)。

A. 主营业务成本　　B. 投资收益　　C. 管理费用　　D. 销售费用

E. 财务费用

27. 下列项目中,应计入销售费用的有(　　)。

A. 专设销售机构人员的工资　　B. 专设销售机构设备折旧费

C. 销售产品的广告费　　D. 产品展览费

E. 代买方垫付的运杂费

28. 会计期末应结转至“本年利润”账户的有(　　)。

A.“管理费用”　　B.“制造费用”

C.“营业外收入”　　D.“所得税费用”

E.“税金及附加”

29. 取得营业收入可能引起(　　)。

A. 资产的增加　　B. 所有者权益的增加

C. 负债的减少　　D. 负债的增加

E. 资产和负债同时增加

30. 下列各项中,影响公司当期利润总额的项目有(　　)。

A. 固定资产盘盈　　B. 确定所得税费用

C. 取得劳务收入　　D. 取得投资收益

E. 提取法定盈余公积

31. 下列内容中,应计入营业外收入的有(　　)。

A. 原材料盘盈　　B. 无法查明原因的现金溢余

C. 出租固定资产的收入　　D. 固定资产盘盈

E. 接受捐赠

32. 关于“本年利润”账户，下列说法中正确的有（　　）。

A. 借方登记期末转入的各项费用　　B. 贷方登记期末转入的各项收入

C. 贷方余额为实现的利润　　D. 借方余额为发生的亏损

E. 年末经结转后该账户没有余额

33. 下列损益类账户中，年末结账后没有余额的有（　　）。

A. “主营业务收入”　　B. “营业外收入”

C. “本年利润”　　D. “利润分配”

E. “管理费用”

34. 下列各项内容中，不会引起所有者权益发生变动的有（　　）。

A. 资本公积转增资本　　B. 计提法定盈余公积

C. 盈余公积转增资本　　D. 计提任意盈余公积

E. 分派现金股利

35. 利润分配明细账包括（　　）。

A. 未分配利润　　B. 提取法定盈余公积

C. 应付股利　　D. 提取任意盈余公积

E. 资本公积

36. 公司利润分配的内容有（　　）。

A. 计算缴纳所得税　　B. 支付银行借款利息

C. 提取法定盈余公积　　D. 提取任意盈余公积

E. 向投资者分配利润

（四）判断题

1. 对于到期一次还本付息的长期借款，在到期前的各个会计期末计提利息时，应增加长期借款的账面价值，记入“长期借款——应计利息”账户。（　　）

2. 公司的资本包括股权资本和债务资本，两者均需要归还本金。（　　）

3. 公司购入需要安装的固定资产时，应先记入“在建工程”账户，安装完工后再转入“固定资产”账户。（　　）

4. 一般纳税人外购固定资产的取得成本中不包括支付的增值税。（　　）

5. 一般纳税人购买材料支付的增值税进项税额不计入材料的采购成本。（　　）

6. 生产费用中的直接费用可直接归集到产品成本中，而间接费用则需要分配后才归集到产品成本中。（　　）

7. 预收账款属于资产，预付账款属于负债。（　　）

8. 直接人工是指直接或间接从事产品生产人员的工资及其他职工薪酬。（　　）

9. 生产车间（部门）和行政管理部门发生的固定资产折旧，应计入管理费用。（　　）

10. 将某项费用计入制造费用和计入管理费用，对当期利润的影响是相同的。（　　）

11. 制造费用期末一般没有余额,因此属于期间费用。（　）

12. 累计折旧属于费用类账户,其借方登记折旧的增加额。（　）

13. 经营活动产生的各项收入属于投资收益,应在“投资收益”账户进行核算。（　）

14. 收入能够导致所有者权益的增加,但导致所有者权益增加的不一定都是收入。（　）

15. 非材料生产企业出售材料的收入和成本,应当分别计入营业外收入和营业外支出。（　）

16. 营业外支出应当计入当期的营业利润。（　）

17. 管理费用、财务费用、销售费用和制造费用均属于期间费用。（　）

18. 一般纳税人销售商品涉及的增值税额应作为销项税额核算。（　）

19. 结转已售产品成本是将库存商品中的成本转为主营业务成本,以便计算利润。（　）

20. 年度终了,应将“本年利润”账户的累计余额转入“利润分配——未分配利润”账户。（　）

21. 资本公积中的资本溢价是公司收到的所有者出资额超过其在注册资本中所占份额的部分。（　）

22. 资本公积和未分配利润也称为留存收益。（　）

23. “税金及附加”账户用来核算增值税、消费税、城建税等。（　）

24. 增值税是营业收入的一个抵减项目。（　）

25. 所得税是企业的一项费用。（　）

26. 未分配利润包括期初未分配利润和当期赚取的利润。（　）

27. 实收资本是指企业实际收到的投入资本。（　）

28. 公司生产经营活动取得的收入,都属于主营业务收入。（　）

29. 计提短期借款利息,应计入财务费用。（　）

30. “利润分配”账户属于所有者权益类账户,期末一般无余额。（　）

31. 公司向投资者分配利润一定是在提取了法定盈余公积和任意盈余公积之后。（　）

32. “本年利润”账户和“利润分配”账户在年终结清后均无余额。（　）

33. “主营业务成本”账户属于成本类账户。（　）

34. 分配现金股利会同时减少所有者权益和资产。（　）

(五) 业务题

1. **目的:**掌握资金筹集业务的核算。

资料:某公司由甲、乙、丙三位出资者各投资 100 万元设立,20×3 年末该公司所有者权益总额为 600 万元,其中,实收资本为 300 万元,资本公积为 150 万元,盈余公积为 30 万元,未分配利润为 120 万元。20×4 年,为了扩大经营规模,公司决定增资扩股。

投资者丁某投入公司货币资金 200 万元，假定设计的甲、乙、丙、丁四位投资人的投资比例均为 25%。

要求：计算投资者丁某投资时应计入实收资本和资本公积的金额。

2. **目的**：掌握资金筹集业务的核算。

资料：某公司 20×3 年 1 月 1 日资产总额为 3 200 000 元，1 月份发生下列经济业务：

(1) 接受投资者投入资本 90 000 元，已存入公司银行。

(2) 收到某投资者投入的全新设备，双方确认的价值为 100 000 元，设备交付使用；收到投资者投入专利权一项，双方确认的价值为 250 000 元。上述投资已完成相关手续。

(3) 向银行借入期限为 6 个月的流动资金借款 300 000 元，款项已入公司银行账户。

(4) 根据借款协议，上述借款年利率为 4.5%，利息按季度支付，本金到期归还。计提本月应负担的借款利息。

(5) 从银行取得期限为 4 年的借款 1 000 000 元，已存入公司银行账户。

(6) 偿还上年短期借款本金 200 000 元。

要求：

(1) 根据上述经济业务编制会计分录。(2) 计算 1 月 31 日资产总额。

3. **目的**：掌握固定资产购置业务的核算。

资料：某公司为增值税一般纳税人，增值税税率为 13%，20×3 年发生的固定资产业务如下：

(1) 购入一台设备，增值税专用发票注明价款为 1 600 000 元，增值税 208 000 元，运费 10 000 元(运费暂不考虑增值税)，款项以银行存款支付。

(2) 购入一台需要安装的生产线，增值税专用发票注明价款为 2 500 000 元，增值税 325 000 元，保险费 20 000 元，款项以银行存款支付。

(3) 以银行存款支付生产线的安装费 15 000 元。

(4) 生产线安装完毕并投入使用，结转相关成本。

要求：根据上述经济业务编制会计分录。

4. **目的**：掌握材料采购业务的核算。

资料：某公司 20×3 年 3 月份发生下列经济业务(运输费暂不考虑增值税)：

(1) 购进 A 材料 600 千克，每千克 20 元；B 材料 400 千克，每千克 15 元，A、B 材料价款共计 18 000 元，增值税 2 340 元，支付运杂费 4 800 元，材料尚未到达，款项已用银行存款支付。(运费按材料重量比例分摊)

(2) 购进 C 材料 800 千克，每千克 40 元，增值税 4 160 元，发生运杂费 2 400 元，开出并承兑 6 个月期商业承兑汇票一张，材料尚在途中。

(3) 以银行存款预付购买D材料的货款6 000元。

(4) 上述D材料250千克已发出，单价64元，买价16 000元，增值税2 080元，运杂费900元。余款以银行存款支付。

(5) 本月采购的A、B、C、D四种材料均已验收入库，计算并结转四种材料的实际采购成本。

要求：

(1) 根据上述经济业务编制会计分录。(2) 编制材料采购成本计算表。

材料采购成本计算表　　金额单位：元

项　目	A(　千克)		B(　千克)		C(　千克)		D(　千克)	
	总成本	单位成本	总成本	单位成本	总成本	单位成本	总成本	单位成本
买　价								
采购费用								
合　计								

5. **目的：**掌握生产业务的核算。

资料：某公司20×3年6月发生如下业务：

(1) 生产甲产品领用A材料30 000元、B材料15 000元。

(2) 生产乙产品领用A材料16 000元、B材料20 000元。

(3) 以银行存款支付车间水电费9 000元。

(4) 以银行存款支付车间设备维护保养费7 000元。

(5) 月末计算甲产品生产工人工资120 000元，乙产品生产工人工资80 000元，车间管理人员工资为22 000元，公司行政管理人员工资为150 000元。

(6) 计提本月机器设备折旧14 000元。

(7) 按生产工人工资比例分配制造费用。

(8) 假设甲、乙产品全部完工，其中甲产品2 000件，乙产品4 000件。结转完工产品的生产成本。

要求：

(1) 根据上述经济业务编制会计分录。(2) 编制完工产品成本计算表。

完工产品成本计算单　　金额单位：元

品　名	项　目	直接材料	直接人工	制造费用	合　计
甲产品 (2 000件)	总成本				
	单位成本				
乙产品 (4 000件)	总成本				
	单位成本				

6. **目的**:掌握生产业务的核算。

资料:某公司20×3年5月发生如下经济业务:

(1) 本月生产领用材料51 600元,其中生产A产品领用30 000元,生产B产品领用20 000元,生产车间一般耗用1 600元。

(2) 用银行存款支付本月生产用水电费4 900元。

(3) 本月应付职工薪酬共计160 000元,其中A、B产品生产工人工资分别为80 000元和60 000元,车间管理人员工资20 000元。

(4) 计提本月生产车间用固定资产折旧5 000元。

(5) 以银行存款支付生产车间办公用品费500元。

(6) 根据生产工时分配制造费用,A产品生产工时7 500工时,B产品生产工时5 000工时。

(7) 本月投产A产品1 000件已全部完工,验收入库,计算其总成本和单位成本。(假定B产品全部未完工)

要求:根据上述经济业务编制会计分录。

7. **目的**:掌握销售业务的核算。

资料:某公司为增值税一般纳税人,适用的增值税税率为13%。20×3年4月发生以下经济业务:

(1) 销售A产品50台,单价为9 000元,增值税58 500元,款项已通过银行转账收讫。

(2) 采用赊销方式销售A产品10台,单价为9 000元,增值税11 700元。

(3) 与×公司签订一份销售A产品20台的合同,收取定金100 000元,存入银行。

(4) 根据合同约定,交付20台A产品给X公司,单价为9 000元,增值税23 400元,余款已通过银行存款收讫。

(5) 销售40套B产品给Y公司,单价5 000元,增值税26 000元,收到Y公司签发的一张银行承兑汇票,金额为226 000元。

(6) 银行转账支付广告费100 000元。

(7) 银行转账支付产品展销费15 000元。

(8) 月末计算销售机构人员薪酬50 000元。

(9) 结转上述已售A、B两种产品的销售成本,其中A产品单位成本4 500元,B产品单位成本2 800元。

要求:根据上述经济业务编制会计分录。

8. **目的**:掌握利润及利润分配业务

资料:某公司20×3年12月31日损益类账户的余额如下表所示。

20×3 年 12 月 31 日账户余额表　　单位:元

账户名称	借或贷	结账前余额
主营业务收入	贷	1 115 000
其他业务收入	贷	25 000
投资收益	贷	15 000
营业外收入	贷	40 000
主营业务成本	借	300 000
其他业务成本	借	13 000
税金及附加	借	5 000
管理费用	借	25 000
销售费用	借	35 000
财务费用	借	5 000
营业外支出	借	10 000

假设公司不存在纳税调整因素,所得税税率为 25%。按净利润 10%提取法定盈余公积,按 5%提取任意盈余公积,向投资者分配股利 200 000 元。

要求:编制以下会计分录:

(1) 结转损益类账户。

(2) 计算并结转所得税。

(3) 计算并结转净利润。

(4) 提取盈余公积。

(5) 向投资者分配股利。

9. **目的:**掌握综合业务的核算

资料:某公司执行 25%的所得税税率,为增值税一般纳税人,增值税税率为 13%。20×3 年 12 月份发生下列经济业务:

(1) 从银行取得 9 个月期限的借款 500 000 元存入银行,年利率 6%。

(2) 接受投资者投入的设备一台,原价 100 000 元,评估作价 80 000 元。

(3) 接受投资者投入货币资金 500 000 元,款项存入银行。

(4) 用银行存款缴纳上月税金 3 500 元。

(5) 收回某客户所欠货款 8 000 元存入银行。

(6) 用银行存款 120 000 元预付未来 2 年的房租。

(7) 销售 A 产品 350 件,单价 80 元,价款 28 000 元,增值税税率为 13%,款项已收存银行。

(8) 购入甲材料 30 000 元,增值税 3 900 元,款项已付,材料已验收入库。

(9) 生产 A 产品领用甲材料 9 600 元,乙材料 5 400 元;生产 B 产品领用甲材料

5 000 元;车间一般性消耗甲材料 1 200 元。

(10) 车间设备修理费 800 元用现金支付。

(11) 用银行存款 750 元支付产品展销费。

(12) 销售 B 产品 1 000 件,单价 50 元,价款 50 000 元,增值税税率为 13%,款项暂未收到。

(13) 购买一台车床,买价 240 000 元,增值税 31 200 元,运杂费 1 000 元(运费暂不考虑增值税),款项暂未支付,设备已交付使用。

(14) 开出转账支票购买车间办公用品 2 000 元。

(15) 本月计提折旧 11 200 元,其中,生产设备折旧费 8 000 元,公司管理部门用固定资产折旧 3 200 元。

(16) 计提应由本月负担的银行短期借款利息,资料见(1)。

(17) 用银行存款 40 000 元预付材料款。

(18) 计算本月工资费用,其中,A 产品工人工资 12 000 元,B 产品工人工资 10 000 元,车间管理人员工资 8 000 元,公司行政管理人员 11 000 元。

(19) 按产品生产工时分配并结转本月发生的制造费用。(A 产品 6 000 工时、B 产品 4 000 工时)。

(20) 本月生产的 A、B 产品全部完工并验收入库,其中 A 产品 1 000 件,B 产品 2 000 件。结转完工产品成本。

(21) 用银行存款 20 000 元捐赠灾区。

(22) 用银行存款 2 400 元支付行政管理部门办公用品费。

(23) 结转已销 A、B 产品的销售成本。

(24) 将本月损益类账户发生额转入“本年利润”账户。

(25) 计算并结转所得税费用。

(26) 按税后利润的 10%提取法定盈余公积。

(27) 按净利润的 40%分配股利。

(28) 结转本年净利润。

(29) 将“利润分配——提取盈余公积”和“利润分配——应付股利”账户的发生额转入“利润分配——未分配利润”账户。

要求:

(1) 编制上述经济业务的会计分录。

(2) 编制试算平衡表。

参考答案

第五章　成本计算

一、本章结构

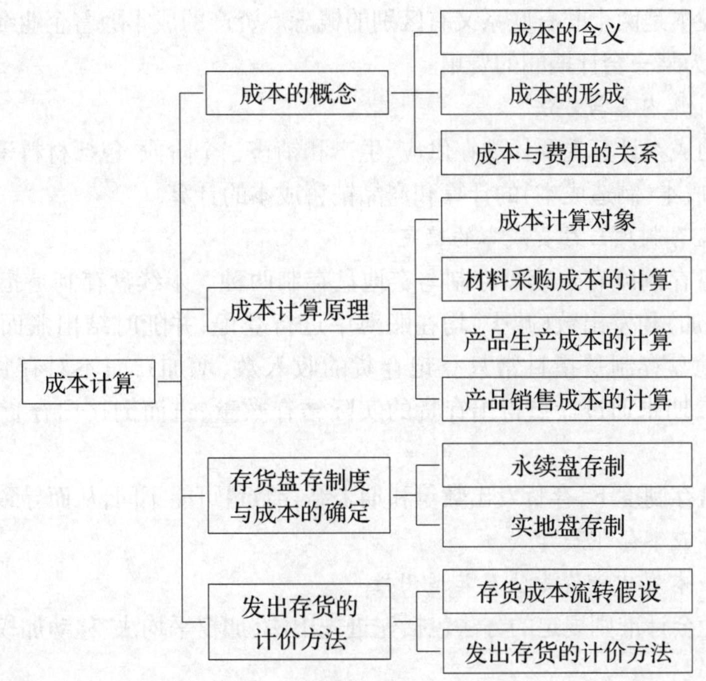

二、学习指引

(一) 学习重点

1. 成本的含义以及成本与费用的关系。
2. 材料采购成本、产品生产成本、产品销售成本的计算方法以及三者之间的关系。
3. 存货盘存制度与存货成本的确定。
4. 存货发出计价方法及其对财务报表的影响。

(二) 学习难点

1. 成本是如何形成的？成本与费用有何区别？
2. 制造业供应、生产、销售三个阶段的成本计算对象是什么？
3. 如何计算材料采购成本、产品生产成本、产品销售成本，三者之间有什么关系？

4. 成本不仅受价格的影响，而且受存货数量的影响，不同的盘存制度对存货数量的确定方法不同。两种盘存制度对存货成本会产生怎样的影响？

5. 为什么要建立存货流转假设？发出存货的各种计价方法对财务报表有何影响？

（三）主要内容讲解

1. 成本的含义、成本与费用之间的关系

成本属于价值的范畴，是为取得资产所需付出的经济价值。狭义的成本专指对象化的耗费，即分配到成本计算对象上的费用。

费用和成本是两个既有联系又有区别的概念。资产的成本随着企业经营活动的开展，逐步转化为某一会计期间的费用。

2. 成本计算内容与方法

制造业的成本计算主要体现在供应、生产和销售三个阶段，包括材料采购成本的计算、产品生产成本（制造成本）的计算和产品销售成本的计算。

3. 存货盘存制度与存货成本的确定

存货的盘存制度有永续盘存制与实地盘存制两种。永续盘存制是指日常对存货的收入数（增加）和发出数（减少）均在账簿中进行登记，并随时结出账面结存数的一种制度。实地盘存制是指日常只登记存货的收入数（增加），而不对存货的发出（减少）进行记录，期末通过盘点得出存货的实际结存数量，进而倒挤出存货发出数量的一种制度。

在不同盘存制度下，存货发出数量和期末结存数量可能不同，从而导致存货发出成本和期末结存成本存在差异。

4. 存货成本发出计价方法及其适用性

我国企业会计准则规定的方法包括先进先出法、加权平均法、移动加权平均法和个别计价法。

发出存货的计价方法不仅关系到产品销售成本的确定，直接影响利润表，还关系到期末结存存货的成本，从而影响资产负债表中存货的价值。不同存货计价方法对资产负债表和利润表的影响各不相同。

三、练习题

（一）名词解释

1. 成本
2. 费用
3. 采购成本
4. 生产成本
5. 销售成本
6. 成本项目
7. 成本流转假设
8. 永续盘存制
9. 实地盘存制
10. 先进先出法
11. 加权平均法
12. 移动加权平均法

13. 个别计价法

(二) 单项选择题

1. 成本是与特定的计算对象相联系的,该“特定对象”是指(　　)。

A. 部门　　B. 产品　　C. 期间　　D. 员工

2. 下列各项中,其价值随着消耗一次性转移到产品中去的是(　　)。

A. 固定资产的价值　　B. 材料的价值

C. 无形资产的价值　　D. 管理费用

3. 产品的理论成本是由(　　)构成的。

A. 已消耗的生产资料价值　　B. 劳动者为自己创造的劳动价值

C. 劳动者为社会创造的价值　　D. A 和 B

4. 企业生产车间管理人员的薪酬应首先计入(　　)。

A. 销售费用　　B. 管理费用　　C. 制造费用　　D. 生产成本

5. 下列支出不会最终影响产品成本的项目是(　　)。

A. 资本化的银行贷款利息　　B. 生产设备的折旧费

C. 资本化的研发支出　　D. 企业行政管理人员工资

6. 下列各项与存货相关的费用中,不应计入存货成本的是(　　)。

A. 材料采购过程中发生的运输费用　　B. 材料入库前发生的挑选整理费

C. 材料采购过程中发生的装卸费用　　D. 材料入库后发生的储存费用

7. 某企业生产产品领用材料的成本为 80 000 元,人工费用为 12 000 元,制造费用为 6 000 元,发生管理费用 7 000 元,研发费用 8 200 元。则该产品的生产成本为(　　)。

A. 92 000　　B. 98 000　　C. 106 200　　D. 113 200

8. 对生产产品发生各项费用进行归集,应设置的账户是(　　)。

A. 库存商品　　B. 生产成本

C. 管理费用　　D. 主营业务成本

9. 生产产品领用材料 60 000 元,车间一般耗用 2 000 元,厂部领用 800 元。则最终记入“生产成本”账户的金额为(　　)元。

A. 60 000　　B. 60 800　　C. 62 000　　D. 62 800

10. 某企业生产 A 产品,领用材料 90 000 元,人工成本 50 000 元,生产设备折旧 10 000 元,其他制造费用 5 000 元,“生产成本——A 产品”期初余额为 15 000 元,假定 A 产品本期全部完工,则完工产品的成本为(　　)元。

A. 140 000　　B. 150 000　　C. 155 000　　D. 170 000

11. 产品制造成本项目不包括(　　)。

A. 直接材料　　B. 直接人工　　C. 制造费用　　D. 财务费用

12. 当可以直接确定某项费用是为生产某产品而产生时,我们称该费用为成本计算对象的(　　)。

A. 制造费用　　B. 直接费用　　C. 期间费用　　D. 间接费用

13. 购进固定资产的买价为 30 000 元,增值税 3 900 元,运输费 800 元,包装费 100 元,运输途中保险费 50 元。该项固定资产的取得成本为(　　)元。

A. 30 000　　B. 33 900　　C. 30 950　　D. 34 850

14. 应计入产品成本,但在发生时不能分清应由何种产品负担的费用,应该(　　)。

A. 直接计入当期损益

B. 作为管理费用处理

C. 直接记入生产成本账户

D. 计入制造费用,期末再分配计入产品成本

15. 产品销售成本中不包括(　　)。

A. 销售费用　　B. 直接材料费用

C. 制造费用　　D. 直接人工费用

16. 结转产品销售成本时,应借记的科目是(　　)。

A. 主营业务成本　　B. 库存商品

C. 生产成本　　D. 主营业务收入

17. 实地盘存制下,存货账簿平时记录的内容是(　　)。

A. 只登记存货的减少数,不登记增加数

B. 只登记存货的增加数,不登记减少数

C. 存货的增加数和减少数均登记入账

D. 通过财产清查确定存货减少数,并据此登记入账

18. 某企业 A 材料期初结存 100 件,单价 10 元,金额为 1 000 元;本期购进 50 件,单价 10 元。采用实地盘存制,期末盘点库存 80 件。则本期发出材料的成本和期末结存成本分别为(　　)元。

A. 700 和 800　　B. 500 和 700　　C. 500 和 800　　D. 1 500 和 1 800

19. 某企业 A 材料期初结存 100 件,单价 10 元,金额为 1 000 元;本期购进 50 件,单价 10 元;本期发出 60 件,毁损 10 件。采用永续盘存制时,本期发出材料的成本为(　　)元。

A. 600　　B. 700　　C. 500　　D. 900

20. 在物价上涨的情况下,没有体现谨慎性原则的存货计价方法是(　　)。

A. 个别计价法　　B. 先进先出法

C. 移动加权平均法　　D. 加权平均法

21. 下列各项中,只能在期末计算发出存货成本的计价方法是(　　)。

A. 加权平均法　　B. 先进先出法

C. 移动加权平均法　　D. 个别计价法

22. 对价值较大的贵重存货,一般应采用(　　)计算发出存货的成本。

A. 加权平均法　　B. 先进先出法

C. 移动加权平均法　　D. 个别计价法

(三) 多项选择题

1. 下列有关成本与费用的说法中，正确的有(　　)。
A. 费用和成本是两个既有联系又有区别的概念
B. 资产的成本随着企业经营活动的开展，逐步转化为某一会计期间的费用
C. 成本属于价值的范畴，是为取得资产所需付出的经济价值
D. 狭义的成本是指分配到成本计算对象上的费用
E. 生产车间原材料消耗时首先转化为生产成本或制造费用
2. 产品成本项目包括(　　)。
A. 直接人工　　B. 制造费用　　C. 管理费用　　D. 销售费用
E. 直接材料
3. 为了正确地划分费用与成本的界限，不得将(　　)。
A. 筹集资金的费用计入产品生产成本
B. 制造费用计入产品生产成本
C. 销售费用计入产品生产成本
D. 研发费用计入产品生产成本
E. 管理费用计入产品成本
4. 因材料取得成本计算的正确性而受到影响的有(　　)。
A. 材料发出成本　　B. 材料的采购成本
C. 生产成本　　D. 主营业务成本
E. 固定资产折旧
5. 一般纳税人采购材料时，包括在材料取得成本中的有(　　)。
A. 运输费　　B. 挑选整理费　　C. 装卸费　　D. 增值税
E. 买价
6. 下列各项中，属于制造费用的有(　　)。
A. 车间管理人员的工资　　B. 生产产品的水电费
C. 技术专利使用费　　D. 生产用固定资产折旧费
E. 生产用设备的修理费
7. 下列各项中，直接计入产品“生产成本”账户的有(　　)。
A. 生产产品耗用的材料　　B. 生产工人的工资
C. 固定资产折旧　　D. 生产耗用水电费
E. 车间一般耗用材料
8. 下列各项中，包括在产品制造成本中的有(　　)。
A. 直接材料　　B. 制造费用　　C. 直接人工　　D. 管理费用
E. 销售费用
9. 应通过“制造费用”账户进行核算的有(　　)。
A. 生产工人的薪酬　　B. 生产车间管理人员的薪酬

C. 生产车间固定资产折旧　　D. 行政管理部门固定资产折旧费

E. 生产车间一般性消耗的材料费

10. 下列各项中，用于归集资产取得成本的账户有（　　）。

A. 生产成本　　B. 主营业务成本

C. 在途物资　　D. 库存商品

E. 在建工程

11. 可以用来作为分配材料采购费用标准的有（　　）。

A. 材料的买价　　B. 材料的重量　　C. 人工工资　　D. 材料的体积

E. 加工工时

12. 下列各项中，应列入产品制造成本的有（　　）。

A. 销售佣金　　B. 人工费用　　C. 制造费用　　D. 产品保管费

E. 领用材料成本

13. 下列各项中，最终应计入产品生产成本的有（　　）。

A. 生产工人工资　　B. 生产产品耗用的材料费

C. 生产设备折旧费　　D. 销售产品的广告费

E. 产品研发费用

14. 下列各项中，构成产品成本的直接人工费用有（　　）。

A. 产品生产工人的工资　　B. 产品生产工人的福利费

C. 车间管理人员的工资　　D. 车间管理人员的福利费

E. 行政管理人员的工资

15. 下列各项中，属于存货盘存制度的有（　　）。

A. 永续盘存制　　B. 权责发生制　　C. 实地盘存制　　D. 收付实现制

E. 先进先出法

16. 永续盘存制下，存货账户平时登记的内容有（　　）。

A. 期初余额　　B. 期末余额　　C. 本期减少额　　D. 本期增加额

E. 存货取得方式

17. 下列各项中，属于发出存货计价方法的有（　　）。

A. 移动加权平均法　　B. 加权平均法

C. 实地盘存制　　D. 先进先出法

E. 永续盘存制

18. 存货发出计价方法会影响（　　）。

A. 营业利润　　B. 营业成本　　C. 资产总额　　D. 负债总额

E. 所有者权益

（四）判断题

1. 成本是对象化的耗费，是分配到成本计算对象上的费用。　（　　）

2. 资产一旦投入使用即转化为费用。　（　　）

3. 固定资产的价值通过计提折旧的方式转化为相关费用。 ( )

4. 费用和成本是既有联系又有区别的两个概念，费用与特定的计算对象相联系，而成本则与特定的会计期间相联系。 ( )

5. 与特定的会计期间相联系的费用称为期间费用。 ( )

6. 车间管理人员的薪酬不属于直接费用，因而不能计入产品成本，而应计入期间费用。 ( )

7. 制造费用和管理费用不同，本期发生的管理费用直接影响当期损益，而本期发生的制造费用不一定影响当期损益。 ( )

8. 企业为组织生产经营活动而发生的一切管理活动的费用，包括车间管理费用和公司管理费用，都应作为期间费用处理。 ( )

9. 车间发生的间接(共同)费用需要在各成本计算对象之间进行分配。 ( )

10. 某企业外购A、B两种材料，其中A材料的买价为2 400元，B材料的买价为2 600元，运杂费为500元。如果按材料买价分摊运杂费，则A材料的取得成本为2 900元。 ( )

11. 一般纳税人购进原材料发生的增值税应计入原材料的采购成本。 ( )

12. 产品的制造成本由领用材料的成本和制造费用两部分构成。 ( )

13. 产品制造成本中的直接材料和直接人工属于直接费用，制造费用属于间接费用。 ( )

14. 企业在生产阶段发生的各种耗费，形成产品的制造成本。 ( )

15. 生产过程中发生的直接费用计入产品的制造成本，间接费用则计入管理费用。 ( )

16. 永续盘存制可以随时从账户记录中结出账面结存数。 ( )

17. 只有采用实地盘存制的企业，才需要对存货进行实地盘点。 ( )

18. 期初结存存货成本＋本期购进存货成本＝本期减少存货成本＋期末结存存货成本。 ( )

19. 实地盘存制是先确定发出存货数量，再确定期末结存存货的数量，因而也称作“以销计存制”。 ( )

20. 永续盘存制是先确定期末结存数量，然后再确定发出存货数量，因而又称作“以存计销制”。 ( )

21. 移动加权平均法既适用于永续盘存制，又适用于实地盘存制。 ( )

22. 在物价上涨时，采用先进先出法对发出存货和期末存货进行计价，不符合谨慎性原则。 ( )

23. 在物价持续上涨的前提下，采用先进先出法会导致发出存货计价偏低，进而利润较高。 ( )

24. 在物价持续上涨的前提下，采用先进先出法会导致期末结存存货成本偏高，资产计价较高。 ( )

25. 采用加权平均法，因日常不能随时取得发出存货的成本资料，因而不便于日常

成本控制。 ( )

26. 在个别计价法下,存货的成本流转与实物流转完全一致。 ( )

(五) 业务题

1. **目的**:掌握材料采购成本的计算。

资料:某公司20×3年10月发生下列材料购入业务(不考虑运费的增值税):

(1) 10日购入甲材料200千克,单价150元/千克,增值税进项税额3 900元,运杂费1 800元。

(2) 18日购入乙材料500千克,单价98元/千克,增值税进项税额6 370元,运杂费2 450元。

(3) 25日购入甲材料800千克,丙材料1 000千克,发票注明甲材料价款84 000元,丙材料价款38 000元,增值税税率为13%。两种材料共发生运杂费9 000元(运杂费按重量分配)。

(4) 丙材料验收入库时发生整理挑选费用3 000元。

要求:分别计算甲、乙、丙三种材料的实际采购成本并填制下表。

材料采购成本计算表

单位:元

成本项目	甲材料(　　千克)		乙材料(　　千克)		丙材料(　　千克)	
	总成本	单位成本	总成本	单位成本	总成本	单位成本
买　　价						
采购费用						
采购成本合计						

2. **目的**:掌握产品生产成本的计算原理。

资料:某公司生产A、B两种产品,20×3年10月发生生产费用如下:

(1) 仓库发出材料的相关资料如下:

	甲材料	乙材料
A产品耗用	6 000元	4 000元
B产品耗用	12 500元	7 500元
车间一般耗用	2 000元	400元

(2) 本月发生工资费用如下:

A产品生产工人工资　18 000元

B产品生产工人工资　32 000元

车间管理人员工资　8 000元

(3) 车间办公费1 000元,水电费900元。

(4) 本月负担的车间设备租金3 000元。

(5) 计提车间用设备折旧 2 000 元。

要求:

(1) 按生产工人的工资比例分配制造费用。

(2) 假定 A、B 产品全部完工,分别计算 A、B 产品的生产成本。

3. **目的:**掌握生产成本及销售成本的计算方法以及两者之间的内在关系。

资料:某公司 8 月份生产 A、B 两种产品,有关资料如下:

(1) 上月末有 A、B 两种产品尚未完工,全部在产品成本为 60 000 元,具体生产费用如下表:

期初生产费用汇总

单位:元

产品名称	直接材料	直接人工	制造费用	合　计
A	25 000	4 500	6 000	35 500
B	15 000	5 500	4 000	24 500
合　计	40 000	10 000	10 000	60 000

(2) 8 月末 A、B 两种产品均已全部完工,完工数量分别为 7 500 件和 6 000 件。本月发生生产费用如下表所示。

本月生产费用归集

单位:元

产品名称	直接材料	直接人工	制造费用	合　计
A	66 000	20 000	9 000	
B	30 000	10 000		
合　计	96 000	30 000	9 000	135 000

(3) A、B 两种产品生产工时分别为 4 000 工时和 2 000 工时。

(4) 本月销售 A 产品 7 800 件,另期初库存 A 产品 3 750 件,单位成本 20 元/件。

要求:

(1) 按生产工时比例分配本月制造费用。

(2) 分别计算 A、B 两种完工产品的总成本和单位成本。

(3) 计算 A 产品的销售成本(发出产品计价方法采用加权平均法)。

4. **目的:**掌握生产成本、销售成本以及利润的计算原理。

资料:假定某公司只生产一种产品,本月生产的产品均已完工并全部出售,公司适用的所得税税率为 25%。本月发生相关经济业务如下:

(1) 生产工人工资 260 000 元,车间管理人员工资 50 000 元,厂部行政管理人员工资 90 000 元;

(2) 生产领用材料 230 000 元,车间一般性消耗材料 36 000 元;

(3) 折旧费合计 18 000 元,其中,机器设备折旧费 8 000 元,车间用房折旧费 6 000 元,厂部办公用房折旧费 4 000 元;

(4) 利息费用 2 000 元,产品广告费 10 000 元,税金及附加 1 200 元;

(5) 假定本月生产的产品全部完工并销售,销售产品的收入合计 800 000 元;

要求:计算本月完工产品的生产成本、利润总额和净利润。

5. **目的**:掌握存货发出计价方法及盘存制度。

资料:某公司 5 月份存货的购进与发出资料如下:

5 月 1 日,期初库存 100 千克,单价 20 元/千克。

5 月 10 日,购入 80 千克,单价 21 元/千克。

5 月 18 日,发出存货 110 千克。

5 月 25 日,购入 100 千克,单价 22 元/千克。

5 月 28 日,发出存货 90 千克。

假定月末实地盘点存货数量为 70 千克。

要求:

(1) 采用先进先出法计算期末结存存货成本和本月发出存货成本。

(2) 在实地盘存制下,采用加权平均法计算期末结存存货成本和本月发出存货成本。

6. **目的**:掌握存货发出计价方法。

资料:某公司 7 月份 A 商品购销资料如下:

7 月 1 日:结余 400 千克,单位成本 20 元。

7 月 3 日:购入 1 000 千克,单位成本 18 元。

7 月 6 日:购入 700 千克,单位成本 16 元。

7 月 13 日:发出 1 800 千克。

7 月 22 日:购入 900 千克,单位成本 16 元。

7 月 25 日:发出 800 千克。

要求:分别采用先进先出法、加权平均法和移动加权平均法确定期末存货成本和本期发出存货的成本。

参考答案

第六章　账户的分类

一、本章结构

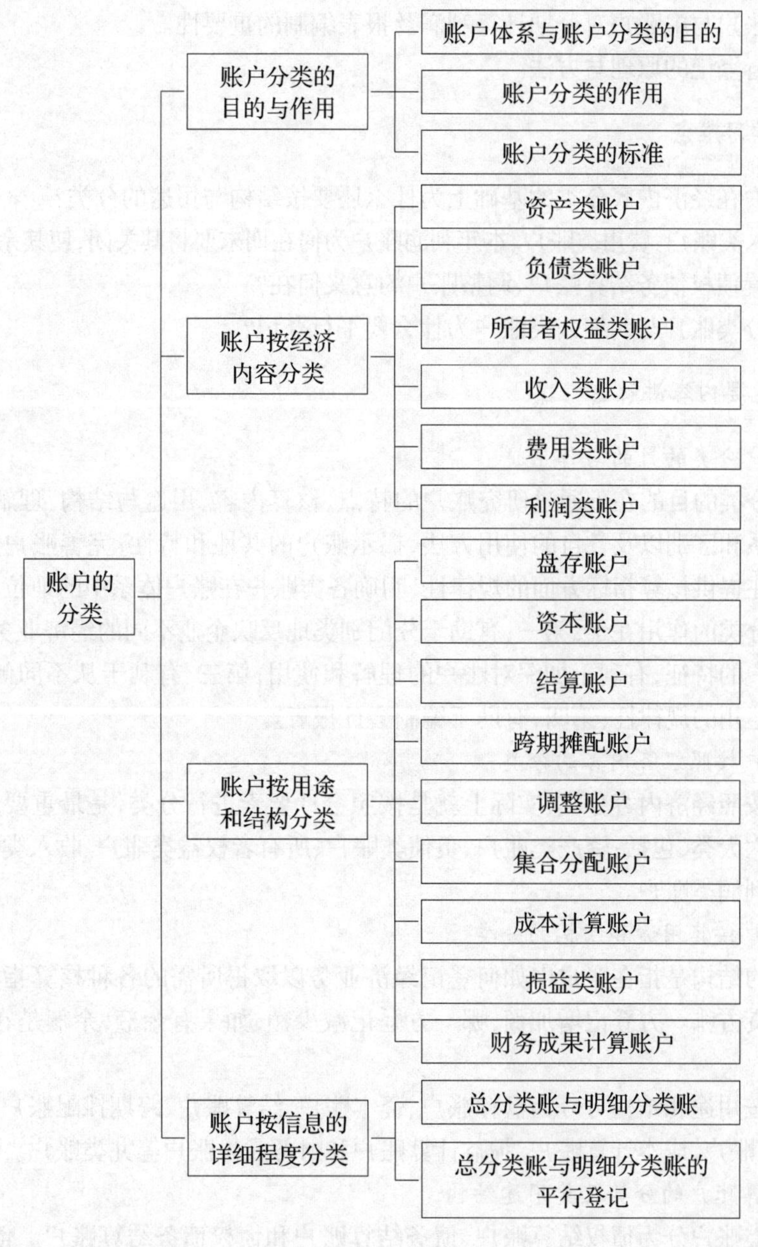

二、学习指引

(一) 学习重点

1. 账户分类的作用和账户按不同标准的分类结果。
2. 账户按经济内容分类。
3. 账户按用途和结构分类。
4. 账户按提供信息的详细程度分类。
5. 实账户与虚账户对分期计算利润及报表编制的重要性。
6. 平行登记的原理与方法。

(二) 学习难点

1. 账户在经济内容分类的基础上为什么还要按结构与用途的分类?
2. 收入类账户、费用类账户、本年利润账户为何在期末要将其关闭,使其余额为零?
3. 设置债权债务结算账户、调整账户的意义何在?
4. 总分类账户与明细分类账户为什么要平行登记?

(三) 主要内容讲解

1. 账户分类的目的与作用

账户分类的目的在于通过研究账户的特点、核算内容、用途与结构,理解各类账户之间的联系和区别以及各自的使用方法,揭示账户的共性和特性,完善账户体系,掌握各类账户在提供核算指标方面的规律性,明确各类账户在账户体系中的地位和作用。

账户分类的作用在于:第一,有助于分门别类地反映企业不同的经济业务;第二,可以揭示账户的特征,有利于加深对账户的理解和使用;第三,有利于从不同侧面了解账户设置和运用的规律性;第四,有助于编制会计报表。

2. 账户按照经济内容的分类

账户按照经济内容分类,实际上就是按照会计要素进行分类,是最重要的分类,一般可分为六大类,包括:资产类账户、负债类账户、所有者权益类账户、收入类账户、费用类账户和利润类账户。

3. 账户按其用途和结构的分类

账户的结构是指在账户中如何登记经济业务以取得所需的各种核算指标,即账户的借方和贷方哪一方登记增加额,哪一方登记减少额,如果有余额,余额是在借方还是在贷方。

账户按用途和结构可分为盘存账户、资本账户、结算账户、跨期摊配账户、集合分配账户、调整账户、成本计算账户、损益计算账户和财务成果账户等九类账户。

4. 结算账户的分类及其用途结构

结算类账户分为债权结算账户、债务结算账户和债权债务结算账户。债权结算账户用来核算和监督企业在经济往来中发生的各种应收款项的增减变动和结存数额。债务结算账户用来核算和监督企业在经济往来中发生的各种应付款项的增减变动和实有数额。债权债务结算账户是具有债权、债务双重性质的账户，只提供货币指标，账户应根据发生结算业务的债权人、债务人名称设置明细分类账进行明细分类核算。

5. 设置调整账户的目的以及调整账户的特点

企业为提高经营管理的效率，对于某些账户同时设置两个账户来核算和监督同一会计要素。一个用来反映会计要素的原始数据，另一个账户用来反映原始数据发生的增减变动，通过后者对前者进行调整。调整账户不能离开被调整账户而独立存在，有调整账户就一定有被调整账户，按其调整方式的不同，又可以进一步将调整账户分为备抵账户、附加账户和备抵附加账户。

6. 设置集合分配账户和成本计算账户的目的以及两者之间的区别

集合分配账户是用来归集企业在生产经营过程中某个阶段所发生的有关间接费用，然后向受益对象进行分配；成本计算账户是用来归集和核算某一成本计算对象的实际成本。集合分配账户具有明显的过渡性质，它帮助成本计算账户完成间接费用的归集和分配，是为成本计算账户服务的账户，期末无余额；成本计算账户同时提供成本计算对象成本的货币指标和数量指标，期末余额在借方。

7. 收入类账户、费用类账户和财务成果计算账户之间的关系

收入类账户和费用类账户期末都要结转至财务成果计算账户。财务成果计算账户借方登记期末从费用类损益账户转入的本期各项支出，贷方登记期末从收入类损益账户转入的本期各项收入，期末将借方发生额和贷方发生额进行比较，对比计算出本期的最终财务成果。

8. 账户按提供信息的详细程度分类

账户按其所提供信息的详细程度可分为总分类账户和明细分类账户。总分类账户是对会计要素具体内容进行总括分类，反映各种经济业务的概括情况，是进行总分类核算的依据。明细分类账户是对总分类账户作进一步分类、提供更详细和更具体会计信息的账户。

总分类账户和明细分类账户之间存在统驭与被统驭的关系，总分类账户对其所属的明细分类账户具有统驭和控制的作用，明细分类账户对总分类账户有补充和说明的作用。总分类账户与明细分类账户在登记时要遵循平行登记的原理，即同时登记、依据相同、方向相同、金额相等。

三、练习题

(一) 名词解释

1. 资产类账户　　2. 负债类账户
3. 所有者权益类账户　　4. 收入类账户
5. 费用类账户　　6. 利润类账户

7. 实账户　　8. 虚账户
9. 盘存账户　　10. 结算账户
11. 资本账户　　12. 跨期摊配账户
13. 调整账户　　14. 集合分配账户
15. 成本计算账户　　16. 损益计算账户
17. 平行登记

(二) 单项选择题

1. 账户按经济内容分类,也可以理解为按(　　)来分类。
A. 账户结构　B. 余额　C. 会计要素　D. 发生额
2. 下列关于抵减账户和被抵减账户的说法错误的是(　　)。
A. 抵减账户与其被抵减账户反映的经济内容相同
B. 有抵减账户就有被抵减账户
C. 抵减账户不能离开被抵减账户而独立存在
D. 抵减账户与其被抵减账户反映的经济内容不一定相同
3. 下列账户中,属于明细分类账户的是(　　)。
A. 资产类账户　B. 机器设备类
C. 所有者权益账户　D. 成本类账户
4. 下列账户中,属于盘存类账户的是(　　)。
A. 应收账款　B. 主营业务收入
C. 应付账款　D. 库存商品
5. 下列账户中,既是结算账户,又是负债类账户的是(　　)。
A. 应收票据　B. 预收账款　C. 应收账款　D. 预付账款
6. 下列账户中,(　　)是跨期摊配账户。
A. 本年利润　B. 利润分配　C. 长期借款　D. 长期待摊费用
7. 结算账户的期末余额(　　)。
A. 在借方　B. 在贷方
C. 可能在借方,也可能在贷方　D. 以上都不对
8. 下列账户(　　)属于集合分配性质的账户。
A. 甲材料　B. 原材料　C. 财务费用　D. 制造费用
9. 下列所有者权益账户中,(　　)反映所有者的原始投资。
A. 实收资本　B. 盈余公积　C. 本年利润　D. 利润分配
10. 企业如果不单设“预收账款”账户,预收款业务需要在(　　)。
A. 应付账款账户中反映　B. 预付账款账户中反映
C. 应收账款账户中反映　D. 其他往来账户中反映
11. “生产成本”账户如余额在借方,按用途和结构分类应属(　　)。
A. 成本计算账户　B. 对比账户

C. 跨期摊配账户　　D. 集合分配账户

12. 下列账户中,期末有余额的账户是(　　)。

A. 主营业务收入　　B. 其他业务收入

C. 营业外收入　　D. 固定资产

13. “材料成本差异”账户是用来抵减附加(　　)。

A. 库存商品账户　　B. 生产成本账户

C. 材料采购账户　　D. 原材料账户

14. 下列账户中,(　　)属于备抵性质的账户。

A. 长期借款　　B. 应付票据　　C. 应交税费　　D. 累计折旧

15. 下列(　　)不属于按用途和结构分类的账户。

A. 成本计算账户　　B. 费用类账户

C. 财务成果账户　　D. 损益账户

16. 企业如果不单设“预付账款”账户,预付款业务需要在(　　)。

A. 应付账款账户反映　　B. 预收账款账户反映

C. 应收账款账户反映　　D. 其他应付款账户反映

17. 下列账户(　　)属于成本计算账户。

A. 生产成本　　B. 股本　　C. 原材料　　D. 管理费用

18. 债权债务结算账户的借方登记(　　)。

A. 债权的增加　　B. 债务的增加,债权的减少

C. 债务的增加　　D. 债务的减少,债权的增加

19. 在下列账户中,属于留存收益账户的是(　　)。

A. 资本公积　　B. 未分配利润　　C. 实收资本　　D. 投资收益

20. 下列关于“材料采购”账户的说法正确的是(　　)。

A. 仅是成本计算账户

B. 仅是资产类账户

C. 仅是费用类账户

D. 既是成本计算账户,又是资产类账户

21. 下列账户中,期末没有余额的账户是(　　)。

A. 本年利润　　B. 原材料　　C. 银行存款　　D. 未分配利润

(三) 多项选择题

1. 对账户分类作用表述正确的是(　　)。

A. 有助于分门别类地反映企业的经济业务

B. 有助于科学地设置账户

C. 有利于编制会计报表

D. 揭示账户的特征,助于正确使用账户

E. 有利于了解账户的规律

2. 在生产过程中，可以用来归集制造产品发生的生产费用，并据以计算完工产品生产成本的账户有（　　）。

A. 制造费用　　B. 库存商品
C. 主营业务成本　　D. 生产成本
E. 材料采购

3. 与预付账款账户结构相同的账户有（　　）。

A. 应付账款　　B. 固定资产　　C. 库存商品　　D. 库存现金
E. 预收账款

4. 下列各项中，有必要设置明细分类账的账户有（　　）。

A. 应付账款　　B. 本年利润　　C. 利润分配　　D. 银行存款
E. 实收资本

5. 按用途和结构分类属于结算类账户的有（　　）。

A. 应交税费　　B. 应付职工薪酬
C. 应付账款　　D. 应收账款
E. 库存商品

6. 账户的结构是指账户如何提供核算指标，也就是（　　）。

A. 账户期末余额的方向　　B. 账户余额表示的内容
C. 账户借方核算的内容　　D. 账户贷方核算的内容
E. 运用账户的目的

7. 资产减值准备所对应的被调整账户包括（　　）。

A. 应收账款　　B. 无形资产　　C. 固定资产　　D. 存货
E. 应付账款

8. 下列账户中，（　　）是实账户。

A. 应付账款　　B. 长期借款　　C. 应付债券　　D. 预付账款
E. 财务费用

9. 下列账户中期末余额在借方的有（　　）。

A. 债权结算账户　　B. 投资权益账户
C. 收入计算账户　　D. 成本计算账户
E. 盘存账户

10. 与预收账款账户结构相同的账户有（　　）。

A. 股本　　B. 资本公积　　C. 盈余公积　　D. 应收票据
E. 未分配利润

11. 账户的用途是指通过账户记录（　　）。

A. 表明开设和运用账户的目的　　B. 观察借贷方登记的内容
C. 能提供什么核算指标　　D. 怎样记录经济业务
E. 判断账户期末余额的方向

12. 总分类账户与明细分类账户分类的主要标准包括（　　）。

A. 账户的经济内容　　B. 账户与会计报表的关系
C. 账户的用途和结构　　D. 账户提供信息的详细程度
E. 账户之间的统驭关系

13. 在登记总分类与明细分类账户时，要遵循平行登记，即(　　)。
A. 依据相同　B. 同时登记　C. 方向相同　D. 金额相等
E. 虚账户

14. 下列账户中，(　　)是虚账户。
A. 资本公积　B. 管理费用　C. 销售费用　D. 财务费用
E. 未分配利润

15. 下列账户中期末一般无余额的是(　　)。
A. 收入计算账户　　B. 集合分配账户
C. 结算账户　　D. 费用计算账户
E. 盘存账户

16. 下列账户中，属于调整账户的有(　　)。
A. 应付账款　　B. 其他应收款
C. 材料成本差异　　D. 应交税费
E. 累计折旧

17. 按不同标准进行分类，“材料采购”账户可以属于(　　)。
A. 资产类账户　B. 成本计算账户　C. 费用类账户　D. 结算账户
E. 对比账户

18. 账户按结构与用途可分为(　　)。
A. 资本账户　B. 盘存账户　C. 调整账户　D. 成本计算账户
E. 结算账户

19. 关于“本年利润”账户，下列说法无误的有(　　)。
A. 期末如为贷方余额，表示本期累计实现的净利润
B. 期末如为贷方余额，表示本期实现的利润总额
C. 期末如为借方余额，表示本期累积发生的亏损额
D. 年末如为贷方余额，表示未分配利润额
E. 年度内一般有余额

20. 下列盘存账户中，可以通过明细账提供数量和金额两种指标的是(　　)。
A. 银行存款账户　　B. 库存现金账户
C. 原材料账户　　D. 库存商品账户
E. 应付账款账户

(四) 判断题

1. 费用类账户是核算企业在经营过程中发生的各种费用支出的账户，是指狭义的费用。　(　　)

2. 会计按经济内容分类,实质上就是按会计要素分类。（　　）

3. 盘存类账户是指资产类和负债类账户。（　　）

4. “主营业务收入”账户反映企业的营业收入,“其他业务收入”账户反映非营业收入。（　　）

5. 应收账款是债权类结算账户。（　　）

6. 应付账款是债务类结算账户。（　　）

7. 总分类账户和明细分类账户反映相同的经济业务内容,只是提供指标的详细程度不同。（　　）

8. 累计摊销是无形资产的备抵账户。（　　）

9. 实收资本账户是用来核算企业实际收到投资人投入资本的账户,在任何企业组织形式下,正常情况下实收资本账户的期末余额都不可能在借方。（　　）

10. 盘存账户的余额一定在借方。（　　）

11. 总分类账户对明细分类账户有统驭作用,明细分类账对总分类账户有补充作用。（　　）

12. 总分类账户的金额不等于所属明细分类账户的金额之和。（　　）

13. 调整账户与被调整账户的结构相同。（　　）

14. 实账户是指有期末余额的账户,如投资收益。（　　）

15. 虚账户是指没有期末余额的账户,如管理费用。（　　）

16. 调整账户按调整方式分为抵减账户、附加账户和备抵附加账户。（　　）

17. 当备抵附加账户的期末余额在借方时,起着抵减作用,当其余额在贷方时,起着附加作用。（　　）

18. 如果账户按其经济内容划分归为一类,那么按其用途和结构划分也必定归为一类。（　　）

19. 结算类账户主要是指资产类账户。（　　）

20. 账户分类可以帮助企业按不同类别管理经济活动。（　　）

21. “本年利润”账户和“利润分配”账户按其用途结构分类同属于一个类别。（　　）

22. 没有虚账户将不便于计算各期的经营成果。（　　）

23. 调整账户是依附于被调整账户而存在的。（　　）

24. 企业的利润在没有分配之前属于企业的所有者权益,所有者权益应反映在企业的资产负债表中,因而“盈余公积”和“利润分配”账户均属于资产负债表账户。（　　）

25. 集合分配账户用来归集应由某个成本计算对象负担的间接费用,具有明显的过渡性质,期末一般都有余额。（　　）

26. 按账户的用途结构分类,“管理费用”账户属于成本计算账户。（　　）

(五) 业务题

1. **目的:**练习调整账户与被调整账户之间的关系。

资料：某公司“固定资产”账户的期末余额为 346 000 元，“累计折旧”账户期末余额为 90 000 元。

要求：

(1) 计算固定资产净值。

(2) 说明“固定资产”账户与“累计折旧”账户之间的关系。

2. **目的：**练习调整账户与被调整账户之间的关系。

资料：某公司原材料按照计划成本组织核算，“原材料”账户期末余额为 165 000 元，假设：

(1) “材料成本差异”账户为借方余额 5 000 元。

(2) “材料成本差异”账户为贷方余额 3 000 元。

要求：根据上述两种情况分别计算该企业期末原材料的实际成本，并分析说明上述两个账户之间的关系。

3. **目的：**练习总账与明细账的平行登记。

资料：某公司所属的某机械制造厂在材料采购业务核算中设置了“应付账款”和“预付账款”两个账户，20×3 年 7 月份“应付账款”和“预付账款”账户及其所属明细账户的期初余额如下：“应付账款”账户贷方余额为 145 000 元，其中，“应付账款——甲工厂”明细账户贷方余额为 88 000 元，“应付账款——乙工厂”明细账户贷方余额为 57 000 元；“预付账款”账户借方余额为 65 000 元，其中，“预付账款——丙工厂”明细账户借方余额为 35 000 元，“预付账款——丁工厂”明细账户借方余额为 30 000 元。该企业 7 月份发生下列业务：

(1) 用银行存款 40 000 元归还所欠甲工厂的货款。

(2) 收到丙工厂发来的材料，其中，材料价款 40 000 元，增值税进项税额 5 200 元，代垫外地运杂费 1 200 元（不考虑增值税），材料验收入库，款项上个月已经预付 35 000 元，差额部分暂未支付。

(3) 从乙工厂购买材料价款 20 000 元，增值税进项税额 2 600 元，款项未付，材料尚未入库。

(4) 通过银行补付所欠丙工厂的差额款。

要求：

(1) 编制本月业务的会计分录，开设并登记“应付账款”“预付账款”总分类账户和明细分类账户。

(2) 如果该企业不设置“预付账款”账户，企业发生的预付账款业务在“应付账款”账户中核算，其他资料不变。根据上述业务编制会计分录，开设并登记“应付账款”账户。

4. **目的：**练习总账与明细账的平行登记。

资料：某企业本年 4 月初有关账户的余额如下：

原材料:6 000 元

其中:原材料——甲材料　4 000 元

　　原材料——乙材料　2 000 元

应付账款:55 000 元

其中:应付账款——丙机械厂　35 000 元

　　应付账款——丁材料公司　20 000 元

该企业本月发生如下经济业务(假设不考虑增值税):

(1) 从丙机械厂购入设备两台,价值 60 000 元,货款尚未支付。

(2) 从丁材料公司购入材料一批,计 20 000 元,其中,甲材料 12 000 元,乙材料 8 000 元。甲材料货款已用银行存款支付。乙材料货款尚未支付。

(3) 用银行存款偿还丙机械厂设备款 60 000 元。

(4) 用银行存款偿还丁材料公司材料款 27 000 元。

(5) 发出甲材料 9 000 元、乙材料 7 000 元用于 A 产品生产。

要求:

(1) 根据所给经济业务编制会计分录。

(2) 开设并登记“原材料”“应付账款”和“生产成本”总分类账户和明细分类账户(开设“T”形账户即可)。

(3) 核对总分类账户与其所属明细分类账户的发生额及余额。

参考答案

第七章　会计凭证

一、本章结构

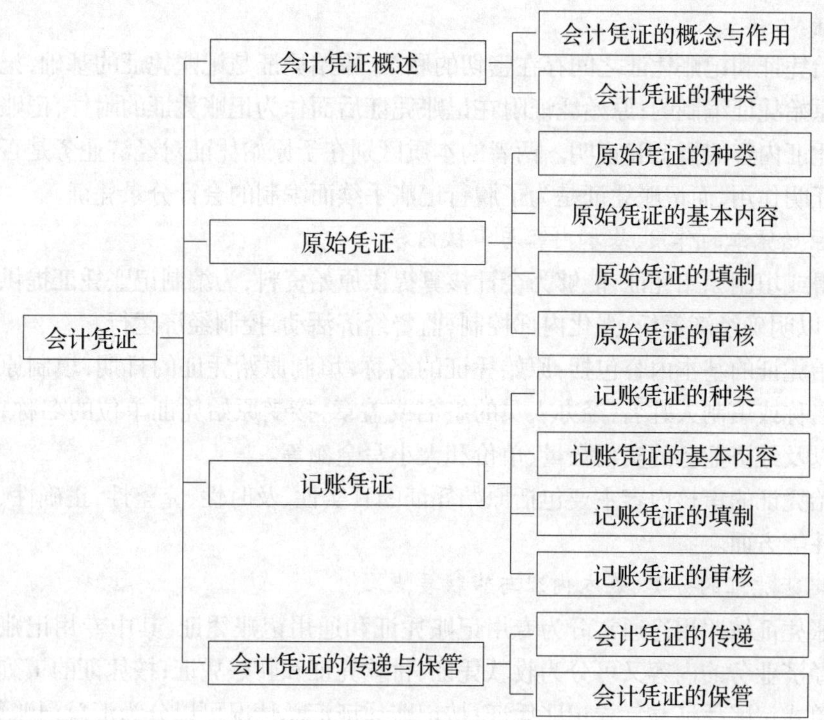

二、学习指引

（一）学习重点

1. 原始凭证的种类、基本内容、填制与审核。
2. 记账凭证的种类、基本内容、填制与审核。
3. 会计凭证的传递和保管。

（二）学习难点

1. 原始凭证与记账凭证有何区别与联系？
2. 原始凭证与记账凭证的填制要求、方法与应用。
3. 原始凭证与记账凭证的审核要点、方法与应用。

4. 如何通过对会计凭证的审核来履行会计的管理职能?

5. 严格的凭证传递为何既能起到内部牵制的作用,又能起到提高工作效率的作用?

(三) 主要内容讲解

1. 原始凭证与记账凭证的关系

原始凭证是指在经济业务发生或完成时取得或填制的,用以记录或证明经济业务的发生或完成情况的原始凭据。记账凭证是指会计人员根据审核无误的原始凭证,按照经济业务的内容加以归类,并据以确定会计分录后所填制的会计凭证,是登记账簿的直接依据。

原始凭证和记账凭证之间存在密切的联系,原始凭证是记账凭证的基础,记账凭证是根据原始凭证编制的;原始凭证附在记账凭证后面作为记账凭证的附件,记账凭证是对原始凭证内容的概括和说明。两者的本质区别在于原始凭证对经济业务是否发生或完成起证明作用,而记账凭证是为了履行记账手续而编制的会计分录凭证。

2. 原始凭证的作用、基本内容与审核内容

取得或填制原始凭证,能够为会计核算提供原始资料,为编制记账凭证提供重要依据,还可以明确经济责任,强化内部控制,监督经济活动,控制经济运行。

原始凭证的基本内容包括:原始凭证的名称,填制原始凭证的日期,填制原始凭证单位的名称或填制人姓名,经办人员的签名或盖章,接受原始凭证单位的名称,经济业务内容以及经济业务的实物数量、单价和大小写金额等。

原始凭证的审核内容主要包括原始凭证的真实性、及时性、完整性、正确性、合法性和合理性等方面。

3. 记账凭证的分类、基本内容与审核要点

记账凭证按照用途通常分为专用记账凭证和通用记账凭证,其中专用记账凭证按其反映经济业务的内容又可分为收款凭证、付款凭证和转账凭证;按凭证的填列方式可分类为单式记账凭证与复式记账凭证;按记账凭证汇总情况可以分为汇总记账凭证、非汇总记账凭证。

记账凭证的基本内容包括:记账凭证的名称、填制凭证的日期和凭证的编号、经济业务事项的内容摘要、应借、应贷的会计科目名称和记账金额、所附原始凭证或原始凭证汇总表的张数、相关人员的签名或盖章。

记账凭证的审核要点包括:记账凭证的内容与所附原始凭证的内容是否一致,金额是否相等;所附原始凭证内容是否真实、是否已经审核无误、张数是否与记账凭证所列附件张数相符;记账凭证所列会计科目,应借、应贷方向和金额是否正确;记账凭证各项目是否填写齐全和规范。

4. 原始凭证与记账凭证的填制要求

原始凭证的填制要求包括:记录真实,内容完整、手续完备、责任明确,书写规范,凭证编号连续,不得涂改、刮擦和挖补,填制及时。

记账凭证除了严格遵循原始凭证的填制要求外,还应遵循:摘要简明扼要、填写内

容齐全、科目运用正确、填制依据明确、更正错误规范和凭证按顺序编号。

5. 会计凭证的传递与保管

会计凭证的传递是指从会计凭证的取得或填制时起至归档保管过程中，在单位内部有关部门和人员之间的传送程序。会计凭证的传递应当满足内部控制制度的要求。

会计凭证的保管是指会计凭证记账后的整理、装订、归档和存查工作。保管的要求包括：定期整理装订成册、封面填写齐全并加贴封条、重要原始凭证单独保管、明确保管单位责任、遵守保管期限要求。

三、练习题

(一) 名词解释

1. 会计凭证　　2. 原始凭证
3. 记账凭证　　4. 收款凭证
5. 付款凭证　　6. 转账凭证
7. 通用凭证　　8. 汇总记账凭证
9. 原始凭证审核　　10. 记账凭证审核

(二) 单项选择题

1. 将会计凭证分为原始凭证和记账凭证的标准是(　　)。
A. 用途和填制程序　　B. 填制方式
C. 凭证格式　　D. 形成来源

2. 原始凭证的主要作用是(　　)。
A. 保证账簿记录的正确性　　B. 证明经济业务发生或完成
C. 对经济业务进行分类　　D. 登记账簿的依据

3. 将自制原始凭证分为一次凭证、累计凭证的标准是(　　)。
A. 形成来源　　B. 用途和填制程序
C. 填制手续和内容　　D. 填制程序

4. 属于外来原始凭证的是(　　)。
A. 提货单　　B. 发出材料汇总表
C. 购货发票　　D. 领料单

5. 不属于自制原始凭证的是(　　)。
A. 购货发票　　B. 限额领料单
C. 销售产品成本计算表　　D. 入库单

6. (　　)是将同类经济业务汇总编制的原始凭证。
A. 累计凭证　　B. 一次凭证
C. 记账凭证　　D. 汇总原始凭证

7. 会计凭证登账后要进行整理、装订和归档存查，期满后要进行的动作称为

(　　)。

A. 会计凭证的传递　　B. 会计凭证的保管

C. 会计凭证的编制　　D. 会计凭证的销毁

8. 填制原始凭证时列明凭证填制单位或填制人姓名,是为了明确(　　)。

A. 经济责任　　B. 经济业务的来龙去脉

C. 经济业务的种类　　D. 经济业务的主要内容

9. 审核中发现不真实、不合法的原始凭证,会计人员应(　　)。

A. 不受理并退回原始凭证

B. 退回补办手续后再按规定的会计手续办理

C. 不受理并向有关负责人报告

D. 根据该原始凭证编制记账凭证

10. 自制原始凭证按填制手续分类可以分为(　　)。

A. 收款凭证、付款凭证、转账凭证

B. 单式凭证和复式凭证

C. 一次凭证和汇总凭证

D. 一次凭证、累计凭证和汇总原始凭证

11. 下列选项中,不属于原始凭证的基本内容的是(　　)。

A. 内容摘要　　B. 日期及编号

C. 实物数量及金额　　D. 会计科目

12. 下列选项中,不属于原始凭证审核内容的是(　　)。

A. 凭证是否有填制单位的公章和填制人员签章

B. 凭证是否符合规定的审核程序

C. 会计科目使用是否正确

D. 凭证是否符合有关计划和预算

13. 下列选项中,属于原始凭证与记账凭证的共同点的是(　　)。

A. 编制时间相同　　B. 反映经济业务的内容相同

C. 所起作用相同　　D. 经济责任的当事人相同

14. 负责填制记账凭证的是(　　)。

A. 出纳人员　　B. 经办人员　　C. 会计人员　　D. 主管人员

15. 记账凭证填制的依据是(　　)。

A. 原始凭证　　B. 经济业务

C. 账簿记录　　D. 审核后的原始凭证

16. 登记账簿的依据是(　　)。

A. 原始凭证　　B. 经济业务　　C. 记账凭证　　D. 会计报表

17. 下列选项中,不属于记账凭证的基本要素的是(　　)。

A. 交易或事项的数量、单位和金额　　B. 交易或事项的内容摘要

C. 凭证附件　　D. 应计会计科目、方向及金额

18. 记账凭证中不可能有(　　)。

A. 记账凭证的名称　　B. 记账凭证的日期

C. 记账凭证的编号　　D. 接受单位的名称

19. 原始凭证是(　　)。

A. 编制科目汇总表的根据　　B. 编制记账凭证的根据

C. 登记日记账的根据　　D. 编制汇总记账凭证的根据

20. 根据记账凭证定期整理、汇总各类账户的借、贷方发生额的凭证是(　　)。

A. 汇总原始凭证　　B. 科目汇总表

C. 分类汇总记账凭证　　D. 累计凭证

21. 填制原始凭证时应做到大小写数字符合规范,填写正确。如大写金额"陆仟零贰元捌角整",其小写应为(　　)。

A. 6 002.80 元　　B. ￥6 002.80　　C. ￥6 002.80 元　　D. ￥6 002.8

22. 编制付款凭证时,借贷对应方式正确的是(　　)。

A. 多贷一借　　B. 多借一贷

C. 多借多贷　　D. 以上全部正确

23. 限额领料单属于(　　)。

A. 通用凭证　　B. 累计凭证　　C. 一次凭证　　D. 汇总凭证

24. 多张记账凭证都依据同一原始凭证编制的,应(　　)。

A. 编制原始凭证分割单

B. 不必做任何说明

C. 在未附原始凭证的记账凭证上注明其原始凭证在哪张记账凭证中

D. 采用分数编号的方法

25. 可以不附原始凭证的记账凭证是(　　)。

A. 所有收款凭证　　B. 所有付款凭证

C. 所有转账凭证　　D. 用于结账的记账凭证

26. 销售人员小赵出差归来,报销差旅费 1 500 元,交回多余现金 500 元,应编制的记账凭证是(　　)。

A. 收款凭证和付款凭证　　B. 转账凭证

C. 收款凭证和转账凭证　　D. 收款凭证

27. 记账凭证审核的内容不包括(　　)。

A. 凭证项目是否填写齐全

B. 凭证所列事项是否符合有关的计划和预算

C. 凭证的金额与所附原始凭证的金额是否一致

D. 会计科目使用是否正确

28. 外来单位如因特殊原因需要使用原始凭证时,经本单位负责人批准,(　　)。

A. 可以借阅　　B. 只可以查阅不能复制

C. 可以查阅或复制　　D. 不可查阅或复制

29. 下列只需反映价值量的会计凭证是(　　)。

A. 实存账存对比表　　B. 限额领料单

C. 材料入库单　　D. 工资分配汇总表

30. 原始凭证,不仅要由经办业务的有关部门审核,还要由(　　)进行审核。

A. 会计部门　　B. 财政部门　　C. 总经理　　D. 董事

31. 中海公司于 2021 年 10 月 12 日开出一张现金支票,对于支票日期正确的填写方法是(　　)。

A. 贰零贰壹年拾月壹拾贰日　　B. 贰零贰壹年壹拾月拾贰日

C. 贰零贰壹年壹拾月壹拾贰日　　D. 贰零贰壹年零拾月壹拾贰日

32. 5 月 12 日,资产管理部人员李娜将标明日期为 4 月 28 日的发票拿来报销,经审核后会计人员依据该发票编制记账凭证,则记账凭证的日期应为(　　)。

A. 4 月 28 日　　B. 5 月 12 日　　C. 4 月 30 日　　D. 5 月 1 日

33. 下列符合《会计基础工作规范》规定的做法是(　　)。

A. 凡是账簿记录金额错误,都可以采用划线更正法予以更正

B. 自制原始凭证无须经办人签名或盖章

C. 外来原始凭证金额错误,可在原始凭证上更正但需签名或盖章

D. 销售商品 2 001.84 元,销货发票大写金额为:贰仟零壹元捌角肆分

34. 某会计人员在审核记账凭证时,发现误将 1 093 元写成 1 039 元,尚未入账,一般应采用(　　)改正。

A. 补充登记法　　B. 冲账法

C. 红字更正法　　D. 重新填制记账凭证

35. 已经登记入账的记账凭证,在当年内发现有误,可以用红字填写一张与原内容相同的记账凭证,在摘要栏注明(　　),以冲销原错误的记账凭证。

A. 注销某月某日某号凭证　　B. 经济业务内容

C. 对方单位　　D. 订正某月某日某号凭证

(三) 多项选择题

1. 一般情况下,记账凭证必须附有原始凭证,除了(　　)。

A. 销售业务　　B. 结账

C. 更正错误的记账凭证　　D. 购买材料

E. 提取现金

2. 填制和审核会计凭证是为了(　　)。

A. 提供记账依据　　B. 监督经济活动

C. 记录经济业务　　D. 控制经济运行

E. 明确经济责任

3. 按用途和填制程序,会计凭证可分为(　　)。

A. 原始凭证　　B. 转账凭证　　C. 记账凭证　　D. 累计凭证

E. 收款凭证

4. 原始凭证基本要素包括(　　)。

A. 数量、单价和金额　　B. 经济业务内容

C. 填制凭证日期　　D. 凭证名称

E. 所附原始凭证的张数

5. 填制原始凭证,要遵循的要求有(　　)。

A. 内容完整　　B. 连续编号

C. 记录真实　　D. 书写格式规范

E. 附件数量完整

6. 原始凭证审核的内容有(　　)。

A. 真实性　　B. 合法性　　C. 完整性　　D. 正确性

E. 合理性

7. 支付款项的原始凭证,必须有(　　)。

A. 收款单位　　B. 支付单位经办人的收款证明

C. 支付单位的收款证明　　D. 收款人的收款证明

E. 第三方证明

8. 下列属于自制原始凭证的有(　　)。

A. 借款单　　B. 工资结算汇总表

C. 领料单　　D. 材料请购单

E. 记账凭证

9. 依据反映交易或者事项的内容不同,专用记账凭证可分为(　　)。

A. 非汇总记账凭证　　B. 收款凭证

C. 付款凭证　　D. 转账凭证

E. 汇总记账凭证

10. 下列属于外来原始凭证的有(　　)。

A. 购进材料发票　　B. 火车票

C. 记账编制凭证　　D. 汇总原始凭证

E. 销售商品发票

11. 记账凭证基本要素包括(　　)。

A. 凭证编号　　B. 所附原始凭证张数

C. 记账标记　　D. 会计科目

E. 记账金额

12. 记账凭证审核的内容包括(　　)。

A. 科目是否正确　　B. 内容是否真实

C. 项目是否齐全　　D. 金额是否正确

E. 书写是否规范

13. 财务科长李娜报销差旅费 1 000 元,交回剩余现金 500 元,对此经济业务应填

制的专用记账凭证有(　　)。

A. 现金收款凭证,金额500元　　B. 管理费用转账凭证,金额1 000元

C. 可以只填制一张转账凭证　　D. 必须填制两张专用记账凭证

E. 现金付款凭证,金额500元

14. 下列哪些情况需要填制收款凭证(　　)。

A. 接受投资者投资,收到投资款　　B. 接受捐赠

C. 销售商品取得银行存款　　D. 将现金存入银行

E. 结转原材料的采购成本

15. 下列哪些情况需要填制付款凭证(　　)。

A. 员工出差回来归还多余借款　　B. 用银行存款购买原材料

C. 将现金存入银行　　D. 支付员工工资

E. 结转原材料的采购成本

16. 下列哪些情况需要填制转账凭证(　　)。

A. 用银行存款购买原材料　　B. 结转已完工产品成本

C. 将制造费用分配计入产品成本　　D. 结转原材料的采购成本

E. 结转已销售商品成本

17. 会计凭证传递应当满足(　　)。

A. 传递程序合理有效　　B. 内部控制制度的要求

C. 节约传递时间　　D. 减少传递工作量

E. 归档保管

18. 下列属于一次原始凭证包括(　　)。

A. 领料汇总表　　B. 领料单　　C. 限额领料单　　D. 购货发票

E. 销货发票

19. 编制记账凭证的依据是(　　)。

A. 转账凭证　　B. 一次凭证　　C. 累计凭证　　D. 汇总原始凭证

E. 收付款凭证

20. 企业销售材料一批,货款已收,材料已发出,则应编制的全部会计凭证有(　　)。

A. 发料单　　B. 累计凭证　　C. 付款凭证　　D. 收款凭证

E. 转账凭证

21. 下列属于原始凭证的有(　　)。

A. 发出材料汇总表　　B. 汇总收款凭证

C. 购料合同　　D. 限额领料单

E. 收料单

22. 购买材料时收到的"增值税专用发票"(　　)。

A. 属于外来原始凭证　　B. 属于自制原始凭证

C. 其增值税金额为进项税额　　D. 必须有开票单位的盖章才能有效

E. 是由税务部门统一印制的

23. 转账凭证属于(　　)。

A. 专用记账凭证　　B. 记账凭证

C. 会计凭证　　D. 复式记账凭证

E. 通用记账凭证

24. 现金与银行存款相互划转的业务,应编制(　　)。

A. 银行存款收款凭证　　B. 银行存款付款凭证

C. 现金收款凭证　　D. 现金付款凭证

E. 转账凭证

25. 填制原始凭证应遵循的一般要求是(　　)。

A. 书写规范　B. 填制及时　C. 内容齐全　D. 记录真实

E. 手续完备

26. 下列属于复式记账凭证的有(　　)。

A. 付款凭证　B. 收款凭证　C. 单科目凭证　D. 转账凭证

E. 通用记账凭证

27. 收款凭证的作用在于(　　)。

A. 出纳人员据此付出货币资金

B. 出纳人员据此收入货币资金

C. 出纳人员据此登记库存现金日记账

D. 出纳人员据此登记银行存款日记账

E. 会计人员据此登记库存现金和银行存款总账

28. 收款凭证和付款凭证是(　　)。

A. 登记库存现金、银行存款日记账的依据

B. 成本计算的依据

C. 调整和结转有关账项的依据

D. 编制报表的直接依据

E. 出纳人员办理收、付款项的依据

29. 记账凭证的编号方法有(　　)。

A. 顺序编号法　　B. 分类编号法

C. 任意编号法　　D. 奇偶数编号法

E. 分数编号法

30. 正确地传递会计凭证的意义在于(　　)。

A. 合理有效地组织经济活动

B. 及时地反映和监督经济业务的发生和完成情况

C. 有利于原始凭证的编制

D. 可以加强经济管理责任制

E. 有利于研究会计发展历史

31. 外来原始凭证是(　　)。

A. 盖有填制单位公章的
B. 由企业会计人员填制的
C. 一次凭证
D. 从企业外部取得的
E. 累计凭证

32. 领用材料应填制的原始凭证有(　　)。

A. 送货单
B. 发出材料汇总表
C. 入库单
D. 领料单
E. 购货发票

33. 记账凭证是(　　)。

A. 在经济业务发生时填制的
B. 由会计人员填制的
C. 由经办业务人员填制的
D. 登记账簿的直接依据
E. 根据审核无误的原始凭证填制的

34. 保管会计凭证应做到(　　)。

A. 定期归档以便查阅
B. 查阅会计凭证要有手续
C. 由企业随意销毁
D. 办理了相关手续后方可销毁
E. 保证会计凭证的安全完整

35. “收料单”属于(　　)。

A. 累计凭证
B. 一次凭证
C. 自制原始凭证
D. 外来原始凭证
E. 汇总原始凭证

36. “限额领料单”属于(　　)。

A. 累计凭证
B. 一次凭证
C. 自制原始凭证
D. 外来原始凭证
E. 汇总原始凭证

37. 下列说法中正确的有(　　)。

A. 购买实物的原始凭证,必须有验收证明
B. 一式几联的原始凭证,必须注明各联的用途
C. 原始凭证金额有错误的,应当由出具单位重开,不得在原始凭证上更正
D. 原始凭证必须记录真实、内容完整
E. 原始凭证发生错误,必须按规定办法更正

(四) 判断题

1. 所有的会计凭证都是登记账簿的依据。(　　)
2. 所有的会计凭证都必须由会计人员和相关负责人签字盖章。(　　)
3. 原始凭证填制中的大写金额不得使用随意简化汉字。(　　)
4. 原始凭证是进行会计核算的原始依据。(　　)
5. 外来原始凭证不慎遗失可以通过开具单位盖有财务章的证明,经单位负责人批

准后,发挥原始凭证的功能。（　）

6. 为简化核算,可将类似的经济业务汇总编制汇总原始凭证。（　）

7. 审核原始凭证记录的经济业务是否符合企业生产经营活动的需要、是否符合有关计划和预算,属于合理性审核。（　）

8. 记账凭证与所附原始凭证上的内容必须保持一致。（　）

9. 涉及库存现金和银行存款账户通常要编制收付款凭证。（　）

10. 填制原始凭证,汉字大写金额数字一律用正楷或行书书写,汉字大写金额到元位或角位为止的,后面必须写“正”或“整”字,分位后面不写“正”或“整”字。（　）

11. 原始凭证书写金额时,小写的合计金额前要冠以人民币符号“¥”,阿拉伯金额数字前写有货币币种符号的,数字后面还要再写货币单位。（　）

12. 经济业务发生或完成的日期是记账凭证的填制日期的依据。（　）

13. 会计凭证保管应当严格遵守会计凭证的保管期限要求,期满前不得任意销毁。（　）

14. 累计凭证是指在一定时期内在一张凭证上连续多次记录重复发生的同类型经济业务的原始凭证,如“限额领料单”。（　）

15. 汇总凭证既可以提供经营管理所需要的总量指标,又可以简化核算手续,可以将各种经济业务的原始凭证汇总编制一张汇总原始凭证。（　）

16. 按凭证填制的手续和凭证的来源可将记账凭证分为收款凭证、付款凭证、转账凭证。（　）

17. 会计凭证归档后销毁的期限要依据实际情况而定。（　）

18. 从银行提取现金备用,按规定要编制现金收款凭证。（　）

19. 各种原始凭证的填制,都应由会计人员填写,以明确经济责任。（　）

20. 如果原始凭证数量过多,可以单独装订、保管,但需要在记账凭证上注明“附件另订”。（　）

21. 转账支票金额或收款人姓名填错,更改后须在更改处加盖预留银行印鉴。（　）

22. 记账人员记账后,在记账符号栏内打钩,表示该笔金额已记入有关账户,以免漏记或重记。（　）

23. 对于已预先印定编号的原始凭证,写错作废时,应加盖“作废”戳记,妥善保管,不得撕毁。（　）

24. 会计部门应定期对各种会计凭证进行分类整理,并将记账凭证按编号顺序排列,装订成册。（　）

25. 企业的各种会计凭证都不得涂改、刮擦和变造,如果发生错误,应采用红字更正法更正。（　）

26. 外部取得的原始凭证,必须盖有公章;从个人取得的原始凭证,不需签名或盖章。（　）

(五) 业务题

1. **目的:**练习填制通用记账凭证。

资料: 某公司20×3年7月份发生下列经济业务:

(1) 7月2日,接受A投资者投资250 000元,存入银行。

(2) 7月10日,以银行存款55 000元购买甲材料,材料已验收入库(不考虑增值税)。

(3) 7月11日,以银行存款120 000元购买一条生产线。

(4) 7月15日,以银行存款偿还前欠B企业的货款20 000元。

(5) 7月18日,收回C公司前欠货款160 000元,存入银行。

(6) 7月20日,从银行提取现金3 000元。

(7) 7月22日,企业管理人员王明预借差旅费2 000元,以现金支付。

(8) 7月24日,以银行存款300 000元偿还短期借款。

(9) 7月25日,企业管理人员王明出差回来,报销费用1 800元,余额退回现金。

(10) 7月29日,从银行借入短期借款200 000元存入银行。

要求: 根据上述经济业务编制会计分录和通用记账凭证。

2. **目的:** 练习编制专用记账凭证。

资料: 某公司20×3年8月份发生的部分交易或者事项如下:

(1) 8月2日,从建设银行取得一年期借款400 000元,存入银行。

(2) 8月5日,职工刘彤预借差旅费2 500元,付给现金。

(3) 8月15日,仓库发出甲材料一批,其中,生产车间生产A产品领用110 050元,管理部门领用3 000元。

(4) 8月19日,以银行存款支付本月厂部办公费15 000元。

(5) 8月31日,计算本月应纳所得税额50 000元。

(6) 8月31日,计算本月固定资产折旧费,其中,生产车间设备折旧费40 000元,管理用固定资产折旧费5 000元。

(7) 8月31日,从银行提取现金5 000元备用。

要求: 根据上述交易或者事项编制专用记账凭证的会计分录,并按现收、银收、现付、银付、转字进行编号。专用记账凭证的具体格式见下表。

收款凭证

____字第__号

借方科目:银行存款/库存现金　　　　年　月　日　　　　附件__张

摘　要	贷方科目		√	金　额									
	总账科目	明细科目		千	百	十	万	千	百	十	元	角	分
合　计													

会计主管:　　　记账:　　　出纳:　　　复核:　　　制单:

付款凭证 ___字第_号

贷方科目:银行存款/库存现金 年 月 日 附件_张

摘要	借方科目		√	金额									
	总账科目	明细科目		千	百	十	万	千	百	十	元	角	分
合计													

会计主管: 记账: 出纳: 复核: 制单:

转账凭证 凭证编号:

年 月 日 附件_张

摘要	总账科目	明细科目	√	借方金额										√	贷方金额									
				千	百	十	万	千	百	十	元	角	分		千	百	十	万	千	百	十	元	角	分

会计主管: 记账: 出纳: 复核: 制单:

3. **目的**:练习专用记账凭证应用及试算平衡。

资料:某公司20×3年10月1日有关账户(全部均为正常方向)余额如下:库存现金2 000元;银行存款43 500元;原材料126 000元;应收账款15 000元;固定资产375 000元;其他应收款2 500元;短期借款90 000元;应付账款34 000元;盈余公积48 000元;库存商品、资本公积和实收资本余额缺失。

该公司10月份发生的全部经济业务如下:

① 从银行取得期限为6个月的借款200 000元,存入银行。

② 用银行存款22 600元(含税价,税率13%)购入一台生产设备,直接交付车间使用。

③ 接受某外商投资投入的全新设备价值50 000元(不考虑增值税),交付使用。

④ 企业员工因公出差预借差旅费1 500元,付给现金。

⑤ 经董事会批准将资本公积金转增资本100 000元。

⑥ 收回F客户所欠本企业的货款15 000元,存入银行。

⑦ 用银行存款80 000元偿还到期的银行临时借款。

⑧ 购入一批原材料,价款25 000元(不考虑增值税),其中,20 000元开出支票支

付，余款用现金支付。

⑨ 接受某投资人的投资 600 000 元，其中，一台全新设备 200 000 元（不考虑增值税）投入使用，一项专利权作价 380 000 元，剩余部分通过银行划转。

⑩ 开出现金支票从银行提取现金 8 000 元备用。

该公司的会计对本月发生的经济业务进行了相关的处理，并编制了月末的总分类账户发生额及余额试算平衡表，但由于时间仓促，加之会计对制造业企业有关经济业务的处理不是很熟练，因而发生了某些账务处理的错误，其不平衡的试算表如下。

面对不平衡的试算表，会计对其核算过程进行了全面的检查，针对错误并结合其他资料一并提供了以下的信息：本公司月初的净资产为 448 000 元。有关错误包括余额的计算错误和账务处理的错误，其中，本月业务在处理过程中共发生 4 处错误，涉及“库存现金”“银行存款”“原材料”“应收账款”“固定资产”和“应付账款”账户。由于账务处理的错误影响到账户记录的错误，进而造成上述试算表不平衡。

要求：

（1）编制本月业务的会计分录，注明每笔业务应编制的专用记账凭证。

（2）计算“库存商品”“资本公积”和“实收资本”账户的月初余额。

（3）指出其错误所在并编制正确的试算平衡表。

试算平衡表

会计科目	期初余额		本期发生额		期末余额	
	借方	贷方	借方	贷方	借方	贷方
库存现金	2 000		8 000	5 000	5 000	
银行存款	43 500		235 000	129 400	149 100	
应收账款	15 000		10 000		25 000	
原材料	126 000		2 000		128 000	
库存商品						
固定资产	375 000		245 000		620 000	
其他应收款	2 500		1 500		4 000	
短期借款		90 000	80 000	200 000		210 000
应付账款		34 000		25 000		59 000
应交税费			2 600		2 600	
资本公积			100 000			100 000
盈余公积		48 000				48 000
实收资本				750 000		750 000
无形资产			380 000		380 000	
合　　计	564 000	172 000	1 064 100	1 109 400	1 313 700	1 167 000

参考答案

第八章　会计账簿

一、本章结构

二、学习指引

(一) 学习重点

1. 设置会计账簿的作用、会计账簿的种类。
2. 序时账簿、分类账簿的登记方法。
3. 账簿的登记规则、错账的更正方法。
4. 对账与结账的方法。

(二) 学习难点

1. 为何需要设置账簿？如何通过账簿管理经济业务活动？
2. 如何查找与更正错账？
3. 如何正确地对账与结账？

（三）主要内容讲解

1. 会计账簿的概念与作用

会计账簿是指由一定格式的账页组成的，以经过审核的会计凭证为依据，全面、系统、连续地记录各项经济业务的簿籍。通俗地说，会计账簿就是账户的合订本。设置和登记账簿，既是填制和审核会计凭证的延伸，也是编制财务报表的基础，是连接会计凭证和财务报表的中间环节。

设置和登记账簿的作用主要有：①记载和存储会计信息；②分类和汇总会计信息；③检查和校正会计信息；④编报和输出会计信息。

2. 账簿与账户的关系

账簿与账户的关系是形式和内容的关系。从外表形式来看，账簿是由具有专门格式而又相互联结在一起的若干账页组成，账户存在于账簿之中，账簿中的每一账页就是账户的存在形式和载体，没有账簿，账户就无法存在；从记录的内容看，账簿是对所有的经济业务，按照账户进行归类并序时地进行记录的簿籍，账簿序时、分类地记载经济业务，是在个别账户中完成的。因此，账簿只是一个外在形式，账户才是它的实质内容。

3. 账簿按用途的分类

账簿按用途分类可分为序时账簿、分类账簿和备查账簿。序时账簿又称日记账，按照经济业务发生时间的先后顺序逐日逐笔登记。分类账簿按其反映经济业务的详略程度，可分为总分类账簿和明细分类账簿，分类账簿提供的会计信息是编制会计报表的主要依据。备查账簿是对某些在序时账簿和分类账簿中未能记载或记载不全的经济业务进行补充登记的账簿，与其他账簿之间不存在严密的依存和勾稽关系。

4. 日记账与分类账的登记

日记账按照经济业务发生或完成的时间先后顺序逐日逐笔进行登记，按照“上日余额＋本日收入－本日支出＝本日余额”的公式，结出余额，并与实际数核对。总分类账的登记方法因登记的依据不同而有所不同，经济业务少的小型单位的总分类账可以根据记账凭证逐笔登记，经济业务多的大中型单位的总分类账可以根据记账凭证汇总表（又称科目汇总表）或汇总记账凭证等定期登记。

5. 对账与结账

对账就是核对账目，是对账簿记录进行的核对工作，一般是在会计期间（月份、季度、年度）终了时，检查和核对账证、账账、账实是否相符。

结账是在把一定时期内发生的经济业务全部登记入账的基础上，将各种账簿记录的经济业务结算清楚，并结出本期发生额合计数和期末余额，将余额结转到下期的一项会计核算工作，具体包括月结、季结和年结。结账的内容通常包括两个方面：一是结清各种损益类账户，并据以计算确定本期利润；二是结出各资产、负债和所有者权益账户的本期发生额合计和期末余额。

6. 错账查找与更正

会计账簿记录发生错误或者隔页、缺号、跳行的，不准涂改、挖补、刮擦或者用药水消除字迹,不准重新抄写,应当按照国家统一的会计制度规定的方法更正,并由会计人员和会计机构负责人在更正处盖章。

会计人员应通过试算平衡及时查找错账,并予以更正。常见的错账查找方法主要有差数法、尾数法、除2法、除9法等。根据产生错账的具体情况,错账更正方法有划线更正法、红字更正法、补充登记法等。

三、练习题

(一) 名词解释

1. 会计账簿	2. 日记账
3. 备查账簿	4. 分类账簿
5. 总账	6. 明细账
7. 差数法	8. 尾数法
9. 除9法	10. 对账
11. 结账	12. 划线更正法
13. 红字更正法	14. 补充登记法

(二) 单项选择题

1. 下列关于账簿的说法,不正确的是(　　)。
A. 账簿是考核企业经营成果、加强经济核算的重要依据
B. 登记账簿是会计核算的一种重要方法
C. 总账可以提供每一项交易发生的日期
D. 账簿可以为定期编制会计报表提供资料

2. 编制会计报表最直接的依据是(　　)。
A. 利润计算　B. 会计账簿　C. 会计凭证　D. 会计科目

3. 账簿按(　　)的不同,可分为序时账簿、分类账簿和备查账簿。
A. 格式　B. 外表形式　C. 用途　D. 启用时间

4. 现金日记账必须采用(　　)账簿。
A. 卡片式　B. 订本式　C. 备查　D. 活页式

5. 下列选项中,(　　)适合采用多栏式明细账格式核算。
A. 原材料　B. 制造费用
C. 应付账款　D. 库存商品

6. 下列选项中,对于特种日记账说法正确的是(　　)。
A. 专门用来登记某一类经济业务的日记账
B. 仅指登记货币资金的日记账
C. 序时登记全部经济业务和多种经济业务的日记账
D. 对常见的经济业务分设专栏登记

7. 下列选项中,(　　)适用于数量金额式账页。

A. 生产成本明细账　　B. 应收账款明细账

C. 库存商品明细账　　D. 产品销售成本明细账

8. “生产成本”明细账应该采用的格式是(　　)。

A. 数量金额式　　B. 多栏式　　C. 三栏式　　D. 任意格式

9. 下列选项中,(　　)账簿可以作为编制会计报表直接依据。

A. 序时账簿　　B. 备查账簿　　C. 总分类账簿　　D. 特种日记账

10. 下列说法正确的是(　　)。

A. 记账凭证是登记各种账簿的唯一直接依据

B. 现金日记账及银行存款日记账应采用订本式账簿

C. 库存现金付款凭证不能作为登记银行存款日记账的依据

D. 总分类账户发生额及余额试算平衡法中本期借方发生额合计等于本期贷方发生额合计,说明账户发生额记录肯定没有出错

11. 下列账户中,必须采用订本式的是(　　)。

A. 银行存款日记账　　B. 固定资产登记簿

C. 库存商品明细账　　D. 原材料明细账

12. 下列明细账中,同时适用于金额核算和数量核算的是(　　)。

A. 库存商品明细账　　B. 应收账款明细账

C. 实收资本明细账　　D. 制造费用明细账

13. (　　)在启用之前就已经将账页装订在一起,并进行连续编号。

A. 订本账　　B. 卡片账　　C. 联合式账　　D. 活页账

14. 卡片账一般在进行(　　)时采用。

A. 固定资产总分类核算　　B. 原材料总分类核算

C. 固定资产明细分类核算　　D. 原材料明细分类核算

15. (　　)可以将每一相关的业务登记在一起,依据每一行各个栏目的登记是否齐全来判断该项业务的进展情况。

A. 三栏式　　B. 多栏式　　C. 数量金额式　　D. 横线登记式

16. 一般采用活页账形式的账簿是(　　)。

A. 现金日记账　　B. 特种日记账　　C. 总分类账　　D. 明细分类账

17. 选择总分类账登记方法的依据是(　　)。

A. 账簿体系　　B. 会计凭证的类别

C. 会计科目的设置　　D. 会计核算形式

18. 企业临时租入的固定资产应在(　　)中登记。

A. 总分类账簿　　B. 明细分类账簿

C. 备查账簿　　D. 无须在账簿中进行任何登记

19. 下列明细账户中应采用贷方多栏式账页格式的是(　　)。

A. 应交税费——应交增值税　　B. 本年利润

C. 主营业务收入　　　　　　　　　　D. 管理费用

20. 企业从银行提取现金时,登记现金日记账的依据是(　　)。

A. 现金收款凭证　　　　　　　　　　B. 现金付款凭证

C. 银行存款收款凭证　　　　　　　　D. 银行存款付款凭证

21. 企业设置了现金收入日记账和现金支出日记账之后,应通过(　　)账簿每日结清现金余额。

A. 现金收入日记账　　　　　　　　　B. 现金支出日记账

C. 现金总账　　　　　　　　　　　　D. 现金备查账簿

22. 总分类账与明细分类账平行登记的要点是(　　)。

A. 依据相同、方向一致、金额相等、期间相同

B. 方向一致、颜色相同、金额相等

C. 同时登记、同方向登记、同金额登记

D. 依据相同、方向一致、颜色相同

23. 账簿记录中的日期与(　　)一致。

A. 记账凭证上的日期　　　　　　　　B. 原始凭证上的日期

C. 实际登记账簿的日期　　　　　　　D. 月末

24. 下列选项中必须逐日逐笔登记的账簿是(　　)。

A. 总账　　　　　B. 明细账　　　　　C. 日记账　　　　　D. 备查账

25. 会计账簿的封面不需要标明(　　)。

A. 账簿的名称　　　　　　　　　　　B. 记账单位名称

C. 会计年度　　　　　　　　　　　　D. 会计人员姓名和签章

26. 下列表述正确的是(　　)。

A. 现金日记账实质上就是库存现金的总账

B. 总账的余额不一定等于其所属明细的余额合计数

C. 明细账根据明细分类科目设置

D. 所有资产类总账的余额合计数应等于所有负债类总账的余额合计数

27. 账实核对是指账簿记录与财产物资实有数额是否相符,下列不属于账实核对的是(　　)。

A. 总分类账簿与序时账簿的核对

B. 银行存款日记账余额与银行对账单余额的核对

C. 各种实物资产明细账余额与实有数额的核对

D. 债权、债务明细账余额与对方单位的账面记录的核对

28. 结账时应通栏划双红线的情形是(　　)。

A. 月结　　　　　B. 季结　　　　　C. 半年结　　　　　D. 年结

29. 期末根据账簿记录,计算并记录各账户的本期发生额和期末余额,在会计上称为(　　)。

A. 对账　　　　　B. 查账　　　　　C. 调账　　　　　D. 结账

30. 在登记账簿过程中，每一账页的最后一行及下一页第一行都要办理转页手续，是为了（ ）。

A. 便于查账　　B. 保持记录的连续性
C. 防止隔页　　D. 防止遗漏

31. 对账簿、账户记录所进行的核对工作称为（ ）。

A. 对账　　B. 结账　　C. 错账更正　　D. 试算平衡

32. 银行存款日记账与银行对账单之间的核对属于（ ）。

A. 账证核对　　B. 账账核对　　C. 账实核对　　D. 余额核对

33. 按照规定，不能用红色墨水记账的情况是（ ）。

A. 按照红字更正法冲销错误记录
B. 在未印明余额方向的三栏式账页余额栏内登记负数余额
C. 在借方多栏式明细账页中，登记增加数
D. 根据国家统一会计制度的规定可以用红字登记的其他会计账簿

34. 公司会计人员根据记账凭证登记入账时，将 600 元误填为 6 000 元，记账凭证无误。应采用的错账更正方法是（ ）。

A. 红字更正法　　B. 补充登记法
C. 划线更正法　　D. 蓝字更正法

35. 若记账凭证上的会计科目和应借应贷方向未错，但所记金额小于应记金额，并据以登记入账，对此较为恰当简便的更正方法是（ ）。

A. 划线更正法　　B. 红字更正法
C. 补充登记法　　D. 编制相反分录冲减

36. 记账后，如果发现记账错误是由于记账凭证所列示的会计科目和金额错误引起的，可采用的更正错账方法是（ ）。

A. 红字更正法　　B. 划线更正法
C. 补充登记法　　D. AB 均可

37. 已经登记入账的记账凭证，在当年内发现有误，可以用红字填写一张与原内容相同的记账凭证在摘要栏注明（ ）字样，再用蓝字做一张正确的登记入账。

A. “注销某月某日某号凭证”　　B. “订正某月某日某号凭证”
C. “经济业务的内容”　　D. “对方单位”

38. 某会计人员在审核记账凭证时，发现将 8 000 元误写成 800 元，尚未入账，一般应采用（ ）。

A. 重新编制记账凭证　　B. 红字更正法
C. 补充登记法　　D. 总账法

39. 总账、日记账和多数明细账应（ ）更换一次。

A. 每年　　B. 两年
C. 半年　　D. 视单位具体情况而定

40. 下列不符合账簿平时管理具体要求的是（ ）

A. 会计账簿只允许在财务室内随意翻阅查看
B. 各种账簿应分工明确,指定专人管理
C. 会计账簿除需要与外单位核对外,一般不能携带外出
D. 账簿不能随意交与其他人员管理

41. 新的会计年度开始,启用新账时,(　　)可以继续使用,不必更换新账。
A. 现金日记账　　B. 固定资产卡片
C. 银行存款日记账　　D. 总分类账

42. 会计账簿暂由单位财务会计部门保管(　　),期满后,由财务会计部门编造清册移交本单位的档案部门保管。
A. 5年　　B. 3年　　C. 10年　　D. 1年

(三) 多项选择题

1. 设置和登记账簿是为了(　　)。
A. 记载和存储会计信息　　B. 分类和汇总会计信息
C. 检查和校正会计信息　　D. 编报和输出会计信息
E. 汇总原始凭证

2. 通常登记账簿需要依据(　　)。
A. 复式记账凭证　　B. 汇总收款凭证
C. 科目汇总表　　D. 收款凭证
E. 付款凭证

3. 账簿按其用途分类,可分为(　　)。
A. 分类账簿　　B. 活页账　　C. 序时账簿　　D. 备查账簿
E. 订本式账簿

4. 账簿按其形式分类,可分为(　　)。
A. 订本式账簿　　B. 分类账簿　　C. 卡片式账簿　　D. 活页式账簿
E. 三栏式账簿

5. (　　)适用数量金额式明细分类账账页格式。
A. 库存商品明细账　　B. 生产成本明细账
C. 应付账款明细账　　D. 原材料明细账
E. 应交税费明细账

6. (　　)适用多栏式明细分类账账页格式。
A. 应收账款明细账　　B. 应付账款明细账
C. 管理费用明细账　　D. 生产成本明细账
E. 本年利润明细账

7. 下列各项中,关于活页式账簿的优点表述正确的有(　　)。
A. 便于更换账页　　B. 避免账页的遗失
C. 便于会计人员的分工　　D. 根据实际需要增加账页

E. 便于记录不同的经济业务

8. 应该在备查账簿中记录的内容包括(　　)。

A. 经营租赁租入的固定资产　　B. 供货单位的名称

C. 发行股票的股数、股东所占的比例　　D. 生产产品的品种

E. 应收票据的期限

9. 下列关于账簿形式的说法正确的有(　　)。

A. 企业一般只对库存现金明细账的核算采用卡片形式

B. 现金日记账、银行存款日记账应使用订本账形式

C. 各种明细分类账一般采用活页账形式

D. 总分类账一般使用活页账形式

E. 应收账款适合采用多栏式明细账进行核算

10. 下列说法中,正确的有(　　)。

A. 短期借款明细账应采用三栏式账页格式

B. 对账的内容包括账证核对、账账核对、账实核对

C. 应收账款明细账应采用订本式账簿

D. 多栏式明细账一般适用于成本、费用、收入类的明细账

E. 会计账簿暂由本单位财务会计部门保管1年,期满之后销毁

11. 关于平行登记,下列说法正确的有(　　)。

A. 总账账户的期末余额=所属明细账户的期初余额±所属明细账户的发生额

B. 记入总账账户的金额=记入所属明细账账户的金额合计

C. 总账账户的本期发生额=所属明细账账户本期发生额合计

D. 总账账户的期末余额=所属明细账账户期末余额合计

E. 总账账户的期初余额=所属明细账账户期初余额合计

12. 下列(　　)可以作为明细分类账的登记依据。

A. 原始凭证　　B. 汇总原始凭证

C. 记账凭证　　D. 汇总记账凭证

E. 科目汇总表

13. 下列关于会计账簿启用的说法中,正确的有(　　)。

A. 启用会计账簿时,应在账簿封面上写明单位名称和账簿名称

B. 启用会计账簿时,应在账簿扉页上附启用表

C. 启用订本式账簿时应当按第一页到最后一页顺序编定页数,不得跳页或缺号

D. 在年度开始,启用新账簿时,不需要把上年度的年末余额记入新账的第一行

E. 使用活页式账页,应当按账户顺序编号,并定期装订成册

14. 下列说法正确的有(　　)。

A. 不是所有账户都需要开设明细分类账户

B. 总账必须采用订本式账簿

C. 明细分类账户提供详细、具体的核算指标

D. 总分类账户提供总括核算指标

E. 明细账对总账起统驭作用,总账对明细账进行补充和说明

15. 下列可以作为银行存款日记账的登记依据的有(　　)。

A. 银行存款收款凭证　　B. 银行存款付款凭证

C. 转账凭证　　D. 现金付款凭证

E. 现金收款凭证

16. 下列关于登记会计账簿的说法,正确的有(　　)。

A. 一律使用蓝黑墨水钢笔书写　　B. 不得使用铅笔或圆珠笔书写

C. 在某些特定条件下可以使用铅笔　　D. 在规定范围内可以使用红色墨水笔

E. 未结账数字可以使用红色墨水笔书写

17. 企业到银行提取现金 500 元,此项业务应登记(　　)。

A. 备查账　　B. 银行存款日记账

C. 总分类账　　D. 库存现金日记账

E. 应付账款明细账

18. 对账的内容包括(　　)。

A. 账证核对　　B. 账账核对　　C. 人员核对　　D. 账簿格式核对

E. 账实核对

19. 下列关于会计账簿的更换和保管,不正确的有(　　)。

A. 总账、日记账和多数明细账每年更换一次

B. 变动较小的明细账可以连续使用,不必每年更换

C. 备查账不可以连续使用

D. 会计账簿由本单位财务会计部门保管半年后,交由本单位档案管理部门保管

E. 账簿管理分为平时管理和归档保管

20. 属于账实核对的有(　　)。

A. 库存现金日记账账面余额与实存数的核对

B. 银行存款日记账账面余额与银行对账单的核对

C. 各种财产物资明细账账面余额与实存数的核对

D. 各种应收款项明细账余额与有关债务人相关账面余额的核对

E. 各种应付款项明细账余额与有关债务人相关账面余额的核对

21. 账簿按规定登记完成后,还需要进行的工作有(　　)。

A. 在会计凭证上签字或盖章　　B. 在账簿上签字或盖章

C. 在会计凭证的标记栏内进行标记　　D. 在账簿摘要栏写明摘要

E. 在会计凭证上注明所附原始凭证

22. 下列哪些步骤属于结账的工作内容(　　)。

A. 清点库存现金

B. 按照权责发生制对有关账项进行调整

C. 编制试算平衡表

D. 结算有关账户的本期发生额及期末余额
E. 将本期发生的经济业务全部登记入账

23. 当发生(　　)错误,可用划线更正法。
A. 发现记账凭证金额错误,并已登记入账
B. 在结账前,发现记账凭证无误,但账簿记录中文字有误
C. 在结账前,发现记账凭证无误,但账簿记录中数字有误
D. 在结账后,发现记账凭证无误,但账簿记录中数字有误
E. 发现记账凭证金额错误,原始凭证无误,记账凭证尚未登记入账

24. 如果发生(　　)错误,可以采用红字更正法。
A. 记账凭证中会计科目错误
B. 记账凭证中记账方向错误
C. 记账凭证中错误金额大于正确金额
D. 记账凭证中会计科目有错且错误金额小于正确金额
E. 记账凭证中摘要不符合实际情况

25. 下列哪些情况可能采用补充登记法(　　)。
A. 在登记完记账凭证后发现凭证有错误
B. 所填金额大于应填金额
C. 发现记账凭证中应借、应贷科目有错
D. 发现记账凭证中应借、应贷科目无错
E. 所填金额小于应填金额

26. 会计上允许使用的错账更正方法有(　　)。
A. 划线更正法　　B. 红字更正法
C. 补充登记法　　D. 用涂改液修正
E. 刮擦挖补

27. 下列说法中,正确的有(　　)。
A. 在会计核算中,一般应通过财产清查进行账实核对
B. 多栏式明细账一般适用于负债类账户
C. 因记账凭证错误而造成的账簿记录错误,一定采用红字更正法进行更正
D. 各种日记账、总账及资本、债权债务明细账都可采用三栏式账簿
E. 记账凭证无误,账簿登记错误,可以采用划线更正法

28. 对于年度结束后,账簿的保管应该做到(　　)。
A. 装订成册　　B. 统一编号　　C. 加上封面　　D. 当即销毁
E. 归档保管

(四) 判断题

1. 只有经过审核无误的记账凭证,才能作为登账依据。　　(　　)
2. 会计账簿起到连接记账凭证和会计报表的作用。　　(　　)

3. 编制会计报表的基础是填制记账凭证。 ( )

4. 现金日记账和银行存款日记账,又称特种日记账,必须采用活页式账簿。 ( )

5. 各单位必须设置的备查账簿主要是对某些在日记账和分类账中未能记录或记录不全的经济业务进行补充登记。 ( )

6. 三栏式总分类账一般采用活页式账簿。 ( )

7. 多栏式明细分类账一般适用于收入、费用类账户的明细分类账。 ( )

8. 企业可以设置备查账簿登记受托代销的商品。 ( )

9. 银行存款的日记账可以取代其总账。 ( )

10. 总分类账一般采用三栏式账页,而明细分类账根据其经济业务的特点则不一定使用三栏式账页。 ( )

11. 只进行金额核算的明细分类账户也可以采用多栏式的账页格式。 ( )

12. 严格地说,卡片账也是一种装在卡片箱内的活页账。 ( )

13. 登记账簿必须用蓝墨水书写,不得使用圆珠笔、铅笔书写,无论何时都不得用红色墨水书写。 ( )

14. 登记总分类账和明细分类账必须依据平行登记的规则。 ( )

15. 为便于核对库存现金,现金、现金日记账和现金总账均应由出纳人员保管。 ( )

16. 因为经营租入的固定资产在备查簿中登记,所以在填列资产负债表时,“固定资产原值”项目应是“固定资产”分类账与备查账簿的金额之和。 ( )

17. 平行登记的规则是,在经济业务发生后,要根据会计凭证,同时登记有关的总分类账户和该总分类账户所属的各明细分类账户。 ( )

18. 一般来说,日记账应与记账凭证相核对,总账应与收付款凭证相核对,明细账应与记账凭证或原始凭证相核对。 ( )

19. 会计部门财产物资明细分类账的期末余额与企业期末实有物资核对,属于账实核对。 ( )

20. 对于不需在月末结算本期发生额的账户,每次记账以后,都要随时结出余额。 ( )

21. 账户在一张账页记满需要转到下一页时,应在该账页最后一行结出余额,并在“摘要”栏注明“转次页”字样。 ( )

22. 在结账前发现账簿记录有文字或数字错误,而记账凭证没有错误,可采用划线更正法更正。 ( )

23. 结账和更正错误的记账凭证也要附原始凭证。 ( )

24. 某会计人员在填制记账凭证时,误将 7 400 元记为 4 700 元,尚未登记入账。更正时应采用划线更正法。 ( )

25. 会计人员在记账以后,若发现所依据的记账凭证中的应借、应贷会计科目有错误,则不论金额多记还是少记,均采用红字更正法进行更正。 ( )

(五) 业务题

1. **目的**:练习开设并登记账户、总账与明细分类账平行登记。

资料:某公司6月1日“原材料”账户余额为37 000元。其中:甲材料625千克,单价20元/千克;乙材料2 450千克,单价10元/千克。本月发生下列原材料收发业务:

(1) 6月8日购入甲材料500千克,单价20元/千克;乙材料900千克,单价10元/千克,假设购入的材料不考虑增值税。材料已经验收入库,货款未付。

(2) 6月15日仓库发出材料各类用途如下:生产产品领用甲材料480千克、乙材料1 200千克,车间领用甲材料300千克,行政管理部门领用乙材料600千克。

要求:

(1) 编制本月业务的会计分录。

(2) 开设并登记原材料总账(T形账户)和明细分类账。

(3) 编制总分类账户与明细分类账户发生额及余额对照表。

2. **目的**:练习账簿的登记。

资料:某公司20×3年6月发生的经济业务及登记的应收账款总分类账如下:

(1) 6月3日,向甲公司销售A产品500件,每件35元;销售B产品250件,每件20元,款项22 500元尚未收讫(不考虑增值税,下同)。

(2) 6月8日,向乙公司销售A产品1 000件,每件32元,价款32 000元,货物已经发出,款项尚未收到。

(3) 6月25日,甲公司偿还货款20 000元,乙公司偿还货款25 000元,均以银行存款偿还。

(4) 6月27日,向甲公司销售A产品200件,货物已发出,价款7 000元已存入银行,并收到甲公司的剩余欠款2 500元。

要求:根据上述资料,完成下表应收账款总分类账的登记。

应收账款总分类账

20×1年		凭证号	摘　要	借　方	贷　方	借或贷	余　额
月	日						
6	1		月初余额			借	(1)
	3		销售产品	22 500		借	31 500
	8		销售产品	(2)		借	63 500
	25		收回货款		45 000	借	(3)
	27		收回货款		2 500	借	(4)
	30		本月合计	(5)	(6)	借	16 000

3. **目的**:练习错账的更正方法。

资料:某公司 20×3 年 10 月查账时发现下列错账:

(1) 从银行提取现金 5 400 元,记账凭证正确,过账时将账簿金额错记为 4 500 元。

(2) 用银行存款 500 元购入 5 部小型计算器,查账时发现凭证与账簿均记为:

借:固定资产　　　　　　　　　　5 000

　贷:银行存款　　　　　　　　　　　5 000

(3) 以银行存款偿还短期借款 30 000 元,查账时发现凭证与账簿中的科目没有记错,但金额均记为 300 000 元。

(4) 将一部分盈余公积金按规定程序转为实收资本,查账时发现凭证与账簿均将金额少计 60 000 元。

要求:按正确方法更正以上错账。

4. **目的**:练习账簿的启用和登记等内容。

资料:20×3 年 11 月 1 日,某公司的李娜(李娜于 20×3 年 6 月 27 日任出纳岗位,当时的财务负责人为陈冰,此前的出纳人员为王明)从出纳岗位调至材料会计岗位,出纳工作由钱江接替,前任材料会计为李林。李娜和李林对各自的原工作做了他们认为必要的处理,并办理了交接手续,手续完成后库存现金日记账和材料明细账的扉页及相关账页资料如下:

(1) 库存现金日记账扉页

账簿启用及经管人员一览表

<table>
<tr><td colspan="2">单位名称</td><td colspan="6">珠江公司</td><td colspan="3">印章</td></tr>
<tr><td colspan="2">账簿名称</td><td colspan="6">库存现金日记账(第 1 册)</td><td colspan="3" rowspan="4">珠江公司
财务专用章</td></tr>
<tr><td colspan="2">账簿编号</td><td colspan="6"></td></tr>
<tr><td colspan="2">账簿页数</td><td colspan="6">本账簿自壹页起至壹佰页止共壹佰页</td></tr>
<tr><td colspan="2">启用日期</td><td colspan="6">公元 20×3 年 1 月 1 日</td></tr>
<tr><td rowspan="3">经管人员</td><td colspan="2">部门负责人</td><td colspan="2">会计主管</td><td colspan="3">复核</td><td colspan="3">记账</td></tr>
<tr><td>姓名</td><td>签章</td><td>姓名</td><td>签章</td><td>姓名</td><td colspan="2">签章</td><td>姓名</td><td colspan="2">签章</td></tr>
<tr><td></td><td></td><td></td><td></td><td></td><td colspan="2"></td><td></td><td colspan="2"></td></tr>
<tr><td rowspan="4">交接记录</td><td colspan="2">经管人员</td><td colspan="4">接管</td><td colspan="4">交出</td></tr>
<tr><td>职别</td><td>姓名</td><td>年</td><td>月</td><td>日</td><td>签章</td><td>年</td><td>月</td><td>日</td><td>签章</td></tr>
<tr><td></td><td>李娜</td><td>20×3</td><td>6</td><td>27</td><td>章</td><td>20×3</td><td>11</td><td>1</td><td>章</td></tr>
<tr><td></td><td></td><td></td><td></td><td></td><td></td><td></td><td></td><td></td><td></td></tr>
<tr><td>备注</td><td colspan="10"></td></tr>
</table>

（2）原材料明细账扉页

账簿启用及经管人员一览表

<table>
<tr><td colspan="2">单位名称</td><td colspan="6">珠江公司</td><td colspan="3">印章</td></tr>
<tr><td colspan="2">账簿名称</td><td colspan="6">原材料明细账(第 1 册)</td><td colspan="3" rowspan="4">珠江公司
财务专用章</td></tr>
<tr><td colspan="2">账簿编号</td><td colspan="6"></td></tr>
<tr><td colspan="2">账簿页数</td><td colspan="6">本账簿自壹页起至　　页止共　　页</td></tr>
<tr><td colspan="2">启用日期</td><td colspan="6">公元 20×3 年 1 月 1 日</td></tr>
<tr><td rowspan="3">经管人员</td><td colspan="2">部门负责人</td><td colspan="2">会计主管</td><td colspan="3">复核</td><td colspan="3">记账</td></tr>
<tr><td>姓名</td><td>签章</td><td>姓名</td><td>签章</td><td colspan="2">姓名</td><td>签章</td><td colspan="2">姓名</td><td>签章</td></tr>
<tr><td></td><td></td><td></td><td></td><td colspan="2"></td><td></td><td colspan="2"></td><td></td></tr>
<tr><td rowspan="5">交接记录</td><td colspan="2">经管人员</td><td colspan="4">接管</td><td colspan="4">交出</td></tr>
<tr><td>职别</td><td>姓名</td><td>年</td><td>月</td><td>日</td><td>签章</td><td>年</td><td>月</td><td>日</td><td>签章</td></tr>
<tr><td></td><td>李林</td><td>20×3</td><td>3</td><td>5</td><td>章</td><td>20×3</td><td>11</td><td>1</td><td>章</td></tr>
<tr><td></td><td>李娜</td><td>20×3</td><td>11</td><td>1</td><td>章</td><td>20×3</td><td>12</td><td>31</td><td>章</td></tr>
<tr><td></td><td></td><td></td><td></td><td></td><td></td><td></td><td></td><td></td><td></td></tr>
<tr><td>备注</td><td colspan="10"></td></tr>
</table>

（3）现金日记账

现金日记账

20×3 年		凭证		摘要	对方科目	借方（收入）	贷方（支出）	余额
月	日	种类	号数					
11	1	略	略	期初余额				3 000
	2	略	略	零星销售	主营业务收入	4 500		7 500
	15	略	略	报销差旅费	管理费用		3 000	4 500

要求：指出上述会计处理的不当之处，并加以纠正。

参考答案

第九章　财产清查

一、本章结构

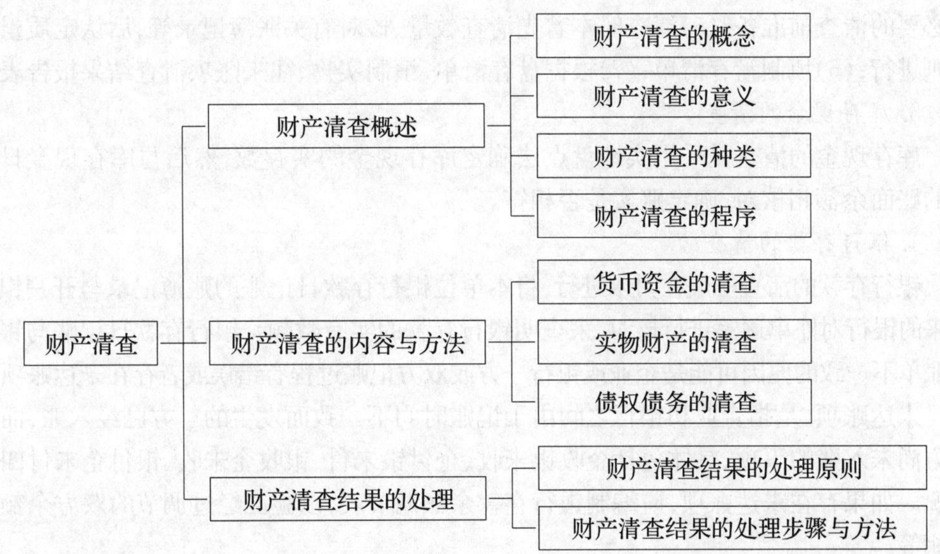

二、学习指引

(一) 学习重点

1. 财产清查的程序。
2. 货币资金的清查,银行存款余额调节表的编制。
3. 实物财产和债权债务的清查方法。
4. 财产清查结果的账务处理。

(二) 学习难点

1. 如何确认企业实际工作中的未达账项?
2. 怎样才能进行有效的财产清查?
3. 对存货与固定资产清查结果的账务处理有何不同之处？为什么?

(三) 主要内容讲解

1. 财产清查的意义与种类

财产清查是指通过对货币资金、实物资产和往来款项等财产物资进行盘点、核对、查询,确定其实存数,查明账存数与实存数是否相符的一种专门方法。

按照清查范围分类,财产清查可分为全面清查和局部清查;按照清查的时间分类,财产清查可分为定期清查和不定期清查;按照清查的执行单位分类,财产清查分为内部清查和外部清查。

2. 财产清查的程序

财产清查的一般程序包括:(1)建立财产清查组织;(2)组织清查人员学习有关政策规定,掌握有关法律、法规和相关业务知识,以提高财产清查工作的质量;(3)确定清查对象、范围,明确清查任务;(4)制定清查方案,具体安排清查内容、时间、步骤、方法,以及必要的清查前准备;(5)清查时本着先清查数量、核对有关账簿记录等,后认定质量的原则进行;(6)填制盘存清单;(7)根据盘存清单,填制实物、往来账项清查结果报告表。

3. 库存现金的清查

库存现金的清查是采用实地盘点法确定库存现金的实存数,然后与库存现金日记账的账面余额相核对,确定账实是否相符。

4. 银行存款的清查

银行存款的清查一般在月末进行,将本单位银行存款日记账的账簿记录与开户银行转来的银行对账单逐笔进行核对,来查明银行存款的实有数额。银行存款日记账与银行对账单不一致的原因可能是企业或银行一方或双方记账过程有错误或者存在未达账项。

未达账项,是指企业和银行之间由于记账时间不一致而发生的一方已经入账,而另一方尚未入账的事项,具体包括企收银未收、企付银未付、银收企未收、银付企未付四种情况。如果存在未达账项,应编制银行存款余额调节表,以验证经过调节的双方余额是否相等。

调节后的余额如果相等,通常说明企业和银行的账面记录没有错误,该余额为企业可以动用的银行存款实有数,但不能据此调整银行存款账面记录。调节后的余额如果不相等,通常说明一方或双方记账有误,需进一步追查,查明原因后予以更正和处理。

5. 实物财产的清查

对实物财产进行清查的方法有实地盘点法、技术推算法、抽样盘点法和函证核对法。盘点完毕,将实物盘存单中所记录的实存数量与账面结存数相核对,填制实存账存对比表,以确定实物财产的盘盈数或盘亏数。

6. 债权债务的清查

债权债务的清查一般采用发函询证的方法进行核对,即根据账户信息编制对账单,给各位债权人和债务人发函求证。往来款项清查以后,将清查结果编制往来款项清查表,对于有争执的款项以及无法收回的款项,应在报告单上详细列明情况。

7. 财产清查结果的处理

对于财产清查结果,首先要核准金额和数量,查明原因;审批前,调整账簿记录保证账实相符;审批后,根据审批意见进行账务处理。

对财产清查应设置“待处理财产损溢”,下设“待处理流动资产损溢”和“待处理非流动资产损溢”两个明细分类账户进行明细核算。

三、练习题

(一) 名词解释

1. 财产清查　　2. 全面清查
3. 局部清查　　4. 定期清查
5. 不定期清查　　6. 未达账项
7. 实地盘点法　　8. 盘盈
9. 盘亏　　10. 银行存款余额调节表
11. 待处理财产损溢

(二) 单项选择题

1. 在编制年报之前,企业需要(　　)财产清查。
A. 对企业流动性较大的财产进行全面　　B. 对企业一部分财产进行局部
C. 对企业所有财产进行全面　　D. 对企业重要财产进行重点
2. 在出纳人员发生变动时对其保管的库存现金进行的清查属于(　　)。
A. 局部清查和不定期清查　　B. 局部清查和定期清查
C. 全面清查和不定期清查　　D. 全面清查和定期清查
3. 企业在遭受自然灾害后,对其受损的财产物资进行的清查,属于(　　)。
A. 全面清查和不定期清查　　B. 局部清查和不定期清查
C. 全面清查和定期清查　　D. 局部清查和定期清查
4. 对于大量成堆难以清点的财产物资,应采用(　　)。
A. 函证核对法　　B. 实地盘点法　　C. 技术推算法　　D. 抽样盘点法
5. 下列各项中,进行现金清查可以采用的方法是(　　)。
A. 查询核实法　　B. 实地盘点法　　C. 账面价值法　　D. 技术推算法
6. 对现金进行清查,清查结果应当及时填列(　　)。
A. 现金盘点报告表　　B. 盘存单
C. 对账单　　D. 实存账存对比表
7. 实存账存对比表属于调整账面记录的(　　)。
A. 累计凭证　　B. 记账凭证　　C. 转账凭证　　D. 原始凭证
8. 技术推算法适用于以下(　　)的清查。
A. 大量成堆难以逐一清点的存货　　B. 流动性较大的物资
C. 检查账表是否相符　　D. 固定资产
9. 适合在清查时采用实地盘点法的是(　　)。
A. 银行存款　　B. 应付账款　　C. 应收账款　　D. 固定资产
10. 下列项目的清查应采用函证核对法的是(　　)。
A. 短期投资　　B. 原材料　　C. 应付账款　　D. 实收资本

11. 银行对账单是(　　)。

A. 企业会计所作的记录　　B. 出纳的记录

C. 银行转来的记录　　D. 财产清查人员所作的记录

12. 在记账无误的情况下,银行对账单和银行存款日记账不一致的原因是(　　)。

A. 其他应收款　　B. 应付账款　　C. 未达账项　　D. 应收账款

13. 对银行存款进行清查需核对(　　)。

A. 银行存款日记账与总账

B. 银行存款日记账与银行对账单

C. 银行存款收付款凭证与银行存款日记账

D. 银行存款总账与银行存款收付款凭证

14. 银行存款余额调节表中调节后的余额是(　　)。

A. 对账日企业可以动用的银行存款实有数额

B. 对账单余额与日记账余额的平均数

C. 银行存款账面余额

D. 银行方面的账面余额

15. 对企业与其开户银行之间的未达账项,应在(　　)进行账务处理。

A. 收到银行对账单时　　B. 编好银行存款余额调节表时

C. 实际收到有关结算凭证时　　D. 查明未达账项时

16. 2×22 年 5 月末南海电子有限公司银行存款日记账余额为 90 000 元,银行对账单余额为 85 000 元,经过未达账项调节后的余额为 80 000 元,则对账日企业可以动用的银行存款实有数额为(　　)元。

A. 90 000　　B. 80 000　　C. 85 000　　D. 不能确定

17. “待处理财产损溢”账户借方核算(　　)。

A. 结转已批准处理的财产盘亏数或毁损数

B. 财产盘盈数

C. 发生待处理财产的盘盈数

D. 发生待处理财产的盘亏或毁损数

18. “待处理财产损溢”账户期末(　　)。

A. 余额在借方　　B. 余额在贷方

C. 一般没有余额　　D. 余额可能在借方,也可能在贷方

19. “待处理财产损溢”账户未转销的借方余额表示(　　)。

A. 等待处理的财产盘盈

B. 尚待批准处理的财产盘盈数小于尚待批准处理的财产盘亏和毁损数的差额

C. 等待处理的财产盘亏

D. 尚待批准处理的财产盘盈数大于尚待批准处理的财产盘亏和毁损数的差额

20. 盘盈的现金经批准后进行账务处理时应借记的科目是(　　)。

A. 其他应付款　　B. 待处理财产损溢　　C. 库存现金　　D. 营业外收入

21. 库存现金盘亏时,应借记的账户是(　　)。

A. 其他应付款　　B. 待处理财产损溢
C. 其他应收款　　D. 库存现金

22. 南海电子有限公司银行存款日记账 10 月 31 日的余额为 82 024.5 元，与银行对账单比较后发现有以下两笔未达账项：银行代收应收账款 1 000 元、代付水费 50 元。如果不考虑其他因素的影响，其调节后余额为(　　)元。

A. 82 024.5　　B. 82 974.5　　C. 83 024.5　　D. 83 074.5

23. 2×21 年 5 月 31 日，华管公司编制的银行存款余额调节表显示，调节后的余额均为 1 298 000 元，企业和银行均不存在记账错误。但经逐笔勾对，发现 5 月份存在以下两笔未达账项：(1)华管公司购买原材料开出支票支付货款 12 500 元，并已登记入账，但持票人尚未向银行办理进账手续，银行尚未记账；(2)银行已为企业收取货款 30 000 元，但华管公司尚未收到收款通知，尚未记账。2×21 年 5 月 31 日，华管公司账面存款余额和银行对账单存款余额分别是(　　)元。

A. 1 280 500　1 328 000　　B. 1 268 000　1 310 500
C. 1 285 500　1 328 000　　D. 1 328 000　1 310 500

24. 清查盘点实物资产时，(　　)必须在场。

A. 单位领导　　B. 实物保管员　　C. 会计主管　　D. 记账人员

25. 红星企业盘点原材料时发现盘亏，经查明是自然灾害导致，经批准后，会计人员应编制会计分录(　　)。

A. 借：待处理财产损溢
　　贷：原材料

B. 借：管理费用
　　贷：待处理财产损溢

C. 借：营业外支出
　　贷：待处理财产损溢

D. 借：待处理财产损溢
　　贷：管理费用

26. 盘亏的存货，报经批准处理后进行账务处理时，不可能计入的账户是(　　)。

A. 其他应收款　　B. 管理费用　　C. 制造费用　　D. 营业外支出

27. 存货的盘盈在批准处理前，应贷记的科目是(　　)。

A. 管理费用　　B. 资本公积
C. 待处理财产损溢　　D. 营业外收入

28. 存货的盘盈进行处理时，应贷记的科目是(　　)。

A. 营业外收入　　B. 其他业务收入
C. 管理费用　　D. 待处理财产损溢

29. 存货发生定额内损耗，应记入的科目是(　　)。

A. 其他应收款　　B. 管理费用
C. 营业外支出　　D. 待处理财产损溢

30. 盘亏的固定资产经批准后，应将其差额借记(　　)。

A. 累计折旧　　B. 营业外支出
C. 营业外收入　　D. 待处理财产损溢

31. 中科企业盘亏固定资产一项，资产原值为 5 000 元，已提折旧 2 000 元，净值

3 000 元，则应记入“待处理财产损溢”科目的金额为（　　）元。

A. 0　　B. 3 000　　C. 2 000　　D. 5 000

32. 中科企业盘盈一项固定资产，应根据该固定资产的账面价值金额贷记（　　）会计科目。

A. 以前年度损益调整　　B. 营业外收入

C. 营业外支出　　D. 累计折旧

33. 恒大公司财产清查中发现账外机器一台，其市场价格为 40 000 元，估计八成新，则该固定资产的入账价值为（　　）元。

A. 40 000　　B. 48 000　　C. 12 800　　D. 32 000

(三) 多项选择题

1. 财产清查的作用主要有（　　）。

A. 保障资产的完整　　B. 保证账实相符

C. 加速资金周转，提高经济效益　　D. 提高会计资料的准确性

E. 保障资产的安全

2. 导致账实不符的常见原因有（　　）。

A. 收发计量器具导致的计量误差

B. 实物资产的物理化学性能导致的误差

C. 会计人员疏漏导致的错误

D. 贪污盗窃和不可抗力事件导致的毁损灭失

E. 未达账项

3. 财产清查按清查的范围可分为（　　）。

A. 重点清查　　B. 定期清查　　C. 全面清查　　D. 内部清查

E. 局部清查

4. 全面清查的对象包括（　　）。

A. 各种实物资产　　B. 货币资金

C. 往来款项　　D. 委托加工、保管的物资

E. 在途材料、商品

5. 按照清查的执行单位不同，财产清查可分为（　　）。

A. 内部清查　　B. 外部清查　　C. 定期清查　　D. 不定期清查

E. 局部清查

6. 企业进行定期清查的时间一般是（　　）。

A. 年末　　B. 中外合资时　　C. 单位合并　　D. 季末

E. 月末

7. 下列各项中，适用全面清查的情况有（　　）。

A. 年终决算前　　B. 单位撤销　　C. 资产评估　　D. 每月月末

E. 单位合并

8. 下列属于不定期清查适用范围的是(　　)。

A. 更换财产保管人　　B. 发生自然灾害损失

C. 发生意外损失　　D. 更换出纳人员

E. 单位撤销

9. 按照时间划分,财产清查可分为(　　)。

A. 定期清查　　B. 不定期清查　　C. 全面清查　　D. 局部清查

E. 现金清查

10. 企业不仅要在编制会计报表前进行内部财产清查,还有下列(　　)外部单位为专项目的对其进行财产清查。

A. 上级主管机关　　B. 税务机关　　C. 司法部门　　D. 注册会计师

E. 国家审计机关

11. 财产清查的一般程序包括(　　)。

A. 成立清查小组　　B. 制定清查方案

C. 填制盘存清单　　D. 确定清产对象、范围,明确清查任务

E. 根据盘存清单填制实物、往来款项清查结果报告表

12. 关于实存账存对比表,不正确的说法有(　　)。

A. 调整账簿记录的记账凭证　　B. 编制会计报表的直接依据

C. 调整账簿记录的原始凭证　　D. 登记总分类账的直接依据

E. 登记日记账的直接依据

13. 未达账项是指(　　)。

A. 企业已收款记账,银行未收款未记账的款项

B. 企业已付款记账,银行未付款未记账的款项

C. 银行已收款记账,企业未收款未记账的款项

D. 银行已付款记账,企业未付款未记账的款项

E. 银行和企业都没有收付的款项

14. 下列各项中,(　　)可以作为财产清查原始凭证。

A. 未达账项登记表　　B. 现金盘点报告表

C. 实存账存对比表　　D. 结算款项核对登记表

E. 出纳人员赔偿现金短缺的收据

15. 对于存货和固定资产等各项实物资产的清查,一般采用的方法有(　　)。

A. 实地盘点法　　B. 账面价值法　　C. 技术推算法　　D. 查询核实法

16. 下列各项中,适用实地盘点法进行盘点的财产有(　　)。

A. 各项实物财产物资　　B. 银行存款

C. 应付账款　　D. 库存现金

E. 实收资本

17. 下列各项中,适合采用函证核对法进行财产清查的有(　　)。

A. 应收账款　　B. 委托加工材料　　C. 出租出借包装物　　D. 银行存款

E. 应付账款

18. 账实核对主要内容的有(　　)。

A. 固定资产明细账与固定资产实存数的核对

B. 库存现金日记账与现金实存数的核对

C. 材料明细账与材料实存数的核对

D. 应收账款明细账与债务单位对账单的核对

E. 银行存款日记账与银行对账单的核对

19. “银行存款余额调节表”是(　　)。

A. 只起到对账作用　　B. 原始凭证

C. 盘存表的表现形式　　D. 调整账面记录的原始依据

E. 银行存款清查的方法

20. 在编制银行存款余额调节表时，应在银行对账单余额的基础上加减的项目有(　　)。

A. 减企业已付入账银行未付入账的款项

B. 加银行已付入账企业未付入账的款项

C. 减银行已收入账企业未收入账的款项

D. 加银行未入账企业未入账的收入事项

E. 加企业已收入账银行未收入账的款项

21. 企业进行财产清查后，实存数与账面数进行比较后可能产生的结果有(　　)。

A. 账实一致　　B. 账存数小于实存数

C. 毁损　　D. 账存数大于实存数

E. 财产质量不符

22. 在“待处理财产损溢”账户借方登记的内容有(　　)。

A. 批准转销的待处理财产盘盈数　　B. 发生的待处理财产盘盈数

C. 发生的待处理财产盘亏数　　D. 批准转销的待处理财产盘亏数

E. 发生的待处理财产毁损数

23. 存货盘亏后经批准进行会计处理时，可能涉及的借方科目有(　　)。

A. “管理费用”　　B. “应付职工薪酬”

C. “其他应收款”　　D. “待处理财产损溢”

E. “营业外支出”

24. 固定资产盘亏、批准前的会计处理可能涉及的借方科目有(　　)。

A. “累计折旧”　　B. “固定资产”

C. “其他应收款”　　D. “待处理财产损溢”

E. “营业外支出”

25. 财产清查结果的处理步骤是(　　)。

A. 调整凭证，做到账实相符　　B. 销毁账簿资料

C. 调整账簿，做到账实相符　　D. 进行批准后的账务处理

E. 核准数字，查明原因

(四) 判断题

1. 财产清查是指通过对货币资金、实物资产和往来款项等财产物资进行盘点或核对,确定其实存数,查明实存数与账存数是否相符的一种专门方法。 ( )

2. 在财产清查之后,会计部门要将所有的经济业务登记入账并结出余额,做到账账相符、账证相符,为财产清查提供可靠的依据。 ( )

3. 全面清查既可以是定期清查,也可以是不定期清查。 ( )

4. 根据财产清查的对象和范围,全面清查只有在年终进行。 ( )

5. 对仓库中所有的存货进行的盘点就是全面清查。 ( )

6. 对于流动性较大的财产物资和货币资金,一般适用于局部清查。 ( )

7. 单位撤销时,应进行局部清查。 ( )

8. 与技术推算法相比,实地盘点法花费的时间少,工作量也要小。 ( )

9. 想要确定财产物资价值量,必须采用账面价值法。 ( )

10. 在各种实物的清查过程中,实物保管人员必须在场参加盘点,但不可以单独进行财产清查工作。 ( )

11. 对贵重物资一般要经常进行局部清查,至少每月盘点一次。 ( )

12. 库存现金的清查适用于实地盘点法。 ( )

13. 对库存现金进行清查时,出纳人员可以不在场。 ( )

14. 银行存款余额调节表是对账时产生的记录,因此属于自制原始凭证。 ( )

15. 未达账项是指企业和银行之间由于记账时间不一致而发生的一方已经入账,而另一方尚未入账的事项。 ( )

16. 对未达账项进行调节后的余额是企业可以实际支取的存款额。 ( )

17. 如果存在未达账项,应编制银行存款余额调节表,同时将调整金额编制记账凭证调整入账。 ( )

18. 银行存款余额调节表编制完毕,若调节的余额或差额相符,说明账簿记录基本无错误;若余额或差额不符,则说明账簿记录一定有错误。 ( )

19. 盘点实物时,账面数大于实存数,则为盘盈。 ( )

20. 财产物资盘盈或盘亏,需在期末结账前处理完毕,如在期末结账前尚未经批准处理的,等批准后进行处理。 ( )

21. 盘盈的材料可以冲减管理费用。 ( )

22. 盘亏的材料一般作为营业外支出处理。 ( )

23. 处理财产清查结果时,一律调整账面数。 ( )

24. 财产清查结果进行账务处理时,都必须按相反方向对冲“待处理财产损溢”账户。 ( )

25. 转销已批准处理的财产盘盈数,贷记“待处理财产损溢”账户。 ( )

26. “待处理财产损溢”账户是损益类账户。 ( )

27. 转销盘盈、盘亏的固定资产,一律通过营业外收支处理。 ( )

28. 某企业盘盈一台生产设备,其原值估计为10 000 元,五成新,编制的会计分录为借记“固定资产”科目 10 000 元，贷记“累计折旧”科目 5 000 元，贷记“营业外收入”科目 5 000 元。（ ）

（五）业务题

1. **目的**：编制银行存款余额调节表。

资料：某公司 20×3 年 5 月 31 日的银行存款日记账账面余额为 345 800 元，而银行对账单上企业存款余额为 340 800 元，经逐笔核对，发现有以下未达账项：

（1）5 月 26 日企业开出转账支票 1 500 元，持票人尚未到银行办理转账，银行尚未登记入账。

（2）5 月 28 日企业委托银行代收款项 2 000 元，银行已收款入账。但企业未接到银行的收款通知，因而未登记入账。

（3）5 月 29 日，企业送存购货单位签发的转账支票 7 500 元，企业已登记入账，银行尚未登记入账。

（4）5 月 30 日，银行代企业支付水电费 1 000 元，企业尚未接到银行的付款通知，故未登记入账。

要求：根据以上有关内容，编制“银行存款余额调节表”，并分析调节后是否需要编制有关会计分录。

2. **目的**：练习存货盘盈的账务处理。

资料：某公司 20×3 年经财产清查，发现盘盈甲材料 1 600 吨。经查明，是由于计量上的错误造成的，按计划成本每吨 1 元入账。

要求：对该公司盘盈甲材料作出批准前和批准后的账务处理。

3. **目的**：练习存货盘亏的账务处理。

资料：某公司 20×3 年经财产清查，发现盘亏乙材料 100 吨，单价 100 元/吨。经查明，属于由过失责任人赔偿的共计 4 000 元；属于定额内合理损耗的共计 500 元；其余的属于自然灾害造成的损失，但由保险公司赔偿 3 000 元。

要求：对该公司盘亏乙材料进行批准前和批准后的账务处理。

4. **目的**：练习固定资产盘盈的账务处理。

资料：某公司 20×3 年在财产清查中，发现盘盈机器设备一台，估计原值为 600 000 元，估计已提折旧额为 100 000 元。

要求：对该公司盘盈固定资产进行账务处理。

5. **目的**：练习固定资产盘亏的账务处理。

资料：某公司 20×3 年在财产清查中发现盘亏机器设备一台，账面原值为 140 000 元，已提折旧额为 50 000 元。

要求：对该公司盘亏固定资产进行批准前和批准后的账务处理。

参考答案

第十章 账项调整

一、本章结构

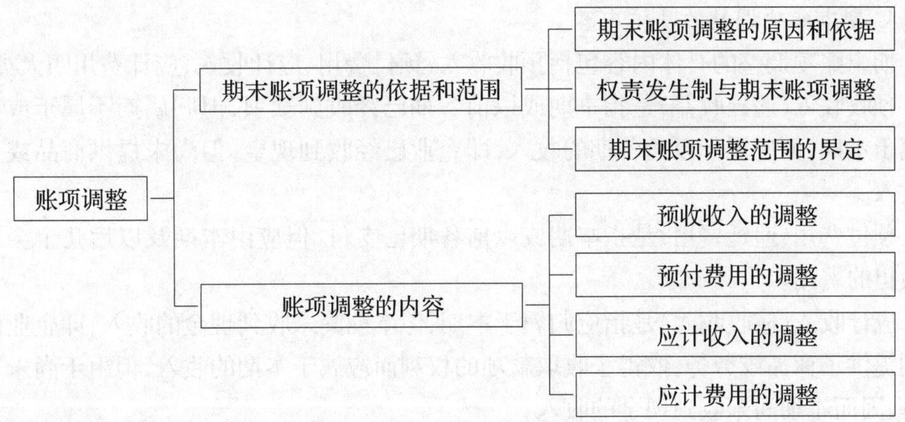

二、学习指引

(一) 学习重点

1. 期末账项调整的原因及其理论依据。
2. 期末账项调整的范围。
3. 期末账项调整的具体内容与方法。

(二) 学习难点

1. 为什么在编制财务会计报告之前一定要进行账项调整?
2. 期末账项调整的目的和理论依据是什么?
3. 权责发生制下收入与费用的确认与期末账项调整的关系是什么?
4. 哪些经济业务(会计事项)期末需要进行账项调整?
5. 账项调整时如何进行账务处理? 账项调整分录对哪些会计报表产生影响? 如何影响?

(三) 主要内容讲解

1. 期末账项调整的含义及依据

期末账项调整是指由于持续经营假设、会计分期假设,以及权责发生制及配比原则的要求,而对收入和费用进行的调整。

2. 期末账项调整的目的

期末账项调整的目的主要是为了在利润表中正确地反映本期的经营成果。具体做法是要严格区分本期收入与非本期收入、本期费用与非本期费用,并将相关的收入与费用进行配比,计算出本期利润。

3. 期末账项调整的情形

当收入和费用的收付期与归属期不一致时,需要进行账项调整,包括收付期在前,归属期在后以及归属期在前,收付期在后两种情形。

4. 期末账项调整的具体内容

期末账项调整的具体内容包括预收收入、预付费用、应计收入、应计费用四大类。

预收收入(递延收益)是指本期或以前各期已经收到款项,但归属期不属于或不完全属于本期,而应属于以后各期的收入,即企业已经收到现金,但尚未提供商品或劳务的收入。

预付费用(递延费用)是指本期或以前各期已支付,但应由本期及以后几个会计期间负担的费用。

应计收入(应收收入)是指应归属于本期,但本期尚未收到现金的收入,即企业已在本期提供了商品或劳务,取得了收取款项的权利而应属于本期的收入,但由于尚未完成结算,因而本期尚未收到现金的收入。

应计费用(应付费用)是指本期已耗用或本期已受益,应归属于本期,但要在以后各期支付的费用。

前两者属于“收付期在前,归属期在后”的情形,后两者属于“归属期在前,收付期在后”的情形。

三、练习题

(一) 名词解释

1. 账项调整　　2. 预计收入
3. 预付费用　　4. 应计收入
5. 应计费用

(二) 单项选择题

1. 期末不需要进行账项调整的情况是(　　)。

A. 归属期在前,收付期在后　　B. 收付期与归属期一致
C. 收付期在前,归属期在后　　D. 上述所有情况

2. 会计的(　　)假设是会计分期假设的基础。

A. 会计主体　　B. 持续经营
C. 货币计量　　D. 币值稳定

3. 期末账项调整的直接原因是( )假设。

A. 会计主体　　B. 持续经营

C. 会计分期　　D. 货币计量

4. 企业进行期末账项调整的依据是( )。

A. 权责发生制　　B. 收付实现制　　C. 会计主体　　D. 会计分期

5. 预收收入是指

A. 现金收款在前,收入确认在后　　B. 收入确认在前,现金收款在后

C. 应计收入　　D. 应计费用

6. 下列属于递延项目的是( )。

A. 应计收入　　B. 应计费用　　C. 预收账款　　D. 预付费用

7. 下列属于应计项目的是( )。

A. 长期待摊费用　　B. 预收账款

C. 应付利息　　D. 一次性收取服务费

8. 年初一次性收取客户 3 年租金,其性质属于( )。

A. 预付租金　　B. 应收账款

C. 长期待摊费用　　D. 预收收入

9. 期末计提短期借款利息,其性质属于( )。

A. 应收利息　　B. 预收账款　　C. 应付利息　　D. 应计费用

10. 下列属于应计收入的账项调整项目的是( )。

A. 预付租金　　B. 银行存款利息

C. 预收账款　　D. 预付财产保险费

11. 下列属于应计费用的账项调整项目的是( )。

A. 银行借款利息　　B. 银行存款利息

C. 预收账款　　D. 应收账款

12. 按权责发生制的要求,下列应确认为本期主营业务收入的是( )。

A. 本月预收下月货款　　B. 本月收到的上月销货款

C. 本月销售产品货款未收到　　D. 本月收到仓库租金收入

(三) 多项选择题

1. 下列属于账项调整的项目有( )。

A. 应收利息　　B. 预收账款　　C. 应计费用　　D. 应计收入

E. 预付账款

2. 下列属于应计项目的有( )。

A. 应收利息　　B. 长期待摊费用　　C. 预收账款　　D. 应付利息

E. 预付账款

3. 期末需要进行账项调整的情况有( )。

A. 归属期在前,收付期在后　　B. 收付期与归属期一致

C. 收付期在前,归属期在后　　D. 无法收回的货款

E. 上述所有情况

4. 下列属于递延项目的有(　　)。

A. 预付账款　B. 预收账款　C. 应计费用　D. 应计收入

E. 应付利息

5. 年初一次性支付 2 年的办公室租金,期末账项调整时涉及的账户有(　　)。

A. 预付账款　B. 管理费用　C. 预收账款　D. 应收账款

E. 财务费用

6. 软件开发公司年初一次性收取 3 年的技术服务费,期末账项调整时涉及的账户有(　　)。

A. 应收利息　　B. 应收账款

C. 预收账款　　D. 主营业务收入

E. 营业外收入

7. 下列需要在期末进行账项调整的有(　　)。

A. 归属于本期的收入,但尚未收到款项

B. 归属于本期的费用,但尚未支付款项

C. 本期已收款,不属于或不完全属于本期的收入

D. 本期已付款,不属于或不完全属于本期的费用

E. 期末将损益类账户结转本年利润

8. 下列各项中,应归属于本期收入,但尚未收到款项的账项调整的有(　　)。

A. 银行存款利息收入　　B. 债券利息收入

C. 应付购货款　　D. 银行借款利息支出

E. 预收租金收入

(四) 判断题

1. 持续经营和会计分期假设是期末账项调整的主要原因。(　　)

2. 期末账项调整的依据是权责发生制。(　　)

3. 期末账项调整的目的主要是为了在利润表中正确地反映本期的经营成果。(　　)

4. 期末账项调整不仅与确定企业一定期间的经营成果有关,也与正确反映特定日期的财务状况密切相关,即与资产负债表相关。(　　)

5. 账项调整只对资产和负债进行调整,对收入和费用不会产生影响。(　　)

6. 权责发生制以实收实付为标准进行账项调整。(　　)

7. 递延项目是指现金已在本期收到或支付,但应在本期确认和以后期间确认的项目。(　　)

8. 预付费用是指企业已经支付,但尚未受益或负担的费用。(　　)

9. 对收付期在前,归属期在后的情况,需要进行账项调整。(　　)

10. 对收付期与归属期一致的情况，期末不需要进行账项调整。 ( )

11. 预收收入指本期或以前各期已经收到款项，但归属期不属于或不完全属于本期的收入。 ( )

12. 应计项目是指在现金实际收付之前确认收入或费用的项目，包括应计费用和应计收入。 ( )

13. 预付费用的特点是费用支付在前，现金发生在后。 ( )

14. 应计费用的特点是费用确认在前，现金发生在后。 ( )

15. 企业每月计提固定资产折旧也是一种账项调整。 ( )

16. 按收付实现制和权责发生制编制的利润表相同，体现了一致性原则。 ( )

17. 在收付实现制下，期末计算利润之前必须进行账项调整。 ( )

18. 经过期末账项调整，账簿记录中有关收入和费用科目所记录的金额，便是应归属本期收入和费用的金额。 ( )

（五）业务题

1. **目的**：理解账项调整的目的。

资料：某会计师事务所 20×3 年现金收入共计 9 000 000 元，另有以下往来款项见下表：

往来款项表

单位：元

项　目	20×2 年 12 月 31 日	20×3 年 12 月 31 日
应收账款	86 000	120 000
预收账款	58 000	33 000

要求：计算该事务所 20×3 年的服务收入总额。

2. **目的**：掌握期末账项调整的方法。

资料：某公司 20×3 年 12 月需要调整的有关项目如下：

1. 支付第四季度短期借款利息 9 000 元，10 月和 11 月已预提利息费用共计 6 000 元。
2. 年初曾支付 1 年期的财产保险费共计 36 000 元，每月平均负担。
3. 预计本月银行存款利息收入 5 200 元。
4. 本月出租包装物，预收 3 个月的租金共计 1 200 元。
5. 以银行存款预付下年度保险费 48 000 元。
6. 预收下年度房屋租金 24 000 元，款项已存入银行。
7. 预计本月银行借款利息支出 3 000 元（到期一次还本付息）。
8. 11 月份预收客户的货款 10 000 元，本月已发货并开出发票。

要求：根据上述资料编制 12 月的调整分录。

3. **目的:**掌握期末账项调整的方法。

资料:某汽车销售公司 20×3 年 1—6 月份发生经济业务如下表所示:

权责发生制与收付实现制比较 单位:万元

序号	项　　目	收付实现制		权责发生制	
	经济业务	收入	费用	收入	费用
1	借款 200 万元,半年应计利息 6 万元				
2	支付全年租金 240 万元				
3	购入检测设备 80 万元,按 10 年计提折旧				
4	购进汽车 2 000 万元				
5	1—6 月共收到销售汽车收入 3 800 万元				
6	收到 1—6 月份维修收入 56 万元				
7	预收全年店铺租金收入 48 万元				
8	支付 1—6 月份日常运营费 36 万元				
9	结转已售汽车成本 2 200 万元				
10	年末确认属于上半年的销售奖励 12 万元				
11	合　　计				
12	利　　润				

要求:根据上述资料,以 1—6 月份为会计期间,计算并填列上表数据。

4. **目的:**掌握账项调整的内容以及对会计报表的影响。

资料:某面包屋 20×3 年 1 月 1 日开始营业,当年发生经济业务汇总如下(为简化起见,假定所有经济业务均以现金收付)。

(1) 营业收入共计 280 万元。

(2) 支付工资 50 万元。

(3) 一次性支付两年店铺租金共计 48 万元。

(4) 支付水电费 16 万元。

(5) 上年 12 月预收某单位客户面包款 2 万元,本年 1 月份已发货。

(6) 购买面粉等原料支付 30 万元,假定全部使用完毕,年末无库存。

(7) 缴纳相关税金 5 万元。

要求:

(1) 计算该面包屋 20×3 年的净利润。

(2) 上述业务中哪些属于期末账项调整的内容,请编制调整分录。

参考答案

第十一章　财务会计报告

一、本章结构

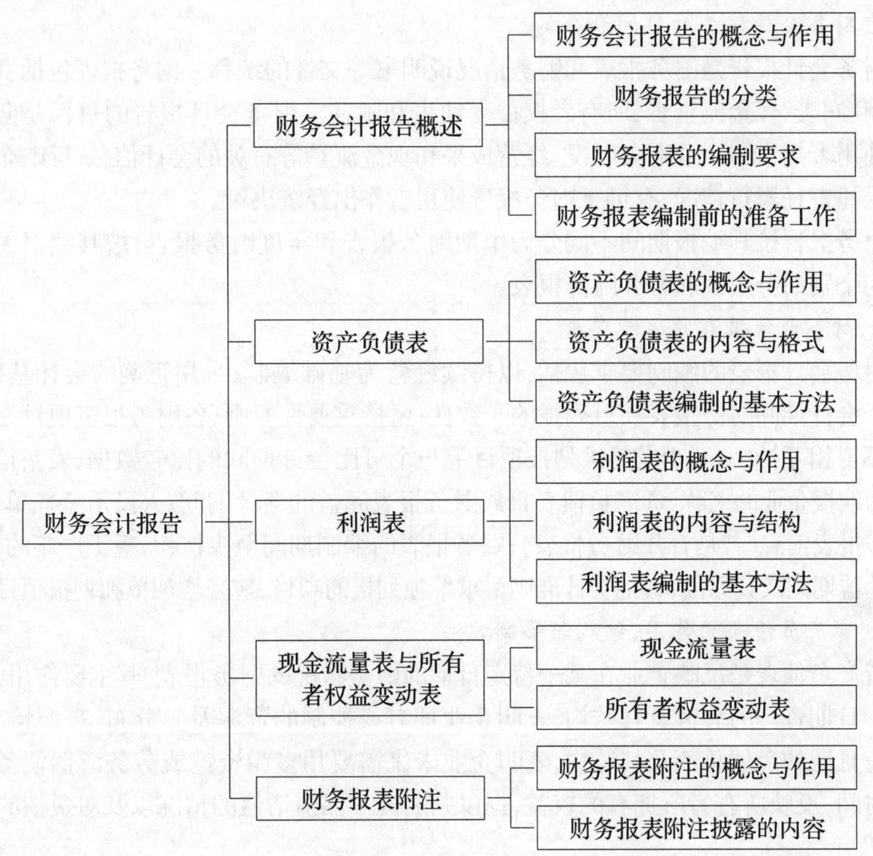

二、学习指引

(一) 学习重点

1. 财务报表的编制要求。
2. 资产负债表的作用、内容与格式、编制方法。
3. 利润表的作用、内容与格式、编制方法。

(二) 学习难点

1. 财务报表中各项目的填列方法。
2. 现金流量表、所有者权益变动表的作用和结构。
3. 四大财务报表之间存在怎样的勾稽关系?
4. 企业提供财务报表附注的意义是什么?

(三) 主要内容讲解

1. 财务会计报告的目的和分类

财务会计报告是财务报表和财务情况说明书等文件的统称。财务报表包括资产负债表、利润表、现金流量表、所有者权益变动表和附注。财务会计报告的目标是向财务报告使用者提供与企业财务状况、经营成果和现金流量等有关的会计信息,反映企业管理层受托责任履行情况,有助于财务报告使用者作出经济决策。

财务报告按其编报期间不同分为中期财务报告和年度财务报告;按其编报主体不同分为个别财务报表和合并财务报表。

2. 财务会计报表的编制要求

财务会计报表的编制要求包括:以持续经营为基础编制;采用正确的会计基础;保持各个会计期间财务报表项目列报的一致性;坚持重要性原则;各财务报表项目之间的金额不得相互抵销;至少应提供列报项目上一个可比会计期间的比较数据;表头信息至少包括编报企业的名称、资产负债表日或财务报表涵盖的会计期间、人民币金额单位、合并财务报表信息(若是合并财务报表);财务报表的编制期间至少按年,短于一年的,应当披露涵盖期间及其原因;其他会计准则要求单独列报的项目,应当增加单独列报项目。

3. 资产负债表的作用、结构与编制方法

资产负债表是反映企业在某一特定日期的财务状况的财务报表,其主要作用为:提供某一日期资产的总额及其结构,表明企业拥有或控制的资源及其分布、来源情况;提供某一日期的负债总额及其结构,表明企业未来需要用多少资产或劳务清偿债务以及清偿时间;反映所有者所拥有的权益,据以判断资本保值增值的情况以及对负债的保障程度。

资产负债表以“资产=负债+所有者权益”这一会计恒等式为理论基础,按照资产、负债和所有者权益三大类别分类列报。我国资产负债表采用账户式的格式。

资产负债表的填制方法为:“年初余额”应根据上年末“期末余额”栏内所列数字填列;“期末余额”栏应采用不同方法填列:(1)根据有关总分类账户的期末余额直接填列;(2)根据总账金额计算填列;(3)根据明细账金额计算填列;(4)根据总分类和明细账余额分析填列;(5)根据总分类账余额减备抵项目后的净额填列;(6)综合运用上述方法填列。

4. 利润表的作用、结构与编制方法

利润表是反映企业在一定会计期间的经营成果的财务报表,其主要作用为:有助于了解企业当期的收益情况，评价企业在一定期间的经济活动效益及其盈利质量；提供企业各类利润的构成信息，有助于了解企业利润的结构，并通过不同时期数字的比较，分析企业的盈利能力和盈利水平，预测企业的盈利趋势。

利润表是以"收入－费用＝利润"这一会计方程式为基础编制的。利润表根据收入、费用与利润之间的关系，按利润构成的各项目分项列示，反映企业某一会计期间营业收入和营业费用，以及这一期间的利润形成情况。我国利润表采用多步式结构。

利润表根据各损益类账户的本期发生额填列，并分别计算出营业利润、利润总额和净利润。

5. 现金流量表的内容和结构

现金流量表是指反映企业一定会计期间内的现金和现金等价物的流入和流出情况的报表。编制现金流量表的目的是为财务报表使用者提供企业一定会计期间内有关现金流入和流出的信息，内容包括经营活动产生的现金流量、投资活动产生的现金流量、筹资活动产生的现金流量。

现金流量表包括正表和补充资料两部分。正表采用报告式的结构，按照现金流量的性质依次分类反映企业经营活动现金流量、投资活动现金流量和筹资活动现金流量；补充资料是以净利润为起点，通过对一些项目的调整，将以权责发生制确认的净利润调节为按收付实现制确认的经营活动现金流量。

6. 所有者权益变动表的内容和结构

所有者权益变动表是反映构成所有者权益的各组成部分当期增减变动情况的报表。

所有者权益变动表以矩阵的形式列示。一方面，报表的各行列示导致所有者权益变动的交易或事项，即所有者权益变动的来源，对一定时期所有者权益的变动情况进行全面反映；另一方面，报表的各列按照所有者权益各组成部分列示交易或事项对所有者权益各部分的影响。

7. 财务报表附注的作用

财务报表附注是对在资产负债表、利润表、现金流量表和所有者权益变动表等报表中列示项目的文字描述或明细资料，以及对未能在这些报表中列示项目的说明等。附注应当披露财务报表的编制基础，相关信息应当与资产负债表、利润表、现金流量表和所有者权益变动表等报表中列示的项目相互参照。附注是财务报表重要的解释与补充资料，可以使报表使用者全面了解企业的财务状况、经营成果和现金流量等会计信息。

三、练习题

(一) 名词解释

1. 财务会计报告　　2. 财务报表

3. 资产负债表　　4. 利润表

5. 现金流量表
6. 所有者权益变动表
7. 财务报表附注
8. 现金
9. 现金等价物
10. 现金流量
11. 经营活动现金流量
12. 投资活动现金流量
13. 筹资活动现金流量

(二) 单项选择题

1. 关于财务报告,以下论述中错误的是(　　)。
A. 为加快财务报表的编制和报送进度,可以先编制财务报表,再核对账证
B. 财务报告能综合、总括、清晰明了地反映会计主体的经营状况
C. 财务报告的信息使用者包括投资者、债权人、上级主管机关和内部经营管理者等
D. 财务报表之间的数据是相互关联的

2. 财务报表中各报表项目的数字,其直接来源是(　　)。
A. 账簿记录　　B. 原始凭证　　C. 记账凭证　　D. 日记账

3. 下列不属于财务会计报告基本要求的是(　　)。
A. 便于理解　　B. 编报及时　　C. 合法实用　　D. 真实可靠

4. 企业财务会计报告所提供的信息资料应具有时效性,这是指编制财务会计报告应符合(　　)的要求。
A. 相关可比　　B. 全面完整　　C. 编报及时　　D. 真实可靠

5. 根据会计报表反映的经济内容分类,资产负债表属于(　　)。
A. 经营成果报表　　B. 财务状况报表
C. 对外报表　　D. 月度报表

6. 在下列会计报表中,反映企业对外的静态报表的是(　　)。
A. 利润表　　B. 现金流量表
C. 资产负债表　　D. 成本报表

7. 资产负债表是主要的会计报表,它反映企业某一特定日期的(　　)。
A. 财务状况　　B. 现金流量
C. 经营成果　　D. 所有者权益变动

8. 下列各项中,属于资产负债表设计依据的是(　　)。
A. 复式记账原理　　B. 会计恒等式
C. 账户结构原理　　D. 收入－费用＝利润

9. 资产负债表的项目按类别采用左右平衡对照的结构,在此基础上的分类是(　　)。
A. 收入、费用和利润
B. 资产、负债、所有者权益、收入、费用、利润
C. 资产、负债和所有者权益

D. 资金来源、资金运用

10. 不能通过资产负债表了解的会计信息是(　　)。

A. 企业非流动资产总额及其构成

B. 企业资金的来源渠道和构成

C. 企业在一定期间内现金的流入和流出的信息及现金增减变动的原因

D. 企业所掌握的经济资源及其分布情况

11. 我国企业资产负债表采用(　　)结构。

A. 账户式　　B. 多步式　　C. 报告式　　D. 单步式

12. 资产负债表中资产项目的顺序是按项目的(　　)排列的。

A. 流动性大小　　B. 重要性程度　　C. 收益性高低　　D. 金额大小

13. 下列项目中,属于非流动负债项目的是(　　)。

A. 应付票据　　B. 应付股利

C. 应付职工薪酬　　D. 长期借款

14. 下列项目中,不属于流动资产的是(　　)。

A. 预付账款　　B. 应收账款　　C. 货币资金　　D. 累计折旧

15. 10 月 31 日,中海有限责任公司的负债为 3 727.5 万元、所有者权益合计为 1 500 万元、非流动资产合计为 2 449.5 万元,则当日该公司的流动资产合计应当为(　　)万元。

A. 1 278　　B. 2 227.5　　C. 2 778　　D. 949.5

16. 资产负债表中所有者权益项目的排列顺序是(　　)。

A. 实收资本—资本公积—盈余公积—未分配利润

B. 未分配利润—盈余公积—资产公积—实收资本

C. 实收资本—盈余公积—资本公积—未分配利润

D. 资本公积—盈余公积—未分配利润—实收资本

17. 填列资产负债表各项目的“期末余额”栏时,下列说法中正确的是(　　)。

A. 大多数项目根据有关账户的期末余额记录填列,少数项目则根据发生额记录填列

B. 主要是根据有关账户的本期发生额记录填列

C. 少数项目根据有关账户的期末余额记录填列,大多数项目则根据发生额记录填列

D. 主要是根据有关账户的期末余额记录填列

18. 下列报表项目中,可以直接填列的是(　　)。

A. 货币资金　　B. 短期借款　　C. 应收账款　　D. 未分配利润

19. 下列报表项目中,需要计算填列的是(　　)。

A. 应付职工薪酬　　B. 短期借款

C. 实收资本　　D. 存货

20. 资产负债表中,可以根据总账科目余额直接填列的项目是(　　)。

A. 预收账款　　B. 预付账款

C. 交易性金融资产　　D. 其他应收款

21. 资产负债表的下列项目中，需要根据几个总账账户的期末余额汇总填列的是(　　)。

A. “交易性金融资产”　　B. “应付职工薪酬”

C. “货币资金”　　D. “实收资本”

22. 资产负债表中的“存货”项目，应根据(　　)。

A. “存货”账户的期末借方余额直接填列

B. “原材料”“生产成本”和“库存商品”等账户的期末借方余额之和再加或减相关“成本差异”及“跌价准备”账户后进行填列

C. “原材料”账户的期末借方余额直接填列

D. “原材料”“在产品”和“库存商品”等账户的期末借方余额之和填列

23. 中海股份有限公司20×2年年末“库存现金”总账借方余额1 750元，“银行存款——工商银行”明细账借方余额180 000元，“银行存款——建设银行”明细账借方余额105 000元。如果不考虑其他因素，该企业资产负债表中“货币资金”项目填列的金额为(　　)元。

A. 1 750　　B. 181 750　　C. 286 750　　D. 285 000

24. 资产负债表中的“应收账款”项目填列的依据是(　　)

A. “应收账款”总分类账户期末余额

B. “应收账款”和“预收账款”所属各明细分类账户的期末借方余额合计与相关“坏账准备”抵减后的差额

C. “应收账款”总分类账户所属各明细分类账户的期末借方余额合计

D. “应收账款”和“应付账款”总分类账所属各明细分类账的期末借方余额合计与“坏账准备”抵减后的差额

25. “应收账款”科目所属明细科目如有贷方余额，应在资产负债表(　　)项目中反映。

A. 应付账款　　B. 预收账款

C. 应收账款　　D. 预付账款

26. 20×2年5月底，华管公司的应收账款账户中，“应收账款——甲公司”明细账借方余额750万元，“应收账款——乙公司”明细账借方余额600万元，“应收账款——丙公司”明细账借方余额150万元。如果不计提坏账准备，资产负债表中“应收账款”项目的金额为(　　)万元。

A. 1 200　　B. 1 350　　C. 1 500　　D. 2 550

27. 南海公司“在途物资”总账借方余额150万元，“生产成本”总账借方余额280万元，“库存商品”总账借方余额200万元。如果不考虑其他因素的影响，该公司资产负债表中“存货”项目的填列金额为(　　)万元。

A. 350　　B. 630　　C. 430　　D. 655

28. 以“收入－费用＝利润”这一会计等式作为编制依据的会计报表是(　　)。

A. 所有者权益变动表　　B. 利润表

C. 资产负债表　　D. 现金流量表

29. 反映企业在一定时期内经营成果的财务报表是(　　)。

A. 现金流量表　　B. 资产负债表

C. 所有者权益变动表　　D. 利润表

30. 企业编制利润表的依据是(　　)。

A. 借方余额账户　　B. 贷方余额账户

C. 盘存类账户　　D. 损益类账户的发生额

31. 依照我国会计准则的要求,利润表所采用的格式为(　　)。

A. 单步报告式　　B. 账户式　　C. 多步报告式　　D. 混合式

32. 多步式利润表中的利润总额是以(　　)为基础来计算的。

A. 营业利润　　B. 营业收入　　C. 投资收益　　D. 营业成本

33. 下列各项中,属于利润表反映内容的是(　　)。

A. 企业在一定期间内的财务状况

B. 企业在一定期间内的经营成果

C. 企业在一定期间内的营业收入、营业利润、利润分配

D. 企业在一定期间内的营业现金流入

34. 下列各项中,不会引起利润总额增减变化的是(　　)。

A. 管理费用　　B. 营业外支出　　C. 销售费用　　D. 所得税费用

35. 在利润表中,对主营业务和其他业务合并列示,而将各项利润单独列示,这一做法体现了(　　)。

A. 重要性原则　　B. 真实性原则

C. 权责发生制原则　　D. 配比原则

36. 多步式利润表是通过多步计算求出当期损益的,为此利润表通常把利润分解为(　　)。

A. 营业收入、营业利润和可分配利润　　B. 营业利润、利润总额和净利润

C. 毛利、营业利润和应税利润额　　D. 毛利、营业利润和利润总额

37. 下列项目排在利润表最后的是(　　)。

A. 营业利润　　B. 净利润　　C. 利润总额　　D. 所得税费用

38. 中海公司2×21年1月份利润表“本期金额”栏有关数字如下:营业利润16 000元,营业外收入2 500元,营业外支出25 000元。中海公司1月份利润总额为(　　)元。

A. －16 000　　B. 6 500　　C. 16 000　　D. －6 500

39. 甲企业本期主营业务收入为250万元,主营业务成本为150万元,其他业务收入为100万元,其他业务成本为50万元,销售费用为7.5万元,投资收益为10万元,假定不考虑其他因素,该企业本期营业利润为(　　)万元。

A. 150　　B. 152.5　　C. 132.5　　D. 167.5

40. 下列各项中属于"现金等价物"的是(　　)。

A. 3 年前购买的债券在 3 个月之内将到期

B. 购买的期限短于 3 个月到期的债券

C. 计划在 3 个月内将出售的交易性金融资产

D. 将转让的股权投资

41. 所有者权益变动表是(　　)。

A. 会计报表的主表　　B. 资产负债表的附表

C. 利润表的附表　　D. 现金流量表的附表

(三) 多项选择题

1. 财务报表是反映企业经营成果、财务状况、现金流量等会计信息的总括性文件,至少应当包括(　　)。

A. 资产负债报表　　B. 利润表

C. 现金流量表　　D. 所有者权益变动表

E. 附注

2. 编制财务会计报告的目的之一是满足会计信息使用者的需要,会计信息使用者主要是指(　　)。

A. 股东　　B. 债权人

C. 上级主管部门和监管部门　　D. 企业内部管理人员

E. 会计人员

3. 我国证监会要求上市公司定期披露(　　)。

A. 季度报表　　B. 半年度报表　　C. 年度报表　　D. 日报表

E. 月度报表

4. 在编制财务报表过程中,企业管理层应当利用所有可获得的信息来评价企业自报告期末起 12 个月的持续经营能力,评价时需要考虑(　　)。

A. 企业目前或长期的盈利能力　　B. 市场经营风险

C. 宏观政策风险　　D. 偿债能力

E. 财务弹性

5. 根据所反映的经济内容不同,会计报表可分为(　　)。

A. 反映财务状况的报表　　B. 个别会计报表

C. 反映经营成果的报表　　D. 合并会计报表

E. 反映费用成本的报表

6. 编制财务报表前的准备工作包括(　　)。

A. 进行账项调整

B. 按规定的时间结账

C. 严格审核会计账簿的记录和有关资料

D. 进行全面的财产清查

E. 严格审核原始凭证记录的资料

7. 企业的下列报表中，属于对外会计报表的有(　　)。

A. 资产负债表　　B. 利润表

C. 所有者权益变动表　　D. 现金流量表

E. 制造成本表

8. 资产负债表是企业主要的会计报表之一，其作用有(　　)。

A. 了解企业拥有或控制的资产总额及其构成情况

B. 评价企业的偿债能力和筹资能力

C. 考察企业资本的保全和增值情况

D. 预测企业未来的财务状况和财务安全程度等

E. 了解企业的负债和所有者权益情况

9. 资产负债表的下列项目中，需要根据总账科目余额减去其备抵科目后的净额填列的有(　　)。

A. 固定资产　　B. 应收账款　　C. 存货　　D. 长期股权投资

E. 无形资产

10. 资产负债表中"应收账款"项目应根据(　　)之和减去"坏账准备"科目中有关应收账款计提的坏账准备期末余额填列。

A. "应收账款"科目所属明细科目的借方余额

B. "应收账款"科目所属明细科目的贷方余额

C. "应付账款"科目所属明细科目的贷方余额

D. "预收账款"科目所属明细科目的借方余额

E. "应收账款"科目总账期末余额

11. 资产负债表的下列项目中，可以直接根据账户余额填列的有(　　)。

A. 实收资本　　B. 盈余公积　　C. 短期借款　　D. 应收账款

E. 应付职工薪酬

12. 下列各项中，属于流动资产的有(　　)。

A. 无形资产　　B. 库存现金　　C. 应收账款　　D. 存货

E. 银行存款

13. 下列项目中，属于流动负债的有(　　)。

A. 其他应收款　　B. 其他应付款　　C. 预付账款　　D. 应收账款

E. 应交税费

14. 下列项目中，不属于资产负债表中"非流动资产"的有(　　)。

A. 应收票据及应收账款　　B. 存货

C. 在建工程　　D. 无形资产

E. 以公允价值计量且其变动计入当期损益的金融资产

15. 下列各项中，应在资产负债表"预付款项"项目列示的有(　　)。

A. "应付账款"账户所属明细科目的借方余额

B. “应收账款”账户所属明细科目的借方余额

C. “应收账款”账户所属明细科目的贷方余额

D. “预付账款”账户所属明细科目的借方余额

E. “预付账款”账户总账余额

16. 资产负债表中“货币资金”项目需根据(　　)账户的期末余额计算填列。

A. 库存现金　B. 短期借款　C. 银行存款　D. 实收资本

E. 其他货币资金

17. 资产负债表中“存货”项目的填列依据有(　　)。

A. 库存商品　B. 在途物资　C. 原材料　D. 受托加工物资

E. 生产成本

18. 下列各项中,属于融资形成的项目的有(　　)。

A. 应收账款　B. 短期借款　C. 应付账款　D. 应付职工薪酬

E. 实收资本

19. 编制资产负债表时,需根据有关总账科目期末余额分析、计算填列的项目有(　　)。

A. 货币资金　B. 预付款项　C. 短期借款　D. 存货

E. 应付职工薪酬

20. 资产负债表中所有者权益是企业资产扣除负债后的剩余权益,反映企业在某一特定日期股东(投资者)拥有的净资产的总额,它一般按照(　　)分项列示。

A. 应付职工薪酬　B. 实收资本

C. 资本公积　D. 盈余公积

E. 未分配利润

21. 下列各项中,影响期末资产负债表中“未分配利润”项目填列依据的有(　　)。

A. 应付利润　B. 实收资本

C. 期初未分配利润　D. 提取盈余公积

E. 净利润

22. 利润表提供的信息包括(　　)。

A. 实现的营业收入　B. 发生的营业成本

D. 利润或亏损总额　C. 资产减值损失

E. 企业的财务状况

23. 在利润表中,应列入“税金及附加”项目中的税金有(　　)。

A. 城市维护建设税　B. 资源税

C. 教育费附加　D. 增值税

E. 消费税

24. 利润表中的“营业收入”项目应根据(　　)科目的本期发生额计算填列。

A. 主营业务收入　B. 其他业务收入

C. 投资收益　D. 营业外收入

E. 税金及附加

25. 下列各项中，影响利润表中"营业利润"项目计算的因素有(　　)。

A. 主营业务收入　　B. 主营业务成本

C. 营业外支出　　D. 管理费用

E. 税金及附加

26. 下列各项中，属于费用项目的有(　　)。

A. 营业利润　　B. 利润总额　　C. 销售费用　　D. 所得税费用

E. 净利润

27. 华管公司 2×21 年发生的营业收入为 1 000 万元，营业成本为 600 万元，销售费用为 20 万元，管理费用为 50 万元，财务费用为 10 万元，投资收益为 40 万元，营业外收入为 25 万元，营业外支出为 5 万元。该企业 2×21 年的营业利润和利润总额分别为(　　)万元。

A. 330　　B. 360　　C. 380　　D. 340

28. 现金流量表根据现金流量产生的来源将其分为(　　)。

A. 经营活动产生的现金流　　B. 期初结存的现金

C. 投资活动产生的现金　　D. 筹资活动产生的现金流

E. 期末现金

29. 现金及现金等价物主要包括的内容有(　　)。

A. 库存现金　　B. 银行存款　　C. 其他货币资金　　D. 商业汇票

E. 现金等价物

30. 所有者权益变动表的主要项目包括(　　)。

A. 会计政策变更和前期差错更正的累计影响金额

B. 按规定提取的盈余公积

C. 综合收益总额

D. 所有者投入资本和向所有者分配利润

E. 所有者权益各组成部分的期初和期末余额及其调节情况

31. 财务报表附注是为帮助理解财务报表的内容而对报表的有关项目等所做的解释，下列各项中属于财务报表附注的有(　　)。

A. 非经常性项目的说明

B. 所采用的主要会计处理方法

C. 财务报表中有关项目的明细资料

D. 其他有助于理解和分析报表需要说明的事项

E. 会计处理方法的变更情况、变更原因以及对财务状况和经营成果的影响

(四) 判断题

1. 财务会计报告，又称财务报告，包括财务报表和财务情况说明书。　(　　)

2. 财务报表的编制基础是持续经营。　(　　)

3. 在企业财务会计报告体系中，最核心的内容是会计报表。（　）

4. 企业的财务会计报告分为年度、半年度、季度和月度财务会计报告。（　）

5. 为了充分发挥财务报告的作用，应当定期向报表使用者提供财务报告。（　）

6. 季度、月度财务会计报告通常仅指财务报表，至少应该包括资产负债表、利润表和现金流量表。（　）

7. 企业在编制财务报表前，一般应该进行账证核对、账账核对、账实核对，并进行期末账项调整。（　）

8. 披露财务报表就可以不披露报表附注，或者披露了报表附注就可以不披露财务报表。（　）

9. 一套完整的财务报表至少应当包括资产负债表、利润表、现金流量表、所有者权益变动表和附注等部分。（　）

10. 财务报表一般都是比较会计报表。（　）

11. 资产负债表的设计依据是“资产＝负债＋所有者权益”。（　）

12. 资产负债表是总括反映企业特定日期资产、负债和所有者权益情况的动态报表，通过它可以了解企业的资产构成、资金的来源构成和企业债务的偿还能力。（　）

13. 编制财务报表后必须经有关人员签字盖章。（　）

14. 资产负债表的资产按流动性大小排列：流动性越小的资产，越排在前面。（　）

15. 资产负债表的“期末数”栏各项目主要是根据总账或有关明细账期末贷方余额直接填列的。（　）

16. 资产负债表的格式有单步式和多步式。（　）

17. 资产负债表中的“存货”项目应根据“原材料”“库存商品”等账户的期末余额合计数填列。（　）

18. 在任何情况下，“应收账款”项目都是根据“应收账款”总账的期末余额填列的。（　）

19. 资产负债表中“应收票据及应收账款”项目，应根据“应收票据”和“应收账款”账户所属各明细账户的期末借方余额合计填列。（　）

20. 资产负债表中“固定资产”项目应根据“固定资产”账户余额直接填列。（　）

21. 利润表是依据“收入－费用＝利润”设计的。（　）

22. 利润表是反映企业在一定会计期间经营成果的报表，属于动态报表。（　）

23. 目前国际上的利润表格式主要有多步式利润表和单步式利润表两种。为简便明晰起见，我国企业采用的是单步式利润表格式。（　）

24. 利润表是反映企业在某一日期经营成果及其分配情况的报表。（　）

25. 在没有增资、减资或利润分配的情况下，企业年度利润表中“净利润”应该和年末与年初净资产的差额相等。（　）

26. 利润表中“营业成本”项目，反映企业销售产品和提供劳务等主要经营业务的各项销售费用和实际成本。（　）

27. 营业利润减去管理费用、销售费用、财务费用和所得税费用后得到净利润。( )

28. “制造费用”和“财务费用”都应当在期末转入“本年利润”账户。( )

29. 利润表中的净利润一般是指企业利润总额扣除所得税以后的差额。( )

30. 利润表中的本年累计净利润应与“本年利润”账户的期末余额相等。( )

31. “税金及附加”项目是根据“税金及附加”账户的期末余额填列的。( )

32. 现金流量表是指反映企业在某一时点上的现金及现金等价物流入和流出情况的会计报表。( )

33. 现金等价物是企业持有期限短、流动性强、易于转换为已知金额现金、价值变动风险很大的投资。( )

34. 从购买之日起三个月内到期的债券投资可视为现金等价物。( )

35. 所有者权益变动表是列示所有者权益各组成部分的当期增减变动情况的报表。( )

36. 所有者权益变动表是反映企业在一定期间内所有者权益变动情况的会计报表,是资产负债表的附表。( )

37. 只有资产负债表和利润表才有附注。( )

(五) 业务题

1. 目的:练习资产负债表上项目的计算填列。

资料:某公司为一般纳税人,适用的增值税税率为13%。20×3年11月30日的科目余额(部分科目)如下表所示。

科目余额表

单位:元

科 目	借方余额	科 目	贷方余额
库存现金	118	短期借款	38 000
银行存款	37 026	应付账款	18 675
交易性金融资产	6 100	其他应付款	1 890
应收账款	15 950	应付职工薪酬	14 475
其他应收款	150	应交税费	4 145
原材料	88 285	应付股利	6 050
生产成本	15 091	长期借款	25 000
库存商品	8 635	累计折旧	90 750
长期股权投资	30 000	实收资本	245 750
固定资产	250 000	盈余公积	12 500
无形资产	7 500	本年利润	18 000
利润分配	16 380		
合 计	475 235	合 计	475 235

“应收账款”明细账户余额:甲厂——20 950 元(借方)

乙厂——5 000 元(贷方)

“应付账款”明细账户余额:丙厂——27 175 元(贷方)

丁厂——8 500 元(借方)

要求:根据上述资料,计算该公司 20×3 年 11 月 30 日资产负债表下列项目的金额(列出计算过程,计算结果出现小数的,均保留小数的后两位小数):

(1) 货币资金。

(2) 存货。

(3) 应收账款。

(4) 预收账款。

(5) 应付账款。

(6) 预付账款。

(7) 固定资产。

(8) 未分配利润。

2. **目的:**练习利润表上项目的计算填列。

资料:某公司年末损益类账户转账前的本期发生额资料如表所示。

公司年末损益类账户发生额

单位:元

账　　户	借方发生额	贷方发生额
主营业务收入		65 000
主营业务成本	45 000	
税金及附加	1 800	
其他业务收入		5 000
其他业务成本	1 500	
销售费用	2 500	
管理费用	1 500	
财务费用	500	
投资收益		2 500
营业外支出	1 850	
营业外收入		2 000

假设企业本年没有其他纳税调整事项,所得税税率为 25%。

要求:计算“营业收入”“营业成本”“营业利润”“利润总额”“净利润”项目的填列数。

3. **目的:**练习利润表的编制。

资料:某公司(一般纳税人)20×3 年 9 月份发生下列经济业务(本题中发生的购

买、销售业务的增值税税率为13%)：

(1) 企业销售甲产品1 000件，每件售价40元，货款已通过银行收讫。

(2) 企业销售给A工厂乙产品900件，每件售价25元，但货款尚未收到。

(3) 结转已售甲、乙产品的生产成本。其中：甲产品生产成本32 700元；乙产品生产成本18 000元。

(4) 以银行存款支付本月销售甲、乙两种产品的销售费用1 520元(按销售数量分摊)。

(5) 根据规定计算应缴纳城市维护建设税4 375元。

(6) 企业职工王某外出归来报销因公务出差的差旅费300元(原已预支400元)。

(7) 以现金1 000元支付厂部办公费。

(8) 企业收到A工厂前欠货款25 425元并存入银行。

(9) 没收某单位逾期未退回的包装物押金3 010元(不考虑相关税费)。

(10) 月初，用银行存款支付车间今明两年的材料仓库租赁费2 400元。

(11) 摊销应由本月负担的预付材料仓库租赁费。

(12) 根据上述有关经济业务，结转本期主营业务收入、其他业务收入。

(13) 根据上述有关经济业务结转本月主营业务成本、销售费用、税金及附加、管理费用。

(14) 根据本期实现的利润总额，按25%的税率计算应交所得税并结转。

要求：根据上述资料编制会计分录和利润表。

利润表

会企02表

编制单位：某公司　　　　20×3年9月　　　　单位：元

项　　目	本期数
一、营业收入	
减：营业成本	
税金及附加	
销售费用	
管理费用	
研发费用	
财务费用	
其中：利息费用	
利息收入	
其他收益	
投资收益	
加：公允价值变动收益	
资产减值损失	
资产处置收益	

续 表

项　目	本期数
二、营业利润	
加:营业外收入	
减:营业外支出	
三、利润总额	
减:所得税费用	
四、净利润	
(一) 持续经营净利润	
(二) 终止经营净利润	

4. **目的:**练习资产负债表的编制。

资料:某公司 20×3 年 12 月 31 日有关科目余额如下表所示。

科目余额表　　单位:元

科　目	借方余额	科　目	贷方余额
库存现金	250	短期借款	27 500
银行存款	40 000	应付账款	15 000
应收账款	22 500	其他应付款	7 500
其他应收款	12 500	应交税费	3 000
原材料	64 000	坏账准备	400
库存商品	30 000	应付职工薪酬	11 000
固定资产	175 000	应付利息	4 800
利润分配	6 000	实收资本	200 000
		资本公积	2 250
		盈余公积	21 000
		本年利润	37 500
		累计折旧	20 300
合　计	350 250	合　计	350 250

要求:根据上述资料,编制该公司 20×3 年 12 月 31 日的资产负债表。

5. **目的:**练习利润表的编制。

资料:某公司 20×3 年度有关利润表科目本年累计发生额如表所示。

20×3 年度利润表科目本年累计发生额　　单位:元

科目名称	借方发生额	贷方发生额
主营业务收入	0	65 000
其他业务收入	0	1 000
主营业务成本	32 500	0
其他业务成本	600	0
税金及附加	2 250	0
销售费用	10 000	0
管理费用	9 560	0
财务费用	400	0
资产减值损失	500	0
投资收益	0	1 500
公允价值变动损益	0	1 250
营业外收入	0	550
营业外支出	250	0
所得税费用	3 747	0

要求:根据上述资料,编制该公司 20×3 年度利润表。

参考答案

第十二章　账务处理程序

一、本章结构

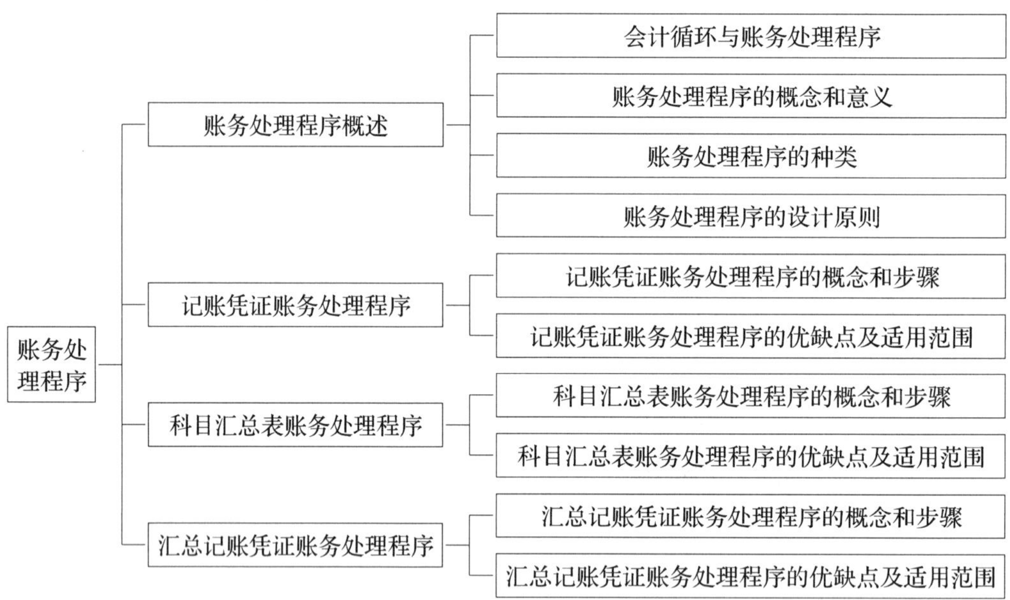

二、学习指引

（一）学习重点

1. 账务处理程序的概念及意义。
2. 记账凭证账务处理程序的步骤、优缺点及适用范围。
3. 科目汇总表账务处理程序的步骤、优缺点及适用范围。
4. 如何编制科目汇总表。
5. 汇总记账凭证账务处理程序的步骤、优缺点及适用范围。
6. 如何编制汇总收款凭证、汇总付款凭证和汇总转账凭证。
7. 三种账务处理程序的区别。
8. 不同种类的账务处理程序下总分类账的登记方法。

（二）学习难点

1. 会计凭证、会计账簿、财务报表之间相结合的方式产生的不同账务处理程序有何意义？

2. 会计主体如何根据自身的经营特征、规模、业务量以及经营管理需要，选择适当的账务处理程序？

3. 不同种类的账务处理程序的主要区别是什么？

4. 不同种类的账务处理程序下如何登记总分类账？

5. 如何根据企业的特点编制科目汇总表和各类汇总记账凭证？

6. 企业如何根据自身经营特点选择账务处理程序处理？

（三）主要内容讲解

1. 账务处理程序的含义

账务处理程序是指会计凭证、会计账簿、财务报表相结合的方式，即从取得原始凭证到登记账簿直至编制财务报表的步骤与方式。

会计凭证、会计账簿和财务报表是会计信息的载体，会计凭证与会计账簿之间的连接方式不同，形成了不同的账务处理程序。

2. 账务处理程序的种类及主要区别

会计实务中常用的账务处理程序包括记账凭证账务处理程序、科目汇总表账务处理程序和汇总记账凭证账务处理程序。

三种账务处理程序的基本流程相似，均遵循“凭证——账簿——财务报表”的基本模式，它们之间的主要区别在于登记总分类账的依据和方法不同。记账凭证账务处理程序采取“直接登记”的方式，而科目汇总表账务处理程序和汇总记账凭证账务处理程序则采取“汇总登记”的方式。

3. 记账凭证账务处理程序及其适用性

记账凭证账务处理程序是指根据记账凭证直接登记总分类账的一种账务处理程序。

记账凭证账务处理程序主要适用于规模相对较小、业务较为单一、业务量不多的手工记账环境。在计算机环境下，应用会计软件进行账务处理可以弥补工作量大的缺点。

4. 科目汇总表账务处理程序及其适用性

科目汇总表账务处理程序是指首先根据记账凭证定期编制科目汇总表，然后再根据科目汇总表登记总分类账的一种账务处理程序。

科目汇总表是按照相同会计科目，对一定会计期间内的借方发生额和贷方发生额进行的汇总，全部会计科目的借方发生额合计数应等于贷方发生额合计数。

科目汇总表账务处理程序主要适用于规模相对较大、业务量较多的会计主体。

5. 汇总记账凭证账务处理程序及其适用性

汇总记账凭证账务处理程序是指首先根据记账凭证定期编制汇总记账凭证，然后再根据汇总记账凭证登记总分类账的一种账务处理程序。

汇总记账凭证按照经济业务性质的不同，分为汇总收款凭证、汇总付款凭证和汇总转账凭证。

汇总记账凭证账务处理程序主要适用于规模较大、业务量较多且会计分工较细的会计主体,特别是转账业务较少而收付款业务较多的单位。

三、练习题

(一) 名词解释

1. 账务处理程序
2. 记账凭证账务处理程序
3. 科目汇总表账务处理程序
4. 汇总记账凭证账务处理程序

(二) 单项选择题

1. 设计账务处理程序是(　　)的一项重要内容。
A. 会计制度设计　　B. 会计账簿设计
C. 会计凭证设计　　D. 财务报表设计
2. 下列各种记账程序中,最基本的账务处理程序是(　　)。
A. 记账凭证账务处理程序　　B. 科目汇总表账务处理程序
C. 汇总记账凭证账务处理程序　　D. 分类账务处理程序
3. 各种账务处理程序的主要区别是(　　)。
A. 总账的格式不同　　B. 登记总账的依据不同
C. 会计凭证的种类不同　　D. 编制财务报表的依据不同
4. 账务处理程序的核心是(　　)。
A. 报表组织　　B. 账簿组织　　C. 凭证组织　　D. 记账程序
5. 财务报表是根据(　　)资料编制的。
A. 日记账、总账和明细账　　B. 日记账和明细分类账
C. 明细账和总分类账　　D. 日记账和总分类账
6. 所有账务处理程序在做法上的相同点是(　　)。
A. 根据各种记账凭证直接逐笔登记总分类账
B. 根据各种记账凭证直接逐笔登记日记总账
C. 根据各种记账凭证直接逐笔登记明细分类账
D. 根据各种记账凭证上的记录编制会计报表
7. 有关账务处理程序的说法,正确的是(　　)。
A. 账务处理程序是会计凭证、会计账簿、财务报表之间相结合的方式
B. 企业不能随意选择账务处理程序
C. 账务处理程序是编制会计凭证的程序
D. 账务处理程序是登记会计账簿的程序
8. 规模较小、业务量较少的单位适用(　　)。
A. 记账凭证账务处理程序　　B. 汇总记账凭证账务处理程序
C. 多栏式日记账账务处理程序　　D. 科目汇总表账务处理程序
9. 下列各项中,属于记账凭证账务处理程序主要特点的是(　　)。

A. 直接根据记账凭证逐笔登记总分类账
B. 根据科目汇总表登记总分类账
C. 根据汇总记账凭证登记总分类账
D. 根据多栏式日记账登记总分类账
10. 关于科目汇总表账务处理程序,下列说法正确的是(　　)。
A. 编制财务报表的直接依据是科目汇总表
B. 登记总账的直接依据是科目汇总表
C. 登记总账的直接依据是记账凭证
D. 与记账凭证账务处理程序相比较,增加了编制汇总记账凭证的程序
11. 编制科目汇总表时汇总的范围是(　　)
A. 全部科目的借方余额　　B. 全部科目的贷方余额
C. 全部科目的借、贷方发生额　　D. 全部科目的借、贷方余额
12. 科目汇总表的编制方法是(　　)。
A. 按照相同科目的借方设置贷方归类,定期汇总其发生额
B. 按照相同科目的贷方设置借方归类,定期汇总其发生额
C. 按照相同科目的借、贷方设置并归类,定期汇总其余额
D. 按照相同科目的借、贷方归类,定期汇总其发生额
13. 科目汇总表账务处理程序的特点是(　　)。
A. 根据各种记账凭证直接登记总分类账
B. 根据科目汇总表登记总分类账
C. 根据汇总记账凭证登记总分类账
D. 根据科目汇总表登记明细分类账
14. 科目汇总表编制的依据是(　　)。
A. 原始凭证　　B. 汇总记账凭证　　C. 总分类账　　D. 记账凭证
15. 以下关于科目汇总表账务处理程序的说法,不正确的是(　　)。
A. 科目汇总表中科目的借方发生额应等于贷方发生额
B. 不能清晰地反映各账户之间的对应关系
C. 登记总分类账的工作量较大
D. 科目汇总表可以起到试算平衡的作用
16. 汇总记账凭证账务处理程序适用范围的是(　　)。
A. 规模较大、经济业务较多　　B. 规模较小、经济业务不多
C. 转账业务较多　　D. 有明确分工的核算机制
17. 下列各项中,属于汇总记账凭证账务处理程序特点的是(　　)。
A. 能够清楚地反映各账户之间的对应关系
B. 不能清楚地反映各账户之间的对应关系
C. 不能较少登记总分类账的工作量
D. 能够分类反映企业所有的经济业务

18. 采用汇总记账凭证账务处理程序时,总账的登记时间是(　　)。

A. 逐日登记　　B. 月末一次登记

C. 月内定期登记　　D. 不定期登记

19. 汇总收款凭证是按(　　)定期汇总的。

A. 收款凭证上的借方科目　　B. 收款凭证上的贷方科目

C. 付款凭证上的借方科目　　D. 付款凭证上的贷方科目

20. 汇总付款凭证是按(　　)定期汇总的。

A. 收款凭证上的借方科目　　B. 收款凭证上的贷方科目

C. 付款凭证上的借方科目　　D. 付款凭证上的贷方科目

21. 汇总转账凭证按贷方科目汇总时,要保证账户对应关系清晰,一般应编制(　　)会计分录,否则需要拆分会计分录。

A. "一借一贷"或"多贷一借"　　B. "多贷多借"

C. "一借一贷"或"多借一贷"　　D. 以上均可以

22. 汇总记账凭证账务处理程序与科目汇总表账务处理程序的相同点是(　　)。

A. 登记总账的依据相同　　B. 记账凭证的汇总方法相同

C. 保持了账户间的对应关系　　D. 简化了登记总分类账的工作量

23. 下列凭证中,不能作为登记总分类账依据的是(　　)。

A. 汇总记账凭证　　B. 科目汇总表

C. 原始凭证　　D. 记账凭证

(三) 多项选择题

1. 会计循环的核心环节有(　　)。

A. 设置账户　　B. 填制会计凭证　　C. 成本计算　　D. 登记账簿

E. 编制会计报表

2. 常见的账务处理程序包括(　　)。

A. 记账凭证账务处理程序　　B. 汇总记账凭证账务处理程序

C. 科目汇总表账务处理程序　　D. 明细账账务处理程序

E. 总分类账账务处理程序

3. 各种账务处理程序的相同点包括(　　)。

A. 根据原始凭证编制汇总原始凭证

B. 根据原始凭证及记账凭证登记明细分类账

C. 根据收付款凭证登记现金和银行存款日记账

D. 根据总账和明细账编制会计报表

E. 月末将总账与明细账、日记账进行核对

4. 各种账务处理程序下,登记明细账的依据可能有(　　)。

A. 原始凭证　　B. 汇总原始凭证　　C. 记账凭证　　D. 汇总记账凭证

E. 科目汇总表

5. 在不同的账务处理程序下,登记总账的依据可能有(　　)。
A. 记账凭证　　B. 汇总记账凭证
C. 科目汇总表　　D. 汇总原始凭证
E. 原始凭证
6. 账务处理程序是指(　　)相互结合的方式。
A. 会计凭证　　B. 财务报表　　C. 科目汇总表　　D. 明细分类账
E. 会计账簿
7. 下列各项中,属于记账凭证账务处理程序适用范围的有(　　)。
A. 经济业务量少　　B. 规模大
C. 凭证不多　　D. 规模小
E. 凭证较多
8. 下列各项中,属于记账凭证账务处理程序优点的有(　　)。
A. 容易理解、便于掌握　　B. 能简化核算工作
C. 可以汇总登记总账　　D. 能反映账户对应关系
E. 起到试算平衡的作用
9. 下列各项中,按有关科目的贷方设置,按借方科目归类的账务处理程序有(　　)。
A. 汇总收款凭证　　B. 汇总转账凭证
C. 汇总付款凭证　　D. 科目汇总表
E. 原始凭证
10. 科目汇总表的作用有(　　)。
A. 试算平衡　　B. 反映各科目的借、贷方本期发生额
C. 反映各科目之间的对应关系　　D. 反映各科目的期末余额
E. 减轻登记总账的工作量
11. 在科目汇总表账务处理程序下,记账凭证是用来(　　)的依据。
A. 登记库存现金日记账　　B. 登记总账
C. 登记明细分类账　　D. 编制科目汇总表
E. 编制会计报表
12. 在汇总记账凭证账务处理程序下,总分类账的登记依据有(　　)。
A. 汇总收款凭证　　B. 汇总付款凭证
C. 汇总转账凭证　　D. 原始凭证汇总表
E. 科目汇总表
13. 汇总付款凭证贷方对应的借方会计科目可能是(　　)。
A. 原材料　　B. 固定资产　　C. 管理费用　　D. 销售费用
E. 无形资产
14. 采用汇总记账凭证账务处理程序时,“银行存款”总账的登记依据有(　　)。
A. 汇总现金付款凭证　　B. 汇总银行存款付款凭证

C. 汇总现金收款凭证　　D. 汇总银行存款收款凭证
E. 汇总转账凭证

15. 有关汇总付款凭证的下列说法中正确的有（　　）。
A. 可以按照一个借方科目与一个贷方科目汇总
B. 贷方科目是库存现金
C. 贷方科目是银行存款
D. 可以按照一个贷方科目与几个借方科目汇总
E. 借方科目是库存现金或银行存款

16. 在汇总记账凭证账务处理程序下，“主营业务收入”总账登记的依据有（　　）。
A. 汇总现金收款凭证中“主营业务收入”合计数
B. 汇总银行存款收款凭证中“主营业务收入”合计数
C. 汇总转账凭证中“主营业务收入”合计数
D. 科目汇总表中“主营业务收入”合计数
E. 利润表中“主营业务收入”合计数

17. 汇总记账凭证账务处理程序的优点主要有（　　）。
A. 能够清晰地反映账户之间的对应关系
B. 不必再填制各种专用记账凭证
C. 减少登记总分类账的工作量
D. 可以进行试算平衡
E. 对汇总过程中存在的错误能够及时发现

18. 为便于编制汇总收款凭证，日常编制收款凭证时，会计分录的形式最好是（　　）。
A. 一借一贷　　B. 一借多贷　　C. 多借一贷　　D. 多借多贷
E. 多借两贷

19. 为便于汇总转账凭证的编制，日常编制转账凭证时，会计分录的形式最好是（　　）。
A. 一借一贷　　B. 一贷多借　　C. 一借多贷　　D. 多借多贷
E. 一借两贷

20. 在汇总记账凭证账务处理程序下，月末应与总账核对的内容有（　　）。
A. 财务报表　　B. 记账凭证　　C. 明细账　　D. 汇总记账凭证
E. 科目汇总表

21. 适用于生产经营规模较大、业务量较多企业的账务处理程序有（　　）。
A. 记账凭证账务处理程序　　B. 科目汇总表账务处理程序
C. 汇总记账凭证账务处理程序　　D. 分类账账务处理程序
E. 备查账账务处理程序

22. 下列项目中，可以根据记账凭证汇总编制的有（　　）。
A. 汇总付款凭证　　B. 汇总收款凭证

C. 汇总转账凭证　　　　　　　　　　D. 科目汇总表

E. 原始凭证汇总表

23. 下列关于汇总记账凭证的表述中,正确的有(　　)。

A. 汇总记账凭证是记账凭证的一种形式

B. 汇总记账凭证能起到试算平衡的作用

C. 可以简化总账的登记工作量

D. 反映了账户之间的对应关系

E. 有利于会计核算的日常分工

(四) 判断题

1. 账务处理程序是指会计凭证、会计账簿和财务报表相结合的方式,包括账簿组织和记账程序。(　　)

2. 采用的账务处理程序不同,编制财务报表的依据也不相同。(　　)

3. 同一公司可以同时采用几种不同的账务处理程序。(　　)

4. 各种账务处理程序的不同之处是登记总账的直接依据不同。(　　)

5. 各种账务处理程序的不同之处是登记明细账的直接依据不同。(　　)

6. 财务报表是根据总分类账、明细分类账和日记账的记录定期编制的。(　　)

7. 在不同的账务处理程序中,登记总账的依据相同。(　　)

8. 公司可以根据组织规模和管理上的要求,选择恰当的账务处理程序。(　　)

9. 公司不论采用哪种账务处理程序,都必须设置日记账、总账和明细账。(　　)

10. 每一个会计循环一般都是在一个特定的会计期间内完成的。(　　)

11. 记账凭证账务处理程序是最基本的一种账务处理程序。(　　)

12. 记账凭证账务处理程序适用于规模大、业务量较多的会计主体。(　　)

13. 记账凭证账务处理程序的主要特点是直接根据各种记账凭证登记总账。(　　)

14. 科目汇总表账务处理程序下,总分类账应依据科目汇总表登记。(　　)

15. 科目汇总表不仅可以起到试算平衡的作用,而且可以反映账户之间的对应关系。(　　)

16. 科目汇总表账务处理程序下,总分类账须逐日逐笔登记。(　　)

17. 科目汇总表也是一种具有汇总性质的记账凭证。(　　)

18. 采用科目汇总表账务处理程序时,总分类账的登记时间根据科目汇总表的编制时间而定。(　　)

19. 科目汇总表的作用与汇总记账凭证相似,但它们的结构不同,填制的方法也不同。(　　)

20. 任何账务处理程序的第一步都必须根据原始凭证或汇总原始凭证填制记账凭证。(　　)

21. 采用汇总记账凭证账务处理程序时,银行存款总账只能根据汇总银行存款收

款凭证和汇总银行存款付款凭证的合计数登记。 ( )

22. 汇总收款凭证是按贷方科目设置,按借方科目归类,定期汇总,按月编制的。 ( )

23. 汇总转账凭证是按货方科目设置,按借方科目归类,定期汇总,按月编制的。 ( )

24. 在汇总记账凭证账务处理程序下,若某一贷方科目的转账凭证数量不多,可以根据转账凭证登记总分类账。 ( )

25. 汇总记账凭证可以反映账户之间的对应关系。 ( )

26. 在汇总记账凭证账务处理程序下,现金日记账可以根据汇总收付款凭证登记。 ( )

27. 汇总记账凭证是根据各种专用记账凭证汇总而成的。 ( )

28. 汇总收款凭证、汇总付款凭证和汇总转账凭证通常每月编制一张。 ( )

29. 编制汇总记账凭证的作用是可以对总分类账进行汇总登记。 ( )

30. 库存现金日记账和银行存款日记账不论在何种账务处理程序下,都是根据收款凭证和付款凭证逐日逐笔顺序登记的。 ( )

31. 原始凭证或原始凭证汇总表可以作为登记各种账簿的直接依据。 ( )

32. 汇总记账凭证账务处理程序的缺点在于不便于分工核算。 ( )

33. 汇总转账凭证按“库存现金”“银行存款”账户的借方设置,并按其对应的贷方账户归类汇总。 ( )

34. 科目汇总表和汇总记账凭证账务处理程序下不需要进行对账工作。 ( )

(五) 业务题

1. **目的:**掌握汇总记账凭证的编制方法。

资料:某公司采用汇总记账凭证账务处理程序,20×3 年 4 月 1 日—10 日有关记账凭证的会计分录如下(暂不考虑增值税):

(1) 1 日 借:原材料 23 000
贷:应付账款 23 000

(2) 2 日 借:生产成本 18 000
贷:原材料 18 000

(3) 3 日 借:库存现金 4 000
贷:银行存款 4 000

(4) 3 日 借:制造费用 2 000
贷:原材料 2 000

(5) 4 日 借:银行存款 7 000
贷:应收账款 7 000

(6) 5 日 借:银行存款 30 000
贷:库存现金 30 000

(7) 5 日　借:银行存款　8 000
　　　贷:预收账款　8 000
(8) 6 日　借:固定资产　36 000
　　　贷:应付账款　36 000
(9) 8 日　借:所得税费用　5 000
　　　贷:应交税费—应交所得税　5 000
(10) 9 日　借:应付账款　21 000
　　　贷:银行存款　21 000
(11) 10 日　借:其他应收款　1 500
　　　贷:库存现金　1 500
(12) 10 日　借:税金及附加　800
　　　贷:应交税费——城建税　800

要求:

(1) 为上述业务的记账凭证编号。

(2) 根据记账凭证记录编制汇总收款凭证、汇总付款凭证和汇总转账凭证(汇总转账凭证根据需要自行添加张数)。

汇总收款凭证

借方科目:　　　　年　月　　　　汇收字第_号

贷方科目	金　额				总账页码	
	1—10 日收款凭证 第_号至第_号	11—20 日收款凭证 第_号至第_号	21—31 日收款凭证 第_号至第_号	合计	借方	贷方
合　计						

汇总付款凭证

贷方科目:　　　　年　月　　　　汇付字第_号

借方科目	金　额				总账页码	
	1—10 日付款凭证 第_号至第_号	11—20 日付款凭证 第_号至第_号	21—31 日付款凭证 第_号至第_号	合计	借方	贷方
合　计						

汇总转账凭证

贷方科目：　　　　　　　　　　　　年　　月　　　　　　　　　　　汇转字第__号

<table>
<tr><td rowspan="2">借方科目</td><td colspan="4">金　　额</td><td colspan="2">总账页码</td></tr>
<tr><td>1—10 日转账凭证
第__号至第__号</td><td>11—20 日转账凭证
第__号至第__号</td><td>21—31 日转账凭证
第__号至第__号</td><td>合计</td><td>借方</td><td>贷方</td></tr>
<tr><td></td><td></td><td></td><td></td><td></td><td></td><td></td></tr>
<tr><td></td><td></td><td></td><td></td><td></td><td></td><td></td></tr>
<tr><td></td><td></td><td></td><td></td><td></td><td></td><td></td></tr>
<tr><td>合　　计</td><td></td><td></td><td></td><td></td><td></td><td></td></tr>
</table>

2. **目的**：掌握科目汇总表的编制方法。

资料：某公司在 20×3 年 12 月份发生如下经济业务：

(1) 2 日，购入甲材料 200 千克，单价 15 元/千克，买价 3 000 元；乙材料 500 千克，单价 10 元/千克，买价 5 000 元。增值税 1 040 元。全部款项已经用银行存款支付。

(2) 3 日，用银行存款 3 600 元支付本月行政管理部门办公经费。

(3) 5 日，部门经理张某因公出差归来，报销差旅费 6 800 元。（假定此前从财务部门借款 10 000 元），收到张某退回余款现金 3 200 元。

(4) 6 日，购入需要安装的 M 设备一台，买价 100 000 元，增值税 13 000 元，运输费 3 000 元（暂不考虑运费的增值税），款项用银行存款支付。

(5) 6 日，用银行存款 1 400 元支付购入上述甲、乙两种材料的运费（暂不考虑运费增值税，运费按材料的重量比例分配）。

(6) 8 日，甲、乙两种材料验收入库，结转两种材料的实际采购成本。

(7) 10 日，从银行提取现金 25 000 元备用。

(8) 11 日，安装 M 设备，用银行存款支付安装费 9 000 元。

(9) 12 日，仓库发出材料 5 000 元。其中：生产 A 产品耗用甲材料 2 000 元、乙材料计 3 000 元；生产车间一般性耗用甲材料 600 元；公司管理部门耗用乙材料 400 元。

(10) 13 日，用现金 500 元购买车间办公用品。

(11) 14 日，公司管理部门发生快递费 200 元，用现金支付。

(12) 16 日，用现金 520 元支付罚款。

(13) 17 日，用银行存款 6 200 元支付产品展销费。

(14) 19 日，M 设备安装完毕，经验收合格交付使用，结转实际成本。

(15) 23 日，用银行存款 5 500 元支付水电费。其中，车间耗用 3 000 元，公司管理部门耗用 2 500 元。

(16) 31 日，提取本月固定资产折旧 6 500 元。其中，生产设备折旧 4 500 元，公司管理部门折旧 2 000 元。

(17) 31 日，分配本月职工工资 79 000 元。其中，生产 A 产品工人工资 50 000 元，生产车间管理人员工资 18 000 元,公司管理人员工资 11 000 元。

(18) 31 日,结转本月发生的制造费用。

(19) 31 日,本月完工的 A 产品 1 000 件,已验收入库,结转完工产品总成本并计算单位成本。

(20) 31 日,销售 A 产品 500 件,单价 180 元,价款 90 000 元,增值税 11 700 元,款项尚未收到。

(21) 31 日,销售 A 产品 300 件,单价 180 元,价款 54 000 元,增值税 7 020 元。收到商业汇票一张,金额 61 020 元。

(22) 31 日,结转本月 A 产品的销售成本。

(23) 31 日,计提应由本月负担的借款利息 1 500 元。

(24) 31 日,结转损益类账户。

(25) 31 日,按照 25%的税率计算所得税费用。

(26) 31 日,结转上述所得税费用。

(27) 31 日,按 10%提取法定盈余公积。

(28) 31 日,经批准,按净利润的 20%向股东分配现金股利。

(29) 31 日,将“本年利润”账户中确认的净利润转入“利润分配——未分配利润”账户。

(30) 31 日,将“利润分配——提取盈余公积”和“利润分配——应付股利”账户的发生额转入“利润分配——未分配利润”账户。

要求:

(1) 根据上述经济业务填制专用记账凭证,并采用五种编号按业务顺序进行连续编号。

(2) 编制科目汇总表。

科目汇总表

年　　月　　　　　　　　　　第　　号

会计科目	1—10 日		11—20 日		21—31 日		本月合计	
	借方	贷方	借方	贷方	借方	贷方	借方	贷方

续　表

会计科目	1—10日		11—20日		21—31日		本月合计	
	借方	贷方	借方	贷方	借方	贷方	借方	贷方
合　计								

参考答案

第十三章 综合模拟实训

一、实训目的

课堂教学中通常采用会计分录和丁字形账户来替代会计实操中的记账凭证和账簿，为了能让学习者更好地掌握会计实务中的账务处理程序，更直观地感受会计信息载体，特别设计模拟实训环节。该部分内容旨在通过认识原始凭证、填制记账凭证、登记账簿、编制试算平衡表，完成财务报表编制的业务流程，实现从理论到实际操作的转换。

二、实训资料

中海股份有限公司为制造业企业，增值税一般纳税人，执行13%的增值税税率，所得税税率为25%。20×2年12月1日各账户余额如表1所示。

表1 20×2年12月1日各账户余额 单位：元

账户名称	借 方	贷 方
库存现金	15 000	
银行存款	340 000	
应收账款	418 000	
预付账款	9 000	
其他应收款	7 000	
固定资产	676 000	
无形资产	6 500 000	
累计折旧		65 000
应付账款		180 000
预收账款		56 000
应交税费		3 000
其他应付款		1 000
股本		7 500 000
盈余公积		160 000
合 计	7 965 000	7 965 000

备注：为简化计算，假定：(1)期初原材料和库存商品为零；(2)“本年利润”账户已结平，无余额。

公司20×2年12月发生以下经济业务：

(1) 12月1日，因增资扩股接受投资，其中货币资金投资200万元，固定资产投资50万元(评估价值)。(假定投资方以原始股价格入股，不考虑资本溢价。)

(2) 12月3日，经股东大会表决，公司引入风险投资400万元，占公司股份的20%。

(3) 12月3日向工商银行借入期限为3个月的流动资金贷款200 000元，已入本公司账户，年利率6%，借款合同约定借款期满一次还本付息。

(4) 12月4日向工商银行借入3年期借款1 140 000元，年利率8%。假定按季度付息，到期还本。(为简化起见，利息直接确认为当期费用，不做资本化处理)

(5) 12月6日，购入不需要安装的机器设备一台，价款17 000元，增值税2 210元，包装运输费1 000元(运费未取得抵扣联，不予抵扣)。款项已通过银行转账支付。

(6) 12月8日，购入一条需要安装的生产线，价款300 000元，增值税39 000元，款项已通过银行转账支付。

(7) 承前(6)，12月10日，安装调试生产线共发生相关费用10 000元，以银行存款支付。(取得增值税普通发票，所列税款不予抵扣)

(8) 承前(6)和(7)，12月11日，生产线已安装调试完毕，达到预定可以使用状态，验收合格交付使用，结转相关成本。

(9) 12月13日，购进1#材料2 000 kg，单价160元；2#材料5 000 kg，单价40元，材料尚未验收入库。取得增值税发票，价款共计520 000元，增值税67 600元，合同约定下月付款。

(10) 承前(9)，12月13日以银行存款21 000元支付1#材料和2#材料的运杂费，按两种材料重量比例进行分配。(增值税普通发票，所列税款不予抵扣)

(11) 12月14日，购买1#材料1 000 kg，单价160元，取得增值税发票，其中价款160 000元，增值税20 800元，材料尚未验收入库。款项采用商业承兑汇票结算方式。

(12) 承前(9)(10)和(11)，12月15日，1#材料和2#材料已全部验收入库，结转两种材料的实际采购成本。

(13) 12月16日，与某供应商签订材料购买合同，通过银行转账预付定金60 000元。

(14) 12月18日，用转账支票购买办公用品共计3 500元，其中生产车间办公用品1 700元，管理部门办公用品1 800元。

(15) 12月20日，销售甲产品8 000件，单价250元，乙产品12 000件，单价80元，开出增值税发票，增值税384 800元。公司采取赊销政策，产品已发出，款项尚未收到。

(16) 12月22日，销售乙产品5 000件，单价80元，开出增值税发票，增值税52 000元。收到客户签发的一张商业承兑汇票，票面金额452 000元。

(17) 12月23日，将客户送来的转账支票30 000元送存银行，为客户购买产品预付的购货款。

(18) 12月24日，销售2#材料500 kg，单价60元/kg，增值税3 900元，款项已通过银行收讫。

(19) 12 月 24 日,结转(18)2＃材料的销售成本 21 500 元。

(20) 12 月 26 日,本月发生销售费用 22 000 元,以银行存款支付。

(21) 12 月 27 日,公司为赚取差价,通过证券公司交易系统以每股 20 元的价格购买 A 上市公司的股票 10 000 股。(为简化起见,暂不考虑交易佣金,不通过“其他货币资金——转出投资款”核算)

(22) 12 月 28 日,收到银行转来的收账通知单,系供应商违约赔款 4 000 元。

(23) 12 月 29 日,以转账支票支付环保罚款 4 240 元。

(24) 12 月 29 日,出售 A 上市公司的股票 10 000 股,每股 28.60 元。款项已从股票账户转入开户行。(为简化起见,暂不考虑佣金、印花税及转让金融商品增值税)

(25) 12 月 31 日,计提(3)工商银行短期借款利息。(为简化起见,按月计提)

(26) 12 月 31 日,计提(4)中长期借款利息。(为简化起见,按月计提)

(27) 12 月 31 日,汇总本月生产领用材料,发出材料情况如表 2 所示。

表 2　发出材料汇总表　　金额单位:元

用　途	材料类别				金额合计
	1＃材料		2＃材料		
	数量(kg)	金额	数量(kg)	金额	
甲产品耗用	500	81 000	1 000	43 000	124 000
乙产品耗用	600	97 200	800	34 400	131 600
车间一般耗用			100	4 300	4 300
合　计	1 100	178 200	1 900	81 700	259 900

(28) 12 月 31 日,根据考勤记录等相关资料,汇总本月职工工资分配如表 3 所示。

表 3　12 月份职工工资分配汇总表　　单位:元

项　目		合　计
生产工人	甲产品	450 000
	乙产品	350 000
	小计	800 000
车间管理人员		60 000
行政管理人员		100 000
合　计		960 000

(29) 12 月 31 日,计提本月固定资产折旧 158 000 元,其中:生产车间使用的固定资产折旧 125 000 元,管理部门使用的固定资产折旧 33 000 元。

(30) 12 月 31 日,收到银行转来的付款通知,支付水费 12 000 元,其中生产车间水费 10 000 元,公司管理部门水费 2 000 元;支付电费 18 000 元,其中生产车间电费 14 000 元,公司管理部门电费 4 000 元。(为简化起见,在此假定当月水电费当月支付)

(31) 12 月 31 日,按照产品生产工时(甲产品 12 000 工时,乙产品 8 000 工时)分配本月发生的制造费用共计 215 000 元。

(32) 12 月 31 日,假定甲、乙两种产品全部完工,其中甲产品 10 000 件,乙产品 20 000 件,已验收入库。

(33) 12 月 31 日,计算并结转(15)和(16)已销产品的生产成本,其中:甲产品 8 000 件,单位成本 70.30 元/件,乙产品共计 17 000 件,单位成本 28.38 元/件。

(34) 12 月 31 日,本月应缴纳城市维护建设税 11 000 元,教育费附加 2 000 元,车船税 2 000 元。

(35) 12 月 31 日,将损益类账户中的"收入类"发生额转入"本年利润"账户的贷方。

(36) 12 月 31 日,将损益类账户中的"费用类"发生额转入"本年利润"账户的借方。

(37) 12 月 31 日,假定会计利润总额等于应纳税所得额,计算并结转本月所得税费用。

(38) 12 月 31 日,计算并结转本期净利润。

(39) 12 月 31 日,根据相关规定,按净利润的 10%计提法定盈余公积。

(40) 12 月 31 日,经股东大会决议,向股东分配现金股利 600 000 元。

(41) 12 月 31 日,结清利润分配账户所属的各有关明细账户。

三、模拟实训

(一) 原始凭证

凭证 1-1

中国工商银行 业务回单（收款）

日期：20×2年12月1日
回单编号：19269000108
付款人户名：珠江有限责任公司　　付款人开户行：中国工商银行松岗支行
付款人账号（卡号）：6222024000063027622
收款人户名：中海股份有限公司　　收款人开户行：中国工商银行广州骏景支行
收款人账号（卡号）：6222023602026788205
金额：人民币贰佰万元整　　小写：2 000 000.00
业务（产品）种类：网银互联　凭证种类：00000000　凭证号码：000000000000000
摘要：投资款　用途：　币种：人民币
交易机构：0160600002　记账柜员：00212　交易代码：51007　渠道：其他
附言：　支付交易序号：19451111　报文种类：IBP101网银贷记业务报文　委托日期：20×2-12-01

本回单为第一次打印，注意重复　打印日期：20×2年12月1日　打印柜员：7　验证码：

（印章：中国工商银行股份有限公司 广州骏景支行 业务专用章 3DBACB5678544）

凭证 1-2

固定资产评估报告

一、绪言

中资资产评估有限公司接受 中海股份有限 公司的委托，根据国家有关资产评估的规定，本着客观、独立、公正、科学的原则，按照公认的资产评估方法，对为融资而涉及的 中海股份有限 公司的部分固定资产进行了评估工作。

本公司评估人员按照必要的评估程序对委托评估的资产实施了实地查勘、市场调查与询证，并对委估资产在 20×2 年 12 月 1 日所表现的公允价值作出了客观反映。现将资产评估情况及评估结果报告如下：

二、委托方及资产占有方简介

委托方及资产占有方： 中海股份有限 公司，据其企业法人营业执照，其注册号为 91440106365676773N ，主要经营场所地址为 广东省广州市天河区望远路278号 ，法定代表人为 崔真 ，注册资本为 柒佰伍拾万 元人民币，企业性质为股份有限公司，经营范围为开发、生产家用电器、电子、轻工产品、现代化办公用品；在国内外销售本公司生产的产品并进行售后服务。

……（中间部分略）

十、评估结论

中海股份有限 公司委估资产在估值基准日 20×2 年 12 月 1 日估值 伍拾万 元。

凭证 1-3

固定资产验收单

编制单位：中海股份有限公司　　　　　　　　　　20×2 年 12 月 1 日

固定资产名称：	机床设备	单位	台	数量	1
固定资产规格型号	5 号	单价	500 000.00	总金额	500 000.00
生产单位	宝安奋发机床有限公司				
随机资料	使用说明书、合格证书				
外包装箱情况	完整				
固定资产外观情况	合格				
安装单位					
安装完工日期					
验收结论	验收合格，可以直接投入使用				

验收单位负责人：余临语　　　验收人：黄佳慧　　　使用部门：生产车间

凭证 2-1

中国工商银行　业务回单（收款）

日期：20×2 年 12 月 3 日

回单编号：19269001371

付款人户名：协信投资有限公司　　　付款人开户行：中国工商银行深圳南山支行

付款人账号（卡号）：6222024000030336558

收款人户名：中海股份有限公司　　　收款人开户行：中国工商银行广州骏景支行

收款人账号（卡号）：6222023602026788205

金额：人民币肆佰万元整　　　小写：4 000 000.00

业务（产品）种类：网银互联　　凭证种类：00000000　　凭证号码：000000000000000

摘要：投资款　　用途：　　币种：人民币

交易机构：0160600020　　记账柜员：00206　　交易代码：51042　　渠道：其他

附言：　　支付交易序号：19456663　　报文种类：IBP101 网银贷记业务报文　　委托日期：20×2-12-03

本回单为第一次打印，注意重复　　打印日期：20×2 年 12 月 3 日　　打印柜员：4　　验证码：

（印章：中国工商银行股份有限公司 广州骏景支行 业务专用章 6DFACE5678645）

凭证 2-2

投资协议书

甲方：　中海股份有限公司

乙方：　协信投资有限公司

由于甲方发展需要并应乙方诚恳请求，甲乙双方本着共同发展、平等、诚信、协作、自愿的基础上，经过充分协商，经双方同意，甲方授权乙方入股公司，特立此协议。甲乙双方应按以下条款执行职责，履行义务。

一、乙方同意投资入股，共计股金肆佰万元整，并在约定时间将资金打入甲方账户；甲方授权乙方自 20×2 年 12 月 3 日起为甲方股东，占公司股份的百分之二十，乙方在此期间享受该比例分红及相应权益、承担相应义务以及股东责任。股金退还时按公司退股的有关规定执行。

……（其余部分略）

凭证 3-1

中国工商银行 借款借据（收账通知）

借款日期　20×2 年 12 月 03 日　　借款编号　200082

<table>
<tr><td rowspan="3">收款单位</td><td>名称</td><td colspan="2">中海股份有限公司</td><td rowspan="3">借款单位</td><td>名称</td><td colspan="10">中海股份有限公司</td><td rowspan="7">此联退还借款单位</td></tr>
<tr><td>开户账号</td><td colspan="2">6222023602026788205</td><td>借款账号</td><td colspan="10">6222003602106788213</td></tr>
<tr><td>开户银行</td><td colspan="2">中国工商银行广州骏景支行</td><td>开户银行</td><td colspan="10">中国工商银行广州骏景支行</td></tr>
<tr><td colspan="2" rowspan="2">借款金额</td><td colspan="4" rowspan="2">（大写）贰拾万元整</td><td>千</td><td>百</td><td>十</td><td>万</td><td>千</td><td>百</td><td>十</td><td>元</td><td>角</td><td>分</td></tr>
<tr><td></td><td>¥</td><td>2</td><td>0</td><td>0</td><td>0</td><td>0</td><td>0</td><td>0</td><td>0</td></tr>
<tr><td colspan="2">借款原因及用途</td><td>生产周转资金</td><td>借款期限</td><td colspan="12">20×2 年 12 月 3 日至 20×3 年 3 月 3 日</td></tr>
<tr><td colspan="4">你单位上述借款已转入你单位结算账户内。
此致
（银行盖章）</td><td colspan="12"></td></tr>
</table>

中国工商银行 广州骏景支行 20×2.12.03 转讫

凭证 3-2

借款合同（略）

凭证 4-1

中国工商银行 借款借据（收账通知）

借款日期　20×2 年 12 月 04 日　　借款编号　200083

<table>
<tr><td rowspan="3">收款单位</td><td>名称</td><td colspan="2">中海股份有限公司</td><td rowspan="3">借款单位</td><td>名称</td><td colspan="10">中海股份有限公司</td><td rowspan="7">此联退还借款单位</td></tr>
<tr><td>开户账号</td><td colspan="2">6222023602026788205</td><td>借款账号</td><td colspan="10">6222003602106788213</td></tr>
<tr><td>开户银行</td><td colspan="2">中国工商银行广州骏景支行</td><td>开户银行</td><td colspan="10">中国工商银行广州骏景支行</td></tr>
<tr><td colspan="2" rowspan="2">借款金额</td><td colspan="4" rowspan="2">（大写）壹佰壹拾肆万元整</td><td>千</td><td>百</td><td>十</td><td>万</td><td>千</td><td>百</td><td>十</td><td>元</td><td>角</td><td>分</td></tr>
<tr><td>¥</td><td>1</td><td>1</td><td>4</td><td>0</td><td>0</td><td>0</td><td>0</td><td>0</td><td>0</td></tr>
<tr><td colspan="2">借款原因及用途</td><td>生产周转资金</td><td>借款期限</td><td colspan="12">20×2 年 12 月 4 日至 20×5 年 12 月 4 日</td></tr>
<tr><td colspan="4">你单位上述借款已转入你单位结算账户内。
此致
（银行盖章）</td><td colspan="12"></td></tr>
</table>

中国工商银行 广州骏景支行 20×2.12.04 转讫

凭证 4-2

借款合同（略）

凭证 5-1

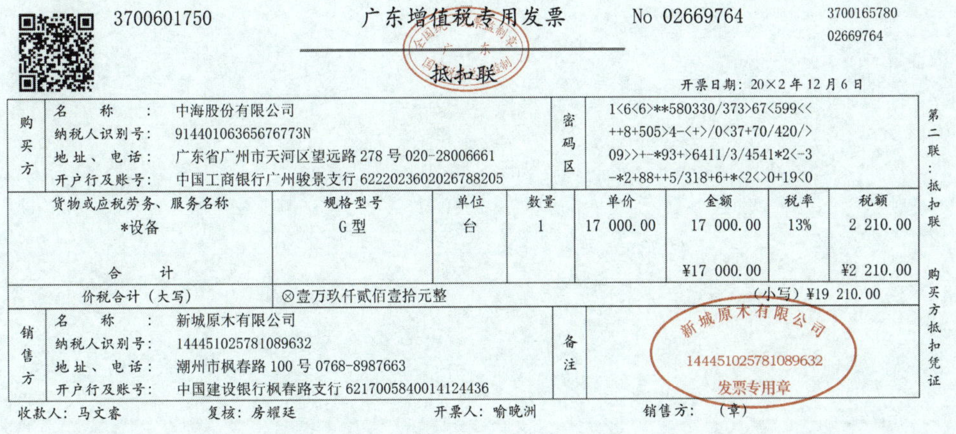

3700601750　　**广东增值税专用发票**　　No 02669764　　3700165780 02669764

抵扣联

开票日期：20×2 年 12 月 6 日

购买方
名　　称：中海股份有限公司
纳税人识别号：91440106365676773N
地 址、电 话：广东省广州市天河区望远路 278 号 020-28006661
开户行及账号：中国工商银行广州骏景支行 6222023602026788205

密码区
1<6<6>**580330/373>67<599<<
++8+505>4-<+>/0<37+70/420/>
09>>+-*93+>6411/3/4541*2<-3
-*2+88++5/318+6+*<2<>0+19<0

货物或应税劳务、服务名称	规格型号	单位	数量	单价	金额	税率	税额
*设备	G 型	台	1	17 000.00	17 000.00	13%	2 210.00
合　　计					¥17 000.00		¥2 210.00
价税合计（大写）	⊗壹万玖仟贰佰壹拾元整				（小写）¥19 210.00		

销售方
名　　称：新城原木有限公司
纳税人识别号：144451025781089632
地 址、电 话：潮州市枫春路 100 号 0768-8987663
开户行及账号：中国建设银行枫春路支行 6217005840014124436

备注：新城原木有限公司 144451025781089632 发票专用章

收款人：马文睿　　复核：房耀廷　　开票人：喻晓洲　　销售方：（章）

第二联：抵扣联　购买方抵扣凭证

凭证 5-2

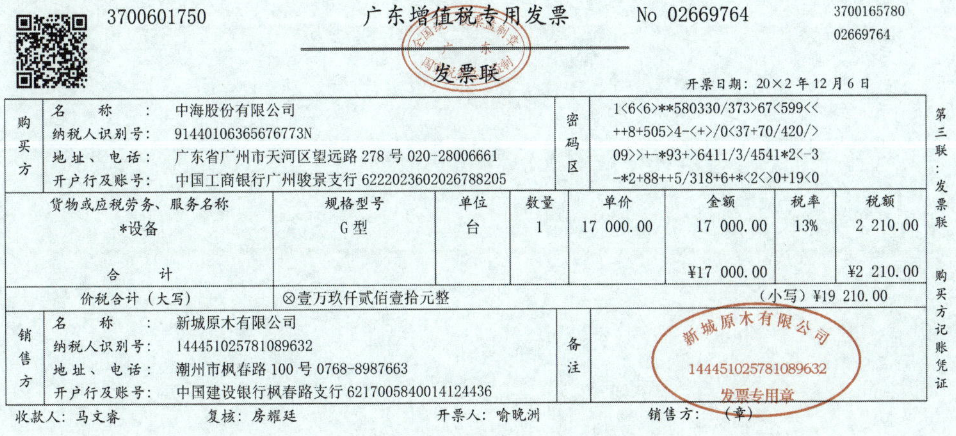

3700601750　　**广东增值税专用发票**　　No 02669764　　3700165780 02669764

发票联

开票日期：20×2 年 12 月 6 日

购买方
名　　称：中海股份有限公司
纳税人识别号：91440106365676773N
地 址、电 话：广东省广州市天河区望远路 278 号 020-28006661
开户行及账号：中国工商银行广州骏景支行 6222023602026788205

密码区
1<6<6>**580330/373>67<599<<
++8+505>4-<+>/0<37+70/420/>
09>>+-*93+>6411/3/4541*2<-3
-*2+88++5/318+6+*<2<>0+19<0

货物或应税劳务、服务名称	规格型号	单位	数量	单价	金额	税率	税额
*设备	G 型	台	1	17 000.00	17 000.00	13%	2 210.00
合　　计					¥17 000.00		¥2 210.00
价税合计（大写）	⊗壹万玖仟贰佰壹拾元整				（小写）¥19 210.00		

销售方
名　　称：新城原木有限公司
纳税人识别号：144451025781089632
地 址、电 话：潮州市枫春路 100 号 0768-8987663
开户行及账号：中国建设银行枫春路支行 6217005840014124436

备注：新城原木有限公司 144451025781089632 发票专用章

收款人：马文睿　　复核：房耀廷　　开票人：喻晓洲　　销售方：（章）

第三联：发票联　购买方记账凭证

凭证 5-3

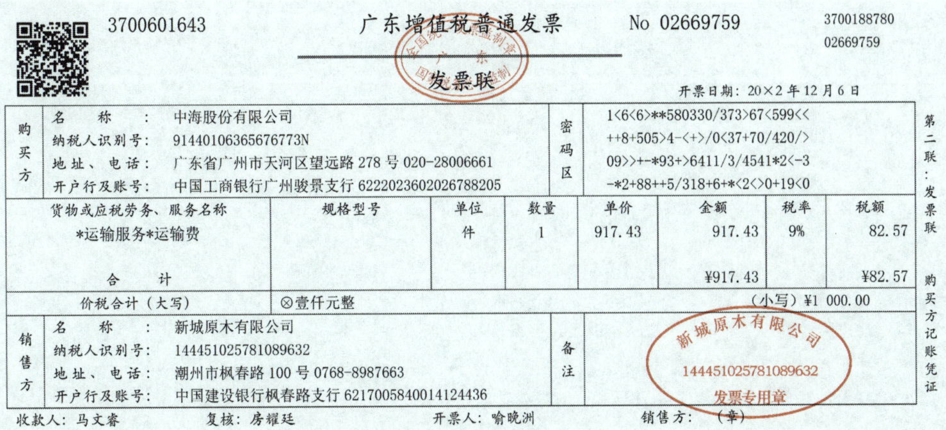

3700601643　　**广东增值税普通发票**　　No 02669759　　3700188780 02669759

发票联

开票日期：20×2 年 12 月 6 日

购买方
名　　称：中海股份有限公司
纳税人识别号：91440106365676773N
地 址、电 话：广东省广州市天河区望远路 278 号 020-28006661
开户行及账号：中国工商银行广州骏景支行 6222023602026788205

密码区
1<6<6>**580330/373>67<599<<
++8+505>4-<+>/0<37+70/420/>
09>>+-*93+>6411/3/4541*2<-3
-*2+88++5/318+6+*<2<>0+19<0

货物或应税劳务、服务名称	规格型号	单位	数量	单价	金额	税率	税额
*运输服务*运输费		件	1	917.43	917.43	9%	82.57
合　　计					¥917.43		¥82.57
价税合计（大写）	⊗壹仟元整				（小写）¥1 000.00		

销售方
名　　称：新城原木有限公司
纳税人识别号：144451025781089632
地 址、电 话：潮州市枫春路 100 号 0768-8987663
开户行及账号：中国建设银行枫春路支行 6217005840014124436

备注：新城原木有限公司 144451025781089632 发票专用章

收款人：马文睿　　复核：房耀廷　　开票人：喻晓洲　　销售方：（章）

第二联：发票联　购买方记账凭证

凭证 5-4

固定资产验收单

编制单位：中海股份有限公司　　　　20×2 年 12 月 6 日

固定资产名称:	生产设备	单位	台	数量	1
固定资产规格型号	G 型	单价	20 210.00	总金额	20 210.00
生产单位	白云启明钢板有限公司				
随机资料	使用说明书、合格证书				
外包装箱情况	完整				
固定资产外观情况	合格				
安装单位					
安装完工日期					
验收结论	验收合格，可以直接投入使用				

验收单位负责人：余临语　　验收人：黄佳慧　　采购人：方音彤

凭证 5-5

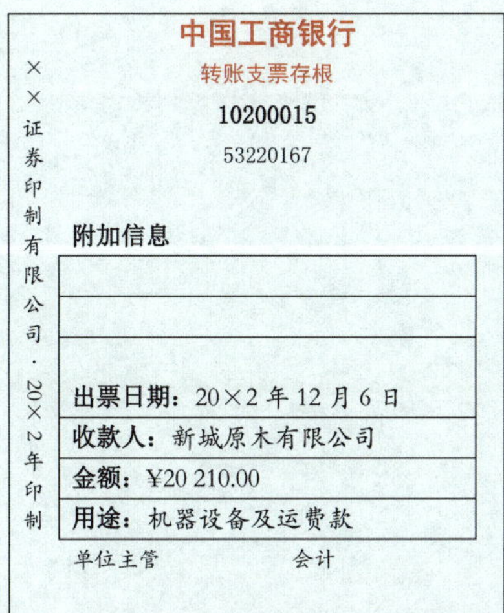

中国工商银行

转账支票存根

10200015

53220167

附加信息

出票日期：20×2 年 12 月 6 日

收款人：新城原木有限公司

金额：¥20 210.00

用途：机器设备及运费款

单位主管　　会计

××证券印制有限公司·20×2 年印制

凭证 6-1

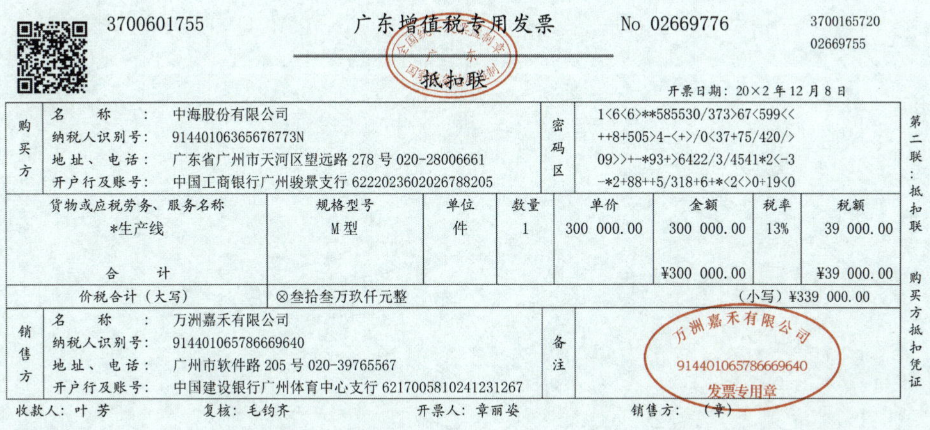

3700601755　　广东增值税专用发票　　No 02669776　　3700165720　02669755

抵扣联

开票日期：20×2 年 12 月 8 日

购买方	名　　称：中海股份有限公司 纳税人识别号：91440106365676773N 地 址、电 话：广东省广州市天河区望远路 278 号 020-28006661 开户行及账号：中国工商银行广州骏景支行 6222023602026788205	密码区	1<6<6>**585530/373>67<599<< ++8+505>4-<+>/0<37+75/420/> 09>>+-*93+>6422/3/4541*2<-3 -*2+88++5/318+6+*<2<>0+19<0

货物或应税劳务、服务名称	规格型号	单位	数量	单价	金额	税率	税额
*生产线	M 型	件	1	300 000.00	300 000.00	13%	39 000.00
合　　计					¥300 000.00		¥39 000.00
价税合计（大写）	⊗叁拾叁万玖仟元整				（小写）¥339 000.00		

销售方	名　　称：万洲嘉禾有限公司 纳税人识别号：914401065786669640 地 址、电 话：广州市软件路 205 号 020-39765567 开户行及账号：中国建设银行广州体育中心支行 6217005810241231267	备注	万洲嘉禾有限公司 914401065786669640 发票专用章

收款人：叶芳　　复核：毛钧齐　　开票人：章丽姿　　销售方：（章）

第二联：抵扣联　购买方扣税凭证

凭证 6-2

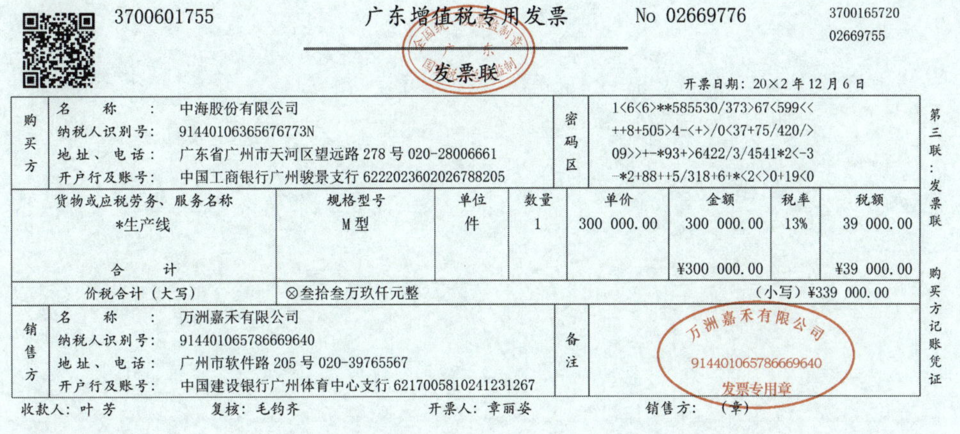

3700601755　　广东增值税专用发票　　No 02669776　　3700165720 02669755

发票联

开票日期：20×2 年 12 月 6 日

购买方	名称：中海股份有限公司 纳税人识别号：91440106365676773N 地址、电话：广东省广州市天河区望远路 278 号 020-28006661 开户行及账号：中国工商银行广州骏景支行 6222023602026788205				密码区	1<6<6>**585530/373>67<599<< ++8+505>4-<+>/0<37+75/420/> 09>>+-*93+>6422/3/4541*2<-3 -*2+88++5/318+6+*<2<>0+19<0		
货物或应税劳务、服务名称		规格型号	单位	数量	单价	金额	税率	税额
*生产线		M型	件	1	300 000.00	300 000.00	13%	39 000.00
合计						¥300 000.00		¥39 000.00
价税合计（大写）	⊗叁拾叁万玖仟元整					（小写）¥339 000.00		
销售方	名称：万洲嘉禾有限公司 纳税人识别号：91440106578666964O 地址、电话：广州市软件路 205 号 020-39765567 开户行及账号：中国建设银行广州体育中心支行 6217005810241231267				备注	万洲嘉禾有限公司 91440106578666964O 发票专用章		

收款人：叶芳　　复核：毛钧齐　　开票人：章丽姿　　销售方：（章）

第三联：发票联　购买方记账凭证

凭证 6-3

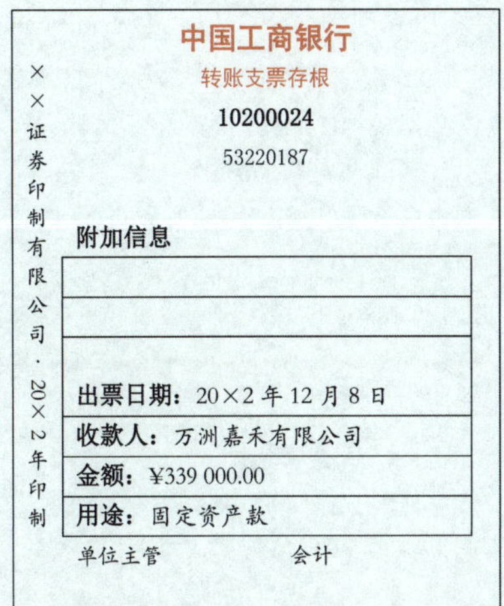

中国工商银行

转账支票存根

10200024

53220187

××证券印制有限公司·20×2 年印制

附加信息

出票日期：20×2 年 12 月 8 日

收款人：万洲嘉禾有限公司

金额：¥339 000.00

用途：固定资产款

单位主管　　会计

凭证 7-1

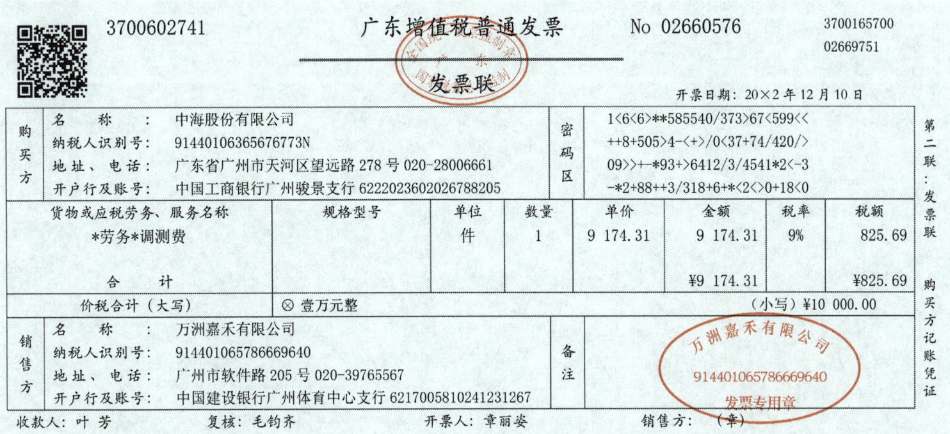

3700602741　　广东增值税普通发票　　No 02660576　　3700165700 02669751

发票联

开票日期：20×2 年 12 月 10 日

购买方	名称：中海股份有限公司 纳税人识别号：91440106365676773N 地址、电话：广东省广州市天河区望远路 278 号 020-28006661 开户行及账号：中国工商银行广州骏景支行 6222023602026788205				密码区	1<6<6>**585540/373>67<599<< ++8+505>4-<+>/0<37+74/420/> 09>>+-*93+>6412/3/4541*2<-3 -*2+88++3/318+6+*<2<>0+18<0		
货物或应税劳务、服务名称		规格型号	单位	数量	单价	金额	税率	税额
*劳务*调测费			件	1	9 174.31	9 174.31	9%	825.69
合计						¥9 174.31		¥825.69
价税合计（大写）	⊗壹万元整					（小写）¥10 000.00		
销售方	名称：万洲嘉禾有限公司 纳税人识别号：91440106578666964O 地址、电话：广州市软件路 205 号 020-39765567 开户行及账号：中国建设银行广州体育中心支行 6217005810241231267				备注	万洲嘉禾有限公司 91440106578666964O 发票专用章		

收款人：叶芳　　复核：毛钧齐　　开票人：章丽姿　　销售方：（章）

第二联：发票联　购买方记账凭证

凭证 7-2

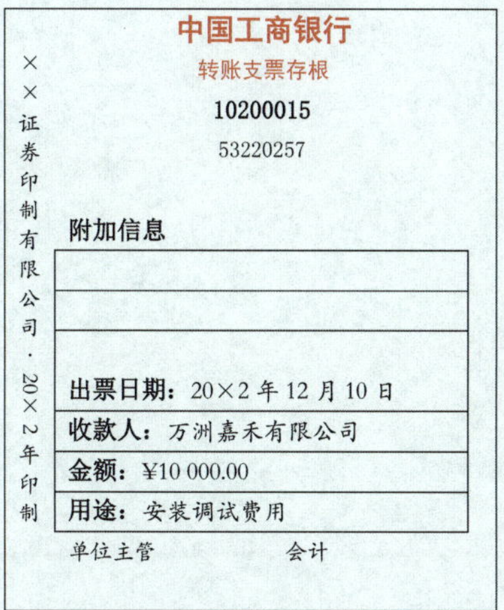

××证券印制有限公司·20×2年印制

中国工商银行
转账支票存根
10200015
53220257

附加信息

出票日期： 20×2 年 12 月 10 日
收款人： 万洲嘉禾有限公司
金额： ¥10 000.00
用途： 安装调试费用

单位主管　　　　会计

凭证 8-1

固定资产验收单

编制单位：中海股份有限公司　　　　　　　　　　20×2 年 12 月 11 日

固定资产名称：	生产线	单位	条	数量	1
固定资产规格型号	M 型	单价	310 000.00	总金额	310 000.00
生产单位	万洲嘉禾有限公司				
随机资料	使用说明书、合格证书				
外包装箱情况	完整				
固定资产外观情况	合格				
安装单位					
安装完工日期					
验收结论	验收合格，可以直接投入使用				

验收单位负责人：余临语　　　　验收人：黄佳慧　　　　采购人：方音彤

凭证 9-1

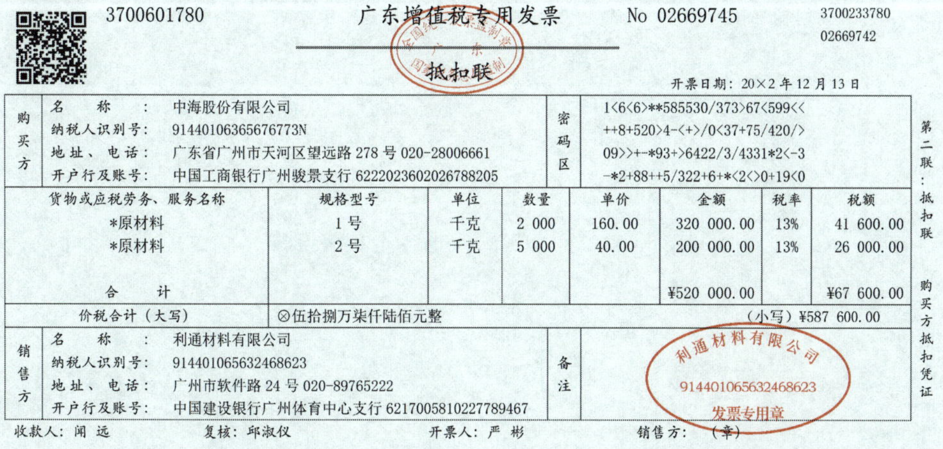

3700601780　　　**广东增值税专用发票**　　　No 02669745　　　3700233780 02669742

抵扣联

开票日期：20×2 年 12 月 13 日

购买方	名　　称：中海股份有限公司 纳税人识别号：91440106365676773N 地 址、电 话：广东省广州市天河区望远路 278 号 020-28006661 开户行及账号：中国工商银行广州骏景支行 6222023602026788205	密码区	1<6<6>**585530/373>67<599<< ++8+520>4-<+>/0<37+75/420/> 09>>+-*93+>6422/3/4331*2<-3 -*2+88++5/322+6+*<2<>0+19<0

货物或应税劳务、服务名称	规格型号	单位	数量	单价	金额	税率	税额
*原材料	1 号	千克	2 000	160.00	320 000.00	13%	41 600.00
*原材料	2 号	千克	5 000	40.00	200 000.00	13%	26 000.00
合　计					¥520 000.00		¥67 600.00
价税合计（大写）	⊗伍拾捌万柒仟陆佰元整				（小写）¥587 600.00		

销售方	名　　称：利通材料有限公司 纳税人识别号：914401065632468623 地 址、电 话：广州市软件路 24 号 020-89765222 开户行及账号：中国建设银行广州体育中心支行 6217005810227789467	备注	利通材料有限公司 914401065632468623 发票专用章

收款人：闻远　　　复核：邱淑仪　　　开票人：严彬　　　销售方：（章）

第二联：抵扣联　购买方抵扣凭证

凭证 9-2

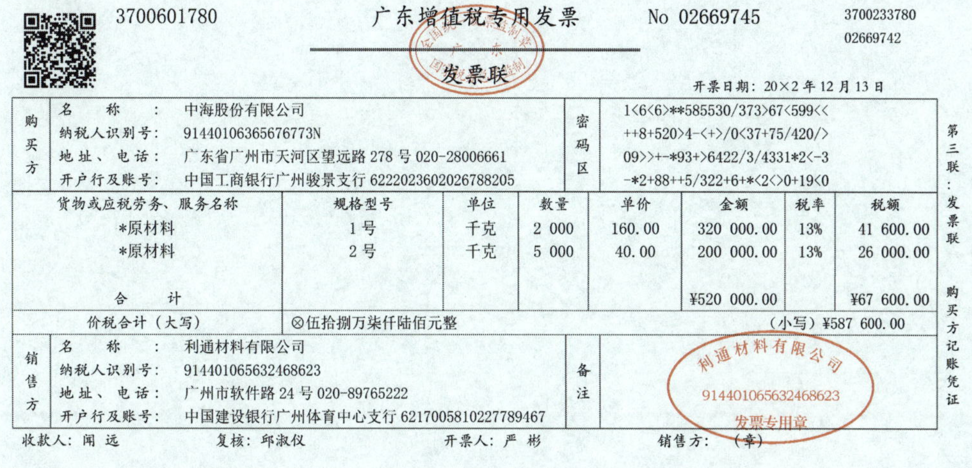

3700601780　　广东增值税专用发票　　No 02669745　　3700233780　02669742

发票联

开票日期：20×2 年 12 月 13 日

购买方	名　　称：中海股份有限公司 纳税人识别号：91440106365676773N 地 址、电 话：广东省广州市天河区望远路 278 号 020-28006661 开户行及账号：中国工商银行广州骏景支行 6222023602026788205	密码区	1<6<6>**585530/373>67<599<< ++8+520>4-<+>/0<37+75/420/> 09>>+-*93+>6422/3/4331*2<-3 -*2+88++5/322+6+*<2<>0+19<0

货物或应税劳务、服务名称	规格型号	单位	数量	单价	金额	税率	税额
*原材料	1号	千克	2 000	160.00	320 000.00	13%	41 600.00
*原材料	2号	千克	5 000	40.00	200 000.00	13%	26 000.00
合　　计					¥520 000.00		¥67 600.00
价税合计（大写）	⊗伍拾捌万柒仟陆佰元整						（小写）¥587 600.00

销售方	名　　称：利通材料有限公司 纳税人识别号：914401065632468623 地 址、电 话：广州市软件路 24 号 020-89765222 开户行及账号：中国建设银行广州体育中心支行 6217005810227789467	备注	利通材料有限公司 914401065632468623 发票专用章

收款人：闻 远　　复核：邱淑仪　　开票人：严 彬　　销售方：（章）

第三联：发票联　购买方记账凭证

凭证 10-1

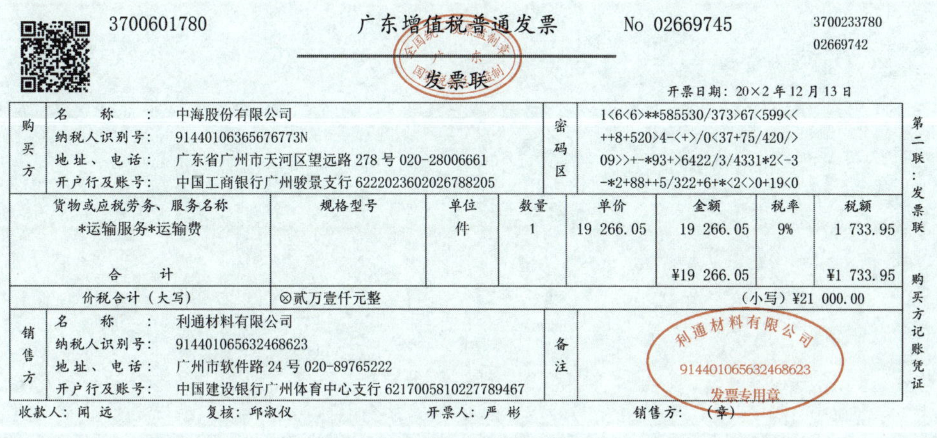

3700601780　　广东增值税普通发票　　No 02669745　　3700233780　02669742

发票联

开票日期：20×2 年 12 月 13 日

购买方	名　　称：中海股份有限公司 纳税人识别号：91440106365676773N 地 址、电 话：广东省广州市天河区望远路 278 号 020-28006661 开户行及账号：中国工商银行广州骏景支行 6222023602026788205	密码区	1<6<6>**585530/373>67<599<< ++8+520>4-<+>/0<37+75/420/> 09>>+-*93+>6422/3/4331*2<-3 -*2+88++5/322+6+*<2<>0+19<0

货物或应税劳务、服务名称	规格型号	单位	数量	单价	金额	税率	税额
*运输服务*运输费		件	1	19 266.05	19 266.05	9%	1 733.95
合　　计					¥19 266.05		¥1 733.95
价税合计（大写）	⊗贰万壹仟元整						（小写）¥21 000.00

销售方	名　　称：利通材料有限公司 纳税人识别号：914401065632468623 地 址、电 话：广州市软件路 24 号 020-89765222 开户行及账号：中国建设银行广州体育中心支行 6217005810227789467	备注	利通材料有限公司 914401065632468623 发票专用章

收款人：闻 远　　复核：邱淑仪　　开票人：严 彬　　销售方：（章）

第二联：发票联　购买方记账凭证

凭证 10-2

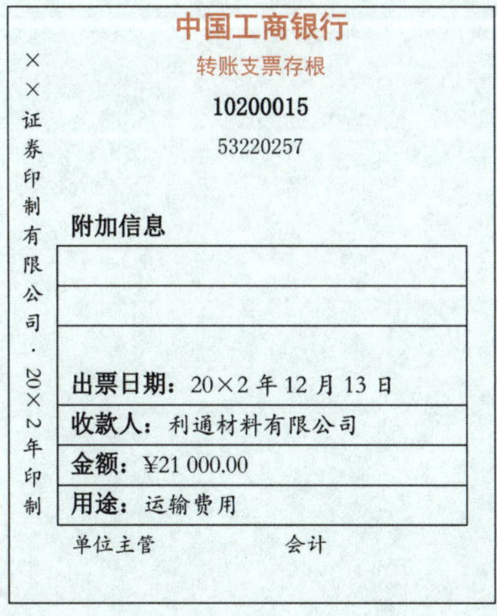

中国工商银行

转账支票存根

10200015

53220257

附加信息

出票日期：20×2 年 12 月 13 日

收款人：利通材料有限公司

金额：¥21 000.00

用途：运输费用

单位主管　　会计

××证券印制有限公司·20×2 年印制

凭证 10-3

采购运杂费分配表

20×2 年 12 月 13 日　　　　金额单位：元

产品名称	分配标准/千克	分配率	分配金额
1#材料	2 000	3.00	6 000.00
2#材料	5 000	3.00	15 000.00
合计	7 000		21 000.00

审核：谢树荣　　复核：李 茂　　制单：王 烨

凭证 11-1

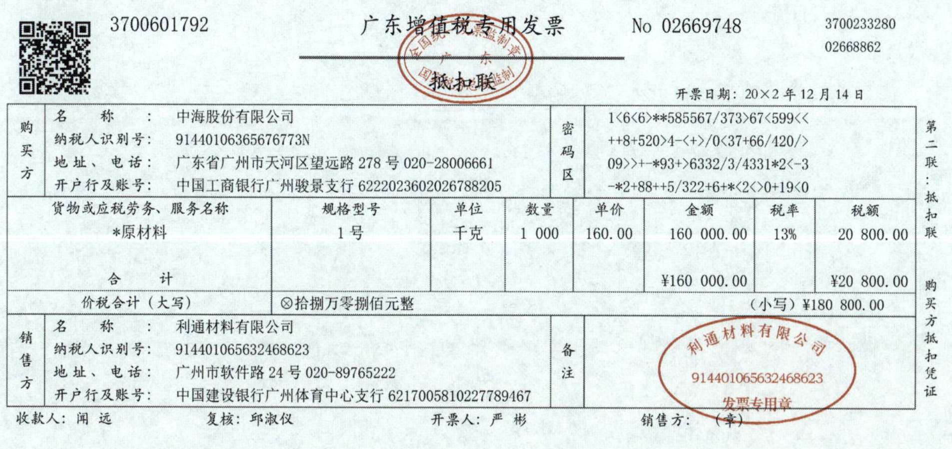

3700601792　　广东增值税专用发票　　No 02669748　　3700233280 02668862

抵扣联

开票日期：20×2 年 12 月 14 日

购买方	名　　称：中海股份有限公司 纳税人识别号：91440106365676773N 地址、电话：广东省广州市天河区望远路 278 号 020-28006661 开户行及账号：中国工商银行广州骏景支行 6222023602026788205	密码区	1<6<6>**585567/373>67<599<< ++8+520>4-<+>/0<37+66/420/> 09>>+-*93+>6332/3/4331*2<-3 -*2+88++5/322+6+*<2<>0+19<0

货物或应税劳务、服务名称	规格型号	单位	数量	单价	金额	税率	税额
*原材料	1 号	千克	1 000	160.00	160 000.00	13%	20 800.00
合　　计					¥160 000.00		¥20 800.00
价税合计（大写）	⊗拾捌万零捌佰元整						（小写）¥180 800.00

销售方	名　　称：利通材料有限公司 纳税人识别号：914401065632468623 地址、电话：广州市软件路 24 号 020-89765222 开户行及账号：中国建设银行广州体育中心支行 6217005810227789467	备注	利通材料有限公司 914401065632468623 发票专用章

收款人：闻 远　　复核：邱淑仪　　开票人：严 彬　　销售方：（章）

第二联：抵扣联　购买方抵扣凭证

凭证 11-2

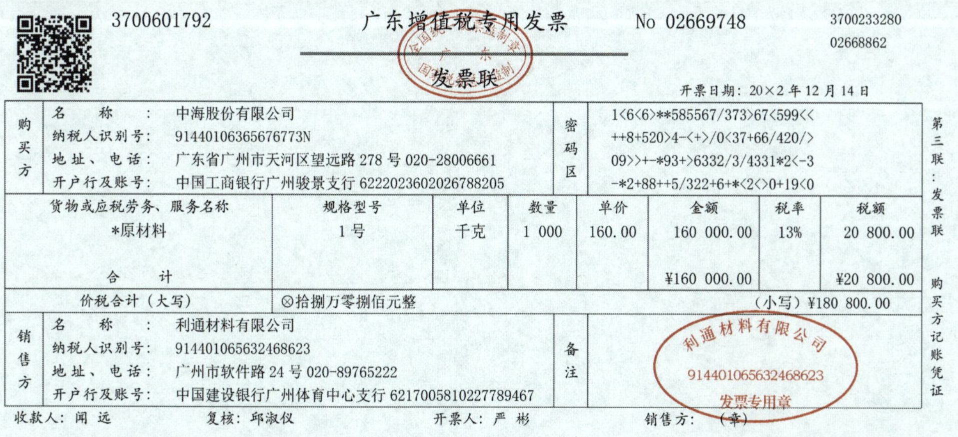

3700601792　　广东增值税专用发票　　No 02669748　　3700233280 02668862

发票联

开票日期：20×2 年 12 月 14 日

购买方	名　　称：中海股份有限公司 纳税人识别号：91440106365676773N 地址、电话：广东省广州市天河区望远路 278 号 020-28006661 开户行及账号：中国工商银行广州骏景支行 6222023602026788205	密码区	1<6<6>**585567/373>67<599<< ++8+520>4-<+>/0<37+66/420/> 09>>+-*93+>6332/3/4331*2<-3 -*2+88++5/322+6+*<2<>0+19<0

货物或应税劳务、服务名称	规格型号	单位	数量	单价	金额	税率	税额
*原材料	1 号	千克	1 000	160.00	160 000.00	13%	20 800.00
合　　计					¥160 000.00		¥20 800.00
价税合计（大写）	⊗拾捌万零捌佰元整						（小写）¥180 800.00

销售方	名　　称：利通材料有限公司 纳税人识别号：914401065632468623 地址、电话：广州市软件路 24 号 020-89765222 开户行及账号：中国建设银行广州体育中心支行 6217005810227789467	备注	利通材料有限公司 914401065632468623 发票专用章

收款人：闻 远　　复核：邱淑仪　　开票人：严 彬　　销售方：（章）

第三联：发票联　购买方记账凭证

凭证 11-3

商业承兑汇票

出票日期（大写） 贰零×贰 年 壹拾贰 月 壹拾肆 日　　2　　00252020 53035913

付款人	全称	中海股份有限公司	收款人	全称	利通材料有限公司
	账号	6222023602026788205		账号	6217005810227789467
	开户银行	中国工商银行广州骏景支行		开户银行	中国建设银行广州体育中心支行

出票金额	人民币（大写） 拾捌万零捌佰元整	十	亿	千	百	十	万	千	百	十	元	角	分
					¥	1	8	0	8	0	0	0	0

汇票到期日（大写）	贰零×叁年零陆月壹拾肆日	付款人开户行	行号	105581012716
交易合同号	-		地址	中国工商银行广州骏景支行
本汇票已经承兑，到期无条件付款 中海股份有限公司 财务专用章　林周印冬 承兑人签章 承兑日期 20×2 年 12 月 14 日		本汇票请予以承兑，到期无条件付款 中海股份有限公司 财务专用章　林周印冬 出票人签章		

此联持票人开户行随托收凭证寄付款人开户行作借方凭证附件

凭证 12-1

收　料　单

供应单位：利通材料有限公司　　　　收料单号：YZ-0236

材料类别：原材料　　20×2 年 12 月 15 日　　收料仓库：原材料仓库

材料编号	名称	规格	单位	数量		实际成本				
				应收	实收	买价		运杂费	其他	合计
						单价	金额			
101	原材料	1号	千克	3 000	3 000	160.00	480 000.00	6 000.00		486 000.00
102	原材料	2号	千克	5 000	5 000	40.00	200 000.00	15 000.00		215 000.00
合　计							680 000.00	21 000.00		701 000.00
备　注										

第三联 记账联

仓库主管：余临语　　记账：廖韵秋　　收料：黄佳慧　　经办人：方音彤

凭证 12-2

材料采购成本计算表

20×2 年 12 月 15 日

材料名称	计量单位	数量	买价	运杂费	采购成本	单位成本
1#材料	千克	3 000	480 000.00	6 000.00	486 000.00	162.00
2#材料	千克	5 000	200 000.00	15 000.00	215 000.00	43.00

审核：余临语　　复核：李 茂　　制表：王 烨

凭证 13-1

中国工商银行 网上银行电子回单

电子回单号码：0005864218577803

付款人	户　名	中海股份有限公司	收款人	户　名	萝岗东西钢材股份有限公司
	账　号	6212263602426788205		账　号	6217002645247788363
	开户银行	中国工商银行广州骏景支行		开户银行	中国建设银行广州萝岗支行
金　额		人民币陆万元整	¥60 000.00		
摘　要		预付货款	业务（产品）种类		
用　途		购买材料付款			
交易流水号		00086954	时间戳		20×2-12-16-16：10：35　084581
中国工商银行 电子回单 专用章		备注： 附言：　支付交易序号：　报文种类：　汇兑支付报文 委托日期：　业务种类：　普通汇兑　收款人地址：　付款人地址： 验证码：YUDAMMEOUWWOMNSMWO			
记账网点　0020			记账柜员　000966		记账日期　20×2-12-16

打印日期：20×2 年 12 月 16 日

凭证 14-1

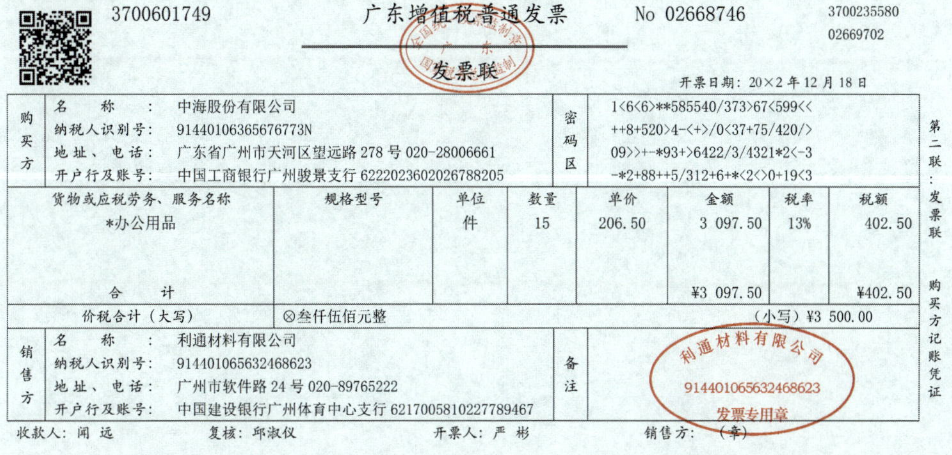

3700601749　　**广东增值税普通发票**　　No 02668746　　3700235580　02669702

发票联

开票日期：20×2 年 12 月 18 日

购买方	名　　称：中海股份有限公司 纳税人识别号：91440106365676773N 地址、电话：广东省广州市天河区望远路 278 号 020-28006661 开户行及账号：中国工商银行广州骏景支行 6222023602026788205	密码区：1<6<6>**585540/373>67<599<< ++8+520>4-<+>/0<37+75/420/> 09>>+-*93+>6422/3/4321*2<-3 -*2+88++5/312+6+*<2<>0+19<3

货物或应税劳务、服务名称	规格型号	单位	数量	单价	金额	税率	税额
*办公用品		件	15	206.50	3 097.50	13%	402.50
合　计					¥3 097.50		¥402.50
价税合计（大写）	⊗叁仟伍佰元整				（小写）¥3 500.00		

销售方	名　　称：利通材料有限公司 纳税人识别号：914401065632468623 地址、电话：广州市软件路 24 号 020-89765222 开户行及账号：中国建设银行广州体育中心支行 6217005810227789467	备注：利通材料有限公司 914401065632468623 发票专用章

收款人：闻远　　复核：邱淑仪　　开票人：严彬　　销售方：（章）

第二联：发票联　购买方记账凭证

凭证 14-2

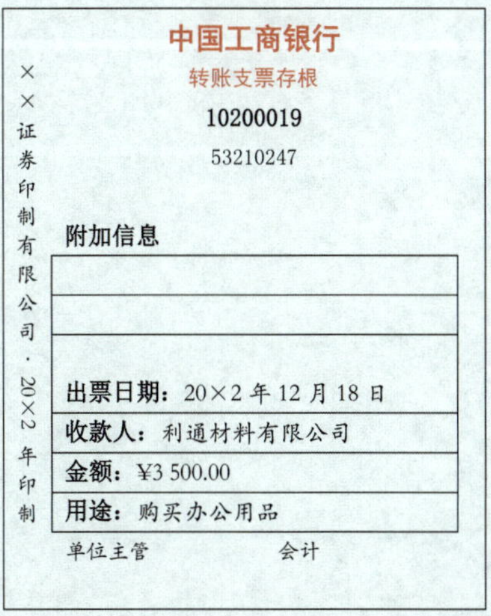

××证券印制有限公司·20×2 年印制

中国工商银行

转账支票存根

10200019

53210247

附加信息

出票日期：20×2 年 12 月 18 日

收款人：利通材料有限公司

金额：¥3 500.00

用途：购买办公用品

单位主管　　会计

凭证 14-3

报销申请单

填报日期：20×2 年 12 月 18 日

姓名	吴霖	所属部门	采购部	
报销项目	摘要		金额	备注
办公用品费	采购生产车间用品		1 700.00	
办公用品费	采购管理部门用品		1 800.00	
合　计			¥3 500.00	
金额大写　零拾零万叁仟伍佰零拾零元零角零分				

报销人：吴霖　　部门审核：余临语　　财务审核：谢树荣

凭证 15-1

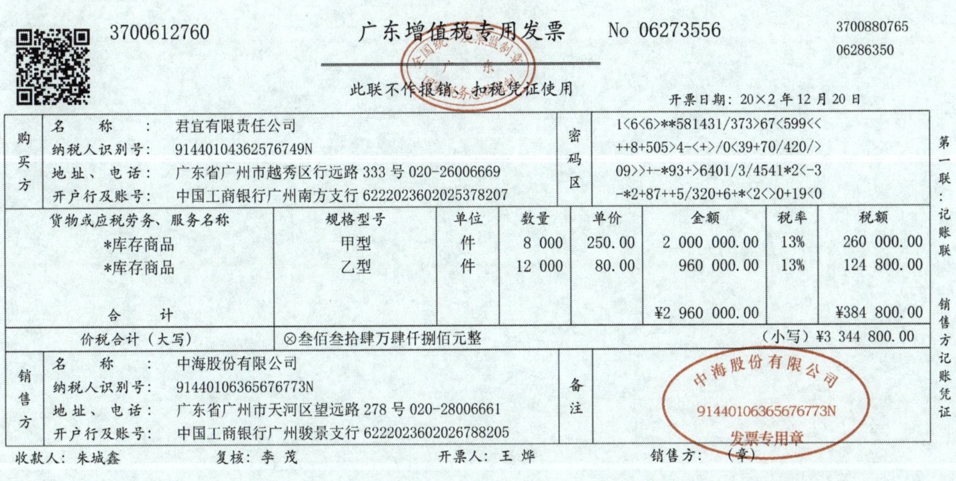

3700612760　　广东增值税专用发票　　No 06273556　　3700880765 06286350

此联不作报销、扣税凭证使用

开票日期：20×2 年 12 月 20 日

购买方	名　　称：君宜有限责任公司 纳税人识别号：91440104362576749N 地 址、电 话：广东省广州市越秀区行远路 333 号 020-26006669 开户行及账号：中国工商银行广州南方支行 6222023602025378207	密码区	1<6<6>**581431/373>67<599<< ++8+505>4-<+>/0<39+70/420/> 09>>+-*93+>6401/3/4541*2<-3 -*2+87++5/320+6+*<2<>0+19<0

货物或应税劳务、服务名称	规格型号	单位	数量	单价	金额	税率	税额
*库存商品	甲型	件	8 000	250.00	2 000 000.00	13%	260 000.00
*库存商品	乙型	件	12 000	80.00	960 000.00	13%	124 800.00
合　计					¥2 960 000.00		¥384 800.00
价税合计（大写）	⊗叁佰叁拾肆万肆仟捌佰元整				（小写）¥3 344 800.00		

销售方	名　　称：中海股份有限公司 纳税人识别号：91440106365676773N 地 址、电 话：广东省广州市天河区望远路 278 号 020-28006661 开户行及账号：中国工商银行广州骏景支行 6222023602026788205	备注	中海股份有限公司 91440106365676773N 发票专用章

收款人：朱城鑫　　复核：李茂　　开票人：王烨　　销售方：（章）

第一联：记账联　销售方记账凭证

凭证 15-2

销售单

购货单位：君宜有限责任公司　　地址：广州市越秀区行远路 333 号　　单据编号：1098720

纳税识别号：91440104362576749N　　开户行：中国工商银行广州南方支行　　制单日期：20×2 年 12 月 20 日

编码	产品名称	规格	单位	单价	数量	金额	备注
201	库存产品	甲型	件	250.00	8 000	2 000 000.00	不含税价
202	库存产品	乙型	件	80.00	12 000	960 000.00	不含税价

第二联　会计联

销售经理：陈青英　　经办人：许培程　　财务经理：周冬林

凭证 16-1

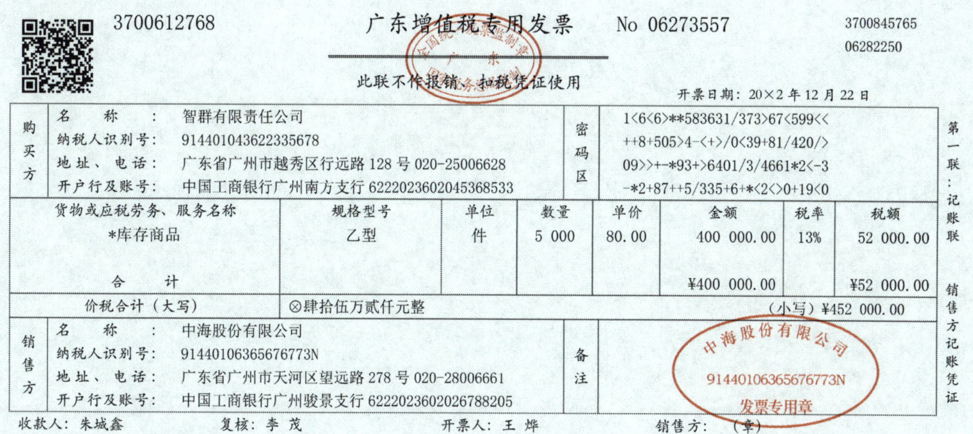

3700612768　　**广东增值税专用发票**　　No 06273557　　3700845765　06282250

此联不作报销、扣税凭证使用

开票日期：20×2 年 12 月 22 日

购买方	名　　称：智群有限责任公司 纳税人识别号：914401043622335678 地 址、电 话：广东省广州市越秀区行远路 128 号 020-25006628 开户行及账号：中国工商银行广州南方支行 6222023602045368533	密码区	1<6<6>**583631/373>67<599<< ++8+505>4-<+>/0<39+81/420/> 09>>+-*93+>6401/3/4661*2<-3 -*2+87++5/335+6+*<2<>0+19<0

货物或应税劳务、服务名称	规格型号	单位	数量	单价	金额	税率	税额
*库存商品	乙型	件	5 000	80.00	400 000.00	13%	52 000.00
合　　计					¥400 000.00		¥52 000.00
价税合计（大写）	⊗肆拾伍万贰仟元整					（小写）	¥452 000.00

销售方	名　　称：中海股份有限公司 纳税人识别号：91440106365676773N 地 址、电 话：广东省广州市天河区望远路 278 号 020-28006661 开户行及账号：中国工商银行广州骏景支行 6222023602026788205	备注	中海股份有限公司 91440106365676773N 发票专用章

收款人：朱城鑫　　复核：李 茂　　开票人：王 烨　　销售方：（章）

第一联：记账联　销售方记账凭证

凭证 16-2

销售单

购货单位：智群有限责任公司　　地址：广州市越秀区行远路 128 号　　单据编号：1098733

纳税识别号：914401043622335678　　开户行：中国工商银行广州南方支行　　制单日期：20×2 年 12 月 22 日

编码	产品名称	规格	单位	单价	数量	金额	备注
202	库存产品	乙型	件	80.00	5 000	400 000.00	不含税价

第二联　会计联

销售经理：陈青英　　经办人：许培程　　财务经理：周冬林

凭证 16-3

商业承兑汇票

出票日期（大写）　贰零×贰 年 壹拾贰 月 贰拾贰 日　　2　　00250021　53037763

付款人	全　称	智群有限责任公司	收款人	全称	中海股份有限公司
	账　号	6222023602045368533		账号	6222023602026788205
	开户银行	中国工商银行广州南方支行		开户银行	中国工商银行广州骏景支行

出票金额	人民币（大写）肆拾伍万贰仟元整	十	亿	千	百	十	万	千	百	十	元	角	分
				¥	4	5	2	0	0	0	0	0	0

汇票到期日（大写）	贰零×叁年零陆月贰拾贰日	付款人开户行	行号	105582112718
交易合同号	-		地址	中国工商银行广州南方支行

本汇票已经承兑，到期无条件付款　　智群有限责任公司 财务专用章　刘浩 印然

承兑人签章

承兑日期　20×2 年 12 月 22 日

本汇票请予以承兑，到期无条件付款　　智群有限责任公司 财务专用章　刘浩 印然

出票人签章

此联持票人开户行随托收凭证寄付款人开户行作借方凭证附件

凭证 17-1

中国工商银行 业务回单（收款）

日期：20×2年12月23日
回单编号：19269000124
付款人户名：君宜有限责任公司　　付款人开户行：中国工商银行广州南方支行
付款人账号（卡号）：6222023602025378207
收款人户名：中海股份有限公司　　收款人开户行：中国工商银行广州骏景支行
收款人账号（卡号）：6222023602026788205
金额：人民币叁万元整　　小写：30 000.00
业务（产品）种类：网银互联　凭证种类：00000000　凭证号码：000000000000000
摘要：预付购货款　用途：　币种：人民币
交易机构：0160600022　记账柜员：00231　交易代码：51009　渠道：其他
附言：　支付交易序号：19451122　报文种类：IBP101网银贷记业务报文　委托日期：20×2-12-23

本回单为第一次打印，注意重复　打印日期：20×2年12月23日　打印柜员：9　验证码：

（印章：中国工商银行股份有限公司 广州骏景支行 业务专用章 3DBHRB5878562）

凭证 18-1

3700612779　**广东增值税专用发票**　No 06273549　3700822765 06285951

此联不作报销、扣税凭证使用

开票日期：20×2年12月24日

购买方	名称：卓创有限责任公司 纳税人识别号：91440104362346661P 地址、电话：广东省广州市越秀区一进路67号 020-24366625 开户行及账号：中国工商银行广州南方支行 6222023602023889901	密码区	1<6<6>**584431/373>67<599<< ++8+505>4-<+>/0<39+81/420/> 09>>+-*93+>6401/3/4665*2<-3 -*2+87++5/338+6+*<2<>0+19<0	

货物或应税劳务、服务名称	规格型号	单位	数量	单价	金额	税率	税额
*原材料	2号	件	500	60.00	30 000.00	13%	3 900.00
合　计					¥30 000.00		¥3 900.00
价税合计（大写）	⊗叁万叁仟玖佰元整					（小写）¥33 900.00	

销售方	名称：中海股份有限公司 纳税人识别号：91440106365676773N 地址、电话：广东省广州市天河区望远路278号 020-28006661 开户行及账号：中国工商银行广州骏景支行 6222023602026788205	备注	（印章：中海股份有限公司 91440106365676773N 发票专用章）

收款人：朱城鑫　复核：李茂　开票人：王烨　销售方：（章）

第一联：记账联　销售方记账凭证

凭证 18-2

销售单

购货单位：卓创有限责任公司　地址：广州市越秀区一进路67号　单据编号：1098738
纳税识别号：91440104362346661P　开户行：中国工商银行广州南方支行　制单日期：20×2年12月24日

编码	产品名称	规格	单位	单价	数量	金额	备注
102	原材料	2号	千克	60.00	500	30 000.00	不含税价

第二联 会计联

销售经理：陈青英　经办人：许培程　财务经理：周冬林

凭证 18-3

中国工商银行　业务回单（收款）

日期：20×2 年 12 月 24 日
回单编号：19269000177
付款人户名：卓创有限责任公司　　付款人开户行：中国工商银行广州南方支行
付款人账号（卡号）：6222023602023889901
收款人户名：中海股份有限公司　　收款人开户行：中国工商银行广州骏景支行
收款人账号（卡号）：6222023602026788205
金额：人民币叁万叁仟玖佰元整　　小写：33 900.00
业务（产品）种类：网银互联　　凭证种类：00000000　　凭证号码：000000000000000
摘要：预付购货款　　用途：　　币种：人民币
交易机构：0160600012　　记账柜员：00211　　交易代码：51012　　渠道：其他
附言：　　支付交易序号：19451142　　报文种类：IBP101 网银贷记业务报文　　委托日期：20×2-12-24

本回单为第一次打印，注意重复　　打印日期：20×2 年 12 月 24 日　　打印柜员：5　　验证码：

（印章：中国工商银行股份有限公司 广州骏景支行 业务专用章 3CBCWB6878472）

凭证 19-1

原材料出库单

20×2 年 12 月 24 日　　单号：CK-0045

提货单位或领货部门		卓创有限责任公司		销售单号	1098808	发出仓库	原材料库
编号	名称	规格	单位	数量		单价	金额
				应发	实发		
102	2#材料		千克	500	500	43.00	21 500.00
合　计							¥21 500.00

仓库主管：余临语　　会计：廖韵秋　　经办人：许培程

凭证 20-1

付款申请书

20×2 年 12 月 26 日

<table>
<tr><td>用途及情况</td><td colspan="11">金额</td><td colspan="4">收款单位（人）：创为广告有限公司</td></tr>
<tr><td rowspan="2">支付销售费用</td><td>亿</td><td>千</td><td>百</td><td>十</td><td>万</td><td>千</td><td>百</td><td>十</td><td>元</td><td>角</td><td>分</td><td colspan="4">账号：6222021607529289287</td></tr>
<tr><td></td><td></td><td></td><td>¥</td><td>2</td><td>2</td><td>0</td><td>0</td><td>0</td><td>0</td><td>0</td><td colspan="4">开户行：中国工商银行广州南方支行</td></tr>
<tr><td>金额（大写）
合计</td><td colspan="11">人民币贰万贰仟元整</td><td colspan="4">结算方式：　网银转账</td></tr>
<tr><td rowspan="2">总经理</td><td rowspan="2" colspan="3">恰卢印希</td><td rowspan="2" colspan="3">财务部门</td><td colspan="2">经理</td><td colspan="3">周冬林</td><td rowspan="2">业务部门</td><td>经理</td><td colspan="2">陈青英</td></tr>
<tr><td colspan="2">会计</td><td colspan="3">廖韵秋</td><td>经办人</td><td colspan="2">许培程</td></tr>
</table>

凭证 20-2

中国工商银行 网上银行电子回单

电子回单号码：0005358467972592

付款人	户　名	中海股份有限公司	收款人	户　名	创为广告有限公司
	账　号	6222023602026788205		账　号	6222023602029289287
	开户银行	中国工商银行广州骏景支行		开户银行	中国工商银行广州南方支行
金　额		人民币贰万贰仟元整		￥22 000.00	
摘　要		支付销售费用	业务（产品）种类		
用　途		销售费用			
交易流水号		00086561	时间戳	20×2-12-26-12：25：35　067547	
中国工商银行 电子回单 专用章		备注： 附言：　支付交易序号：　报文种类：　汇兑支付报文 委托日期：　业务种类：　普通汇兑　收款人地址：　付款人地址：			
		验证码：YUASHIJKONUOMNSLWB			
记账网点　0035		记账柜员　000237		记账日期　20×2-12-26	

打印日期：20×2 年 12 月 26 日

凭证 21-1

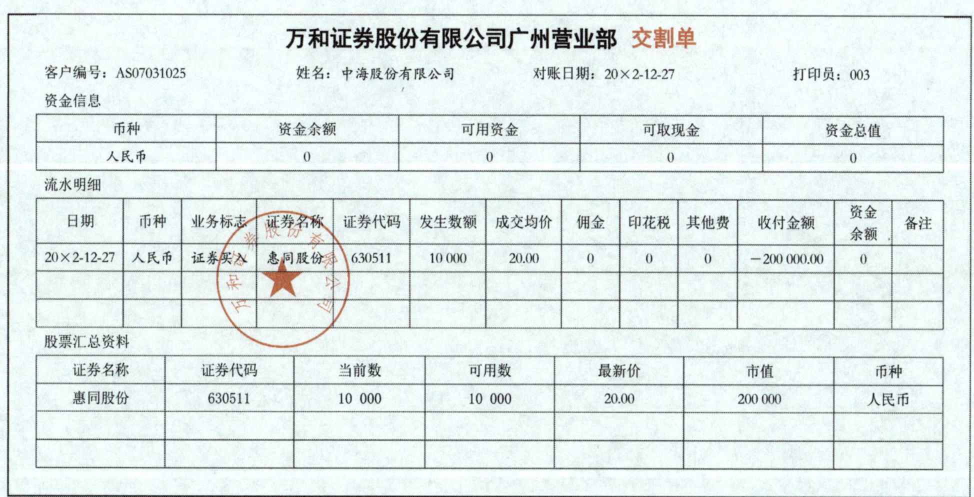

万和证券股份有限公司广州营业部 交割单

客户编号：AS07031025　姓名：中海股份有限公司　对账日期：20×2-12-27　打印员：003

资金信息

币种	资金余额	可用资金	可取现金	资金总值
人民币	0	0	0	0

流水明细

日期	币种	业务标志	证券名称	证券代码	发生数额	成交均价	佣金	印花税	其他费	收付金额	资金余额	备注
20×2-12-27	人民币	证券买入	惠同股份	630511	10 000	20.00	0	0	0	−200 000.00	0	

股票汇总资料

证券名称	证券代码	当前数	可用数	最新价	市值	币种
惠同股份	630511	10 000	10 000	20.00	200 000	人民币

凭证 22-1

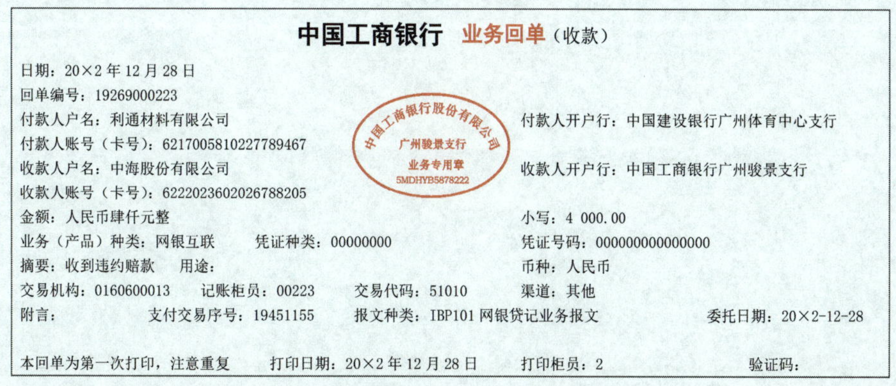

中国工商银行 业务回单（收款）

日期：20×2 年 12 月 28 日

回单编号：19269000223

付款人户名：利通材料有限公司　付款人开户行：中国建设银行广州体育中心支行

付款人账号（卡号）：6217005810227789467

收款人户名：中海股份有限公司　收款人开户行：中国工商银行广州骏景支行

收款人账号（卡号）：6222023602026788205

金额：人民币肆仟元整　小写：4 000.00

业务（产品）种类：网银互联　凭证种类：00000000　凭证号码：000000000000000

摘要：收到违约赔款　用途：　币种：人民币

交易机构：0160600013　记账柜员：00223　交易代码：51010　渠道：其他

附言：　支付交易序号：19451155　报文种类：IBP101 网银贷记业务报文　委托日期：20×2-12-28

本回单为第一次打印，注意重复　打印日期：20×2 年 12 月 28 日　打印柜员：2　验证码：

凭证 23-1

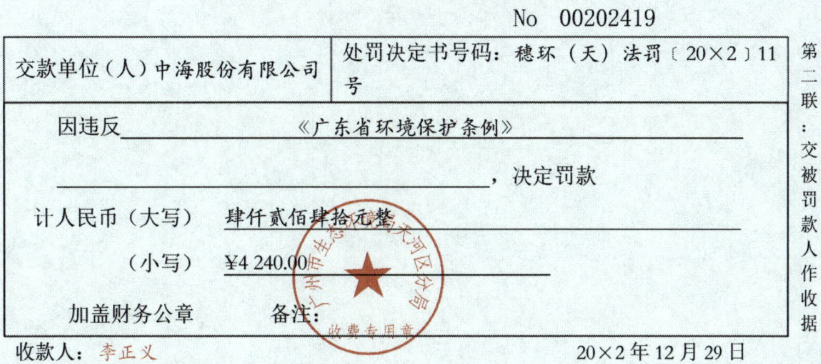

广州市生态环境局违规裁决处罚收据

No　00202419

交款单位（人）中海股份有限公司	处罚决定书号码：穗环（天）法罚〔20×2〕11号

因违反《广东省环境保护条例》，决定罚款

计人民币（大写）肆仟贰佰肆拾元整

（小写）¥4 240.00

加盖财务公章　　备注：

第二联：交被罚款人作收据

收款人：李正义　　20×2年12月29日

凭证 23-2

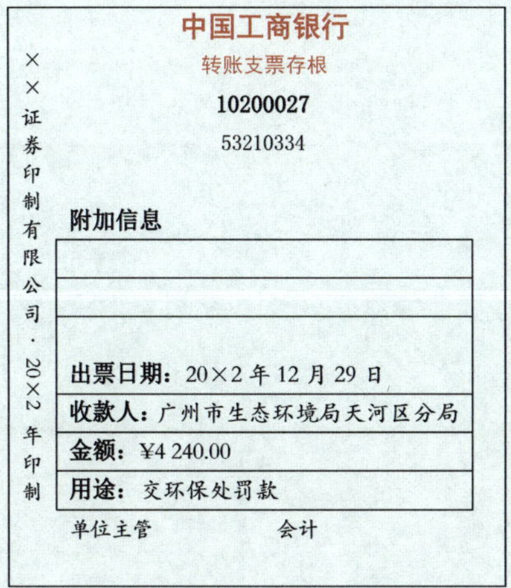

中国工商银行

转账支票存根

10200027

53210334

××证券印制有限公司·20×2年印制

附加信息

出票日期：20×2年12月29日

收款人：广州市生态环境局天河区分局

金额：¥4 240.00

用途：交环保处罚款

单位主管　　会计

凭证 24-1

万和证券股份有限公司广州营业部 交割单

客户编号：AS07031025　　姓名：中海股份有限公司　　对账日期：20×2-12-29　　打印员：005

资金信息

币种	资金余额	可用资金	可取现金	资金总值
人民币	286 000.00	286 000.00	286 000.00	286 000.00

流水明细

日期	币种	业务标志	证券名称	证券代码	发生数额	成交均价	佣金	印花税	其他费	收付金额	资金余额	备注
20×2-12-29	人民币	证券卖出	惠同股份	630511	10 000	28.60	0	0	0	286 000.00	286 000.00	

股票汇总资料

证券名称	证券代码	当前数	可用数	最新价	市值	币种

凭证 24-2

中国工商银行 业务回单（收款）

日期：20×2 年 12 月 29 日
回单编号：19269001245
付款人户名：万和证券有限责任公司　　付款人开户行：交通银行淄博淄川支行
付款人账号（卡号）：6222521048035256
收款人户名：中海股份有限公司　　收款人开户行：中国工商银行广州骏景支行
收款人账号（卡号）：6222023602026788205
金额：人民币贰拾捌万陆仟元整　　小写：286 000.00
业务（产品）种类：网银互联　　凭证种类：00000000　　凭证号码：000000000000000
摘要：转售出股票款　　用途：　　币种：人民币
交易机构：0160600015　　记账柜员：00216　　交易代码：51016　　渠道：其他
附言：　　支付交易序号：19451133　　报文种类：IBP101 网银贷记业务报文　　委托日期：20×2-12-29

本回单为第一次打印，注意重复　　打印日期：20×2 年 12 月 29 日　　打印柜员：4　　验证码：

（印章：中国工商银行股份有限公司 广州骏景支行 业务专用章 5LDHYC5676721）

凭证 25-1

短期借款应付利息计算表

付息单位：中海股份有限公司　　计息截止日期：

序号	借款开始日期	本金	月利率	月利息	累计应付利息
1	20×2-12-03	200 000	0.5%	1 000.00	1 000.00
合　计					

审核：谢树荣　　复核：李　茂　　制单：王　烨

凭证 26-1

长期借款应付利息计算表

付息单位：中海股份有限公司　　计息截止日期：

序号	借款开始日期	本金	年利率	年利息	累计应付利息
1	20×2-12-04	1 140 000	8%	91 200.00	7 600.00
合　计					

审核：谢树荣　　复核：李　茂　　制单：王　烨

凭证 27-1

领　　料　　单

领料部门：生产车间

用途：产品及车间一般耗用　　　20×2 年 12 月 31 日　　　第 002 号

材料编号	材料名称	材料规格	用途	单位	数量		成本	
					请领	实发	单价	总价
101	原材料	1 号	甲产品耗用	千克	500	500	162.00	81 000.00
102	原材料	2 号		千克	1 000	1 000	43.00	43 000.00
101	原材料	1 号	乙产品耗用	千克	600	600	162.00	97 200.00
102	原材料	2 号		千克	800	800	43.00	34 400.00
102	原材料	2 号	车间耗用	千克	100	100	43.00	4 300.00
合　计								¥259 900.00
备　注								

第三联　记账联

部门经理：余临语　　会计：廖韵秋　　仓库：黄佳慧　　经办人：方音彤

凭证 28-1

职工薪酬汇总表

20×2 年 12 月 31 日

单位：元

部门成员		短期薪酬					合计
		应付工资	医疗保险	工伤保险	生育保险	住房公积金	
			10%	0.2%	0.8%	12%	
生产工人	甲产品	450 000	（略）				450 000
	乙产品	350 000					350 000
车间管理人员		60 000					60 000
行政管理人员		100 000					100 000
合　计		960 000					960 000

审核：谢树荣　　复核：李　茂　　制表：王　烨

凭证 29-1

固定资产折旧计算表

20×2 年 12 月 31 日　　　单位：元

使用单位和固定资产类别		原值	折旧方法	本月应计提折旧额
生产车间	厂房	200 000.00	平均年限法	20 000.00
	生产设备	266 000.00	年数总和法	105 000.00
	小计	466 000.00		125 000.00
管理部门	办公楼	30 000.00	平均年限法	3 000.00
	管理设备	180 000.00	平均年限法	30 000.00
	小计	210 000.00		33 000.00
销售部门	管理设备	-		
合　计		676 000.00		158 000.00

审核：谢树荣　　复核：李　茂　　制单：王　烨

凭证 30-1

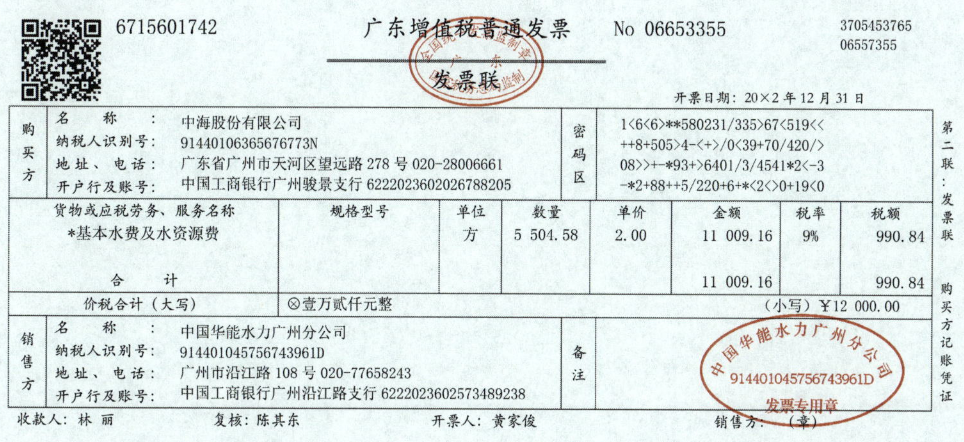

6715601742　　**广东增值税普通发票**　　No 06653355　　3705453765 06557355

发票联

开票日期：20×2 年 12 月 31 日

购买方	名称：中海股份有限公司 纳税人识别号：91440106365676773N 地址、电话：广东省广州市天河区望远路 278 号 020-28006661 开户行及账号：中国工商银行广州骏景支行 6222023602026788205		密码区	1<6<6>**580231/335>67<519<< ++8+505>4-<+>/0<39+70/420/> 08>>+-*93+>6401/3/4541*2<-3 -*2+88++5/220+6+*<2<>0+19<0			
货物或应税劳务、服务名称	规格型号	单位	数量	单价	金额	税率	税额
*基本水费及水资源费		方	5 504.58	2.00	11 009.16	9%	990.84
合　　计					11 009.16		990.84
价税合计（大写）	⊗壹万贰仟元整				（小写）¥12 000.00		
销售方	名称：中国华能水力广州分公司 纳税人识别号：914401045756743961D 地址、电话：广州市沿江路 108 号 020-77658243 开户行及账号：中国工商银行广州沿江路支行 6222023602573489238		备注				

收款人：林 丽　　复核：陈其东　　开票人：黄家俊　　销售方：（章）

第二联：发票联　购买方记账凭证

凭证 30-2

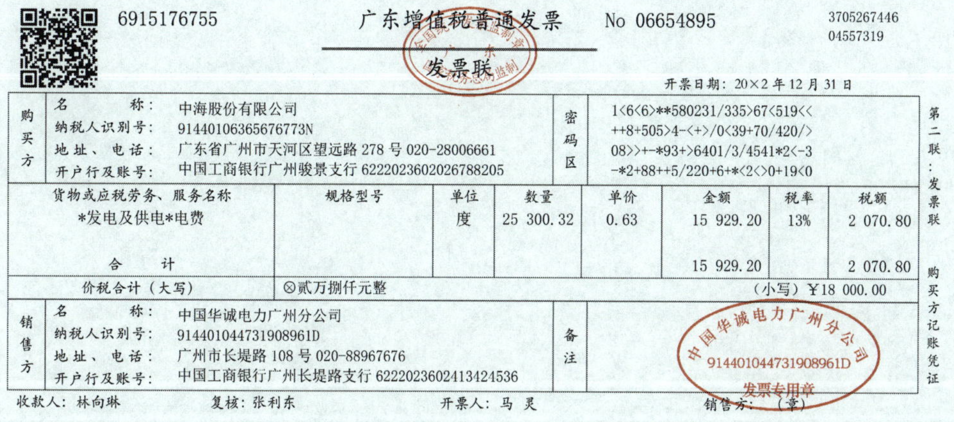

6915176755　　**广东增值税普通发票**　　No 06654895　　3705267446 04557319

发票联

开票日期：20×2 年 12 月 31 日

购买方	名称：中海股份有限公司 纳税人识别号：91440106365676773N 地址、电话：广东省广州市天河区望远路 278 号 020-28006661 开户行及账号：中国工商银行广州骏景支行 6222023602026788205		密码区	1<6<6>**580231/335>67<519<< ++8+505>4-<+>/0<39+70/420/> 08>>+-*93+>6401/3/4541*2<-3 -*2+88++5/220+6+*<2<>0+19<0			
货物或应税劳务、服务名称	规格型号	单位	数量	单价	金额	税率	税额
*发电及供电*电费		度	25 300.32	0.63	15 929.20	13%	2 070.80
合　　计					15 929.20		2 070.80
价税合计（大写）	⊗贰万捌仟元整				（小写）¥18 000.00		
销售方	名称：中国华诚电力广州分公司 纳税人识别号：914401044731908961D 地址、电话：广州市长堤路 108 号 020-88967676 开户行及账号：中国工商银行广州长堤路支行 6222023602413424536		备注				

收款人：林向琳　　复核：张利东　　开票人：马 灵　　销售方：（章）

第二联：发票联　购买方记账凭证

凭证 30-3

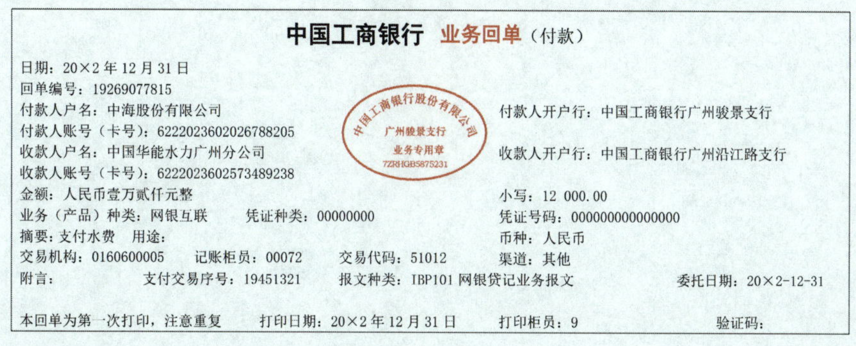

中国工商银行　业务回单（付款）

日期：20×2 年 12 月 31 日
回单编号：19269077815
付款人户名：中海股份有限公司　　付款人开户行：中国工商银行广州骏景支行
付款人账号（卡号）：6222023602026788205
收款人户名：中国华能水力广州分公司　　收款人开户行：中国工商银行广州沿江路支行
收款人账号（卡号）：6222023602573489238
金额：人民币壹万贰仟元整　　小写：12 000.00
业务（产品）种类：网银互联　　凭证种类：00000000　　凭证号码：000000000000000
摘要：支付水费　　用途：　　币种：人民币
交易机构：0160600005　　记账柜员：00072　　交易代码：51012　　渠道：其他
附言：　　支付交易序号：19451321　　报文种类：IBP101 网银贷记业务报文　　委托日期：20×2-12-31

本回单为第一次打印，注意重复　　打印日期：20×2 年 12 月 31 日　　打印柜员：9　　验证码：

凭证 30-4

中国工商银行 业务回单（付款）

日期：20×2 年 12 月 31 日
回单编号：19269077759
付款人户名：中海股份有限公司　　付款人开户行：中国工商银行广州骏景支行
付款人账号（卡号）：6222023602026788205
收款人户名：中国华诚电力广州分公司　　收款人开户行：中国工商银行广州长堤路支行
收款人账号（卡号）：6222023602413424536
金额：人民币壹万捌仟元整　　小写：18 000.00
业务（产品）种类：网银互联　凭证种类：00000000　　凭证号码：000000000000000
摘要：支付电费　用途：　　币种：人民币
交易机构：0160600018　记账柜员：00062　交易代码：51049　渠道：其他
附言：　支付交易序号：19450046　报文种类：IBP101 网银贷记业务报文　委托日期：20×2-12-31

本回单为第一次打印，注意重复　打印日期：20×2 年 12 月 31 日　打印柜员：2　验证码：

（印章：中国工商银行股份有限公司 广州骏景支行 业务专用章 4AFHGC3865332）

凭证 31-1

制造费用分配表

20×2 年 12 月 31 日　　金额单位：元

产品名称	制造费用	分配标准（工时）	分配率（元/小时）	分配金额
甲产品	215 000	12 000	10.75	129 000
乙产品		8 000	10.75	86 000
合　计	215 000	20 000		215 000

审核：谢树荣　　复核：李　茂　　制表：王　烨

凭证 32-1

产品成本计算表

金额单位：元

产品名称	成本项目	产品成本	完工产品数（件）	单位成本
甲产品	直接材料	124 000	10 000	12.40
	直接人工	450 000		45.00
	制造费用	129 000		12.90
	小计	703 000		70.30
乙产品	直接材料	131 600	20 000	6.58
	直接人工	350 000		17.50
	制造费用	86 000		4.30
	小计	567 600		28.38
合计		1 270 600		

审核：谢树荣　　复核：李　茂　　制表：王　烨

凭证 32-2

入　　库　　单

20×2 年 12 月 31 日　　　　单号：CP-5101

交来单位及部门		生产车间		验收入库	成品库	入库日期	20×21231
编号	名称	规格	单位	数量		实际价格	
				交库	实收	单价	金额
201	库存产品	甲型	件	10 000	10 000	70.30	703 000
合　计							

第三联　记账联

仓库主管：余临语　　　　会计：廖韵秋　　　　经办人：方音彤

凭证 32-3

入　　库　　单

20×2 年 12 月 31 日　　　　单号：CP-5102

交来单位及部门		生产车间		验收入库	成品库	入库日期	20×21231
编号	名称	规格	单位	数量		实际价格	
				交库	实收	单价	金额
202	库存产品	乙型	件	20 000	20 000	28.38	567 600
合　计							

第三联　记账联

仓库主管：余临语　　　　会计：廖韵秋　　　　经办人：方音彤

凭证 33-1

产品销售成本计算单

20×2 年 12 月　　　　金额单位：元

品名	本月完工		本月销售量	期末结存量	单位成本	销售产品成本	期末存货成本
	数量	金额					
甲产品	10 000	703 000	8 000	2 000	70.30	562 400	140 600
乙产品	20 000	567 600	17 000	3 000	28.38	482 460	85 140
合计		1 270 600				1 044 860	225 740

审核：谢树荣　　　　复核：李　茂　　　　制表：王　烨

凭证 33-2

出　　库　　单

20×2 年 12 月 20 日　　　　单号：CK-0321

提货单位或领货部门		君宜有限责任公司		销售单号	1891456	发出仓库	成品库
编号	名称	规格	单位	数量		单位成本	总成本
				应发	实发		
201	库存产品	甲型	件	8 000	8 000	70.30	562 400
202	库存产品	乙型	件	12 000	12 000	28.38	340 560
合　计							902 960

仓库主管：余临语　　　　会计：廖韵秋　　　　经办人：许培程

凭证 33-3

出　库　单

20×2 年 12 月 22 日　　　　单号：CK-0322

<table>
<tr><td colspan="2">提货单位或
领货部门</td><td colspan="2">智群有限责任公司</td><td>销售单号</td><td>1891457</td><td>发出仓库</td><td>成品库</td></tr>
<tr><td rowspan="2">编号</td><td rowspan="2">名称</td><td rowspan="2">规格</td><td rowspan="2">单位</td><td colspan="2">数量</td><td rowspan="2">单位成本</td><td rowspan="2">总成本</td></tr>
<tr><td>应发</td><td>实发</td></tr>
<tr><td>202</td><td>库存产品</td><td>乙型</td><td>件</td><td>5 000</td><td>5 000</td><td>28.38</td><td>141 900</td></tr>
<tr><td></td><td></td><td></td><td></td><td></td><td></td><td></td><td></td></tr>
<tr><td></td><td></td><td></td><td></td><td></td><td></td><td></td><td></td></tr>
<tr><td colspan="4">合　计</td><td></td><td></td><td></td><td>141 900</td></tr>
</table>

仓库主管：余临语　　　　会计：廖韵秋　　　　经办人：许培程

凭证 34-1

应交城市建设维护税及教育费附加计算表

20×2 年 12 月 31 日　　　　单位：元

税　种	计税金额	税　率	应纳税额
城市维护建设税	157 142.86	7%	11 000
教育费附加	157 142.86	3%	2 000

注：因满足附加税减免政策，教育费附加共计减免 2 714.29 元。

审核：谢树荣　　　　复核：李　茂　　　　制表：王　烨

凭证 34-2

车船税基础信息采集表（机动车）

单位：元

<table>
<tr><td>微机编码</td><td>X74899</td><td colspan="2">纳税人名称</td><td colspan="3">中海股份有限公司</td><td colspan="3" rowspan="2">税务登记证号</td><td rowspan="2">91440106365676773N</td></tr>
<tr><td>联系电话</td><td>020-28006661</td><td colspan="2">注册地</td><td colspan="3">广东省广州市天河区</td></tr>
<tr><td rowspan="3">序号</td><td rowspan="3">车牌号</td><td colspan="5">车辆类型</td><td rowspan="3">发动机号</td><td rowspan="3">行驶证登记地址（住址）</td><td rowspan="3">行驶证登记日期</td><td rowspan="3">应纳税额</td></tr>
<tr><td colspan="2">载客汽车（包括电车）</td><td colspan="2">载货汽车及其他车型</td><td rowspan="2">排量</td></tr>
<tr><td>车型</td><td>载客人数</td><td>车型</td><td>自重（吨）</td></tr>
<tr><td>1</td><td>A68372</td><td>大型</td><td>20</td><td></td><td></td><td></td><td colspan="3" rowspan="4">（略）</td><td>510</td></tr>
<tr><td>2</td><td>A27384</td><td>大型</td><td>20</td><td></td><td></td><td></td><td>510</td></tr>
<tr><td>3</td><td>B37489</td><td>中型</td><td>19</td><td></td><td></td><td></td><td>500</td></tr>
<tr><td>4</td><td>N37666</td><td>中型</td><td>15</td><td></td><td></td><td></td><td>480</td></tr>
<tr><td>5</td><td></td><td></td><td></td><td></td><td></td><td></td><td></td><td></td><td></td><td></td></tr>
</table>

注：（1）载客汽车分别按大型、中型、小型、微型客车顺序填报，载货汽车按车型顺序填报。
（2）载客汽车分别按上述车型统计车辆数量和应纳税额；载货汽车分别按车型统计数量和应纳税额。

填报日期：20×2 年 12 月 31 日
单位盖章：

凭证 35-1

收益结转单

20×2 年 12 月 31 日

收益类账户名称	结转“本年利润”前余额
主营业务收入	3 360 000
其他业务收入	30 000
投资收益	86 000
营业外收入	4 000
合计	3 480 000

审核：谢树荣　　复核：李 茂　　制表：王 烨

凭证 36-1

费用结转单

20×2 年 12 月 31 日

收益类账户名称	结转“本年利润”前余额
主营业务成本	1 044 860
其他业务成本	21 500
税金及附加	18 000
销售费用	22 000
管理费用	140 800
财务费用	8 600
营业外支出	4 240
合计	1 260 000

审核：谢树荣　　复核：李 茂　　制表：王 烨

凭证 37-1

应交企业所得税计算表

20×2 年 12 月 31 日

本期利润总额	应纳税所得额	企业所得税税率	应交企业所得税
2 220 000	2 220 000	25%	555 000

审核：谢树荣　　复核：李 茂　　制表：王 烨

凭证 38-1

本年净利润计算表

20×2 年 12 月 31 日

项目	金额
收益总额	3 480 000
费用总额	1 260 000
利润总额	2 220 000
所得税费用	555 000
本年净利润	1 665 000

审核：谢树荣　　　　复核：李　茂　　　　制表：王　烨

凭证 39-1

盈余公积计算表

20×2 年 12 月 31 日　　　　单位：元

项　目	金　额
计提基数	1 665 000
提取法定盈余公积（10%）	166 500

审核：谢树荣　　　　复核：李　茂　　　　制表：王　烨

凭证 40-1

发放股利的股东会决议

（略）

凭证 41-1

利润分配情况表

20×2 年 12 月 31 日

项目	金额
本年净利润	1 665 000
提取盈余公积	166 500
分配现金股利	600 000
本年未分配利润	898 500

审核：谢树荣　　　　复核：李　茂　　　　制表：王　烨

(二) 记账凭证(根据原始凭证填制)

收款凭证 ____字第___号

借方科目: 年 月 日 附件___张

摘要	贷方科目		√	金额									
	总账科目	明细科目		千	百	十	万	千	百	十	元	角	分
合计													

会计主管: 记账: 出纳: 复核: 制单:

收款凭证 ____字第___号

借方科目: 年 月 日 附件___张

摘要	贷方科目		√	金额									
	总账科目	明细科目		千	百	十	万	千	百	十	元	角	分
合计													

会计主管: 记账: 出纳: 复核: 制单:

收款凭证 ____字第___号

借方科目: 年 月 日 附件___张

摘要	贷方科目		√	金额									
	总账科目	明细科目		千	百	十	万	千	百	十	元	角	分
合计													

会计主管: 记账: 出纳: 复核: 制单:

收款凭证 ____字第___号

借方科目: 年 月 日 附件___张

摘要	贷方科目		√	金额									
	总账科目	明细科目		千	百	十	万	千	百	十	元	角	分
合计													

会计主管: 记账: 出纳: 复核: 制单:

收款凭证　　　　____字第___号

借方科目：　　　　年　月　日　　　　附件___张

摘要	贷方科目		√	金额									
	总账科目	明细科目		千	百	十	万	千	百	十	元	角	分
合计													

会计主管：　　记账：　　出纳：　　复核：　　制单：

收款凭证　　　　____字第___号

借方科目：　　　　年　月　日　　　　附件___张

摘要	贷方科目		√	金额									
	总账科目	明细科目		千	百	十	万	千	百	十	元	角	分
合计													

会计主管：　　记账：　　出纳：　　复核：　　制单：

收款凭证　　　　____字第___号

借方科目：　　　　年　月　日　　　　附件___张

摘要	贷方科目		√	金额									
	总账科目	明细科目		千	百	十	万	千	百	十	元	角	分
合计													

会计主管：　　记账：　　出纳：　　复核：　　制单：

收款凭证　　　　____字第___号

借方科目：　　　　年　月　日　　　　附件___张

摘要	贷方科目		√	金额									
	总账科目	明细科目		千	百	十	万	千	百	十	元	角	分
合计													

会计主管：　　记账：　　出纳：　　复核：　　制单：

付款凭证　　　　____字第___号

贷方科目:　　　　年　月　日　　　　附件___张

摘要	借方科目		√	金额									
	总账科目	明细科目		千	百	十	万	千	百	十	元	角	分
合计													

会计主管:　　记账:　　出纳:　　复核:　　制单:

付款凭证　　　　____字第___号

贷方科目:　　　　年　月　日　　　　附件___张

摘要	借方科目		√	金额									
	总账科目	明细科目		千	百	十	万	千	百	十	元	角	分
合计													

会计主管:　　记账:　　出纳:　　复核:　　制单:

付款凭证　　　　____字第___号

贷方科目:　　　　年　月　日　　　　附件___张

摘要	借方科目		√	金额									
	总账科目	明细科目		千	百	十	万	千	百	十	元	角	分
合计													

会计主管:　　记账:　　出纳:　　复核:　　制单:

付款凭证　　　　____字第___号

贷方科目:　　　　年　月　日　　　　附件___张

摘要	借方科目		√	金额									
	总账科目	明细科目		千	百	十	万	千	百	十	元	角	分
合计													

会计主管:　　记账:　　出纳:　　复核:　　制单:

付款凭证　　　　____字第___号

贷方科目：　　　　年　月　日　　　　附件___张

摘要	借方科目		√	金额									
	总账科目	明细科目		千	百	十	万	千	百	十	元	角	分
合计													

会计主管：　记账：　出纳：　复核：　制单：

付款凭证　　　　____字第___号

贷方科目：　　　　年　月　日　　　　附件___张

摘要	借方科目		√	金额									
	总账科目	明细科目		千	百	十	万	千	百	十	元	角	分
合计													

会计主管：　记账：　出纳：　复核：　制单：

付款凭证　　　　____字第___号

贷方科目：　　　　年　月　日　　　　附件___张

摘要	借方科目		√	金额									
	总账科目	明细科目		千	百	十	万	千	百	十	元	角	分
合计													

会计主管：　记账：　出纳：　复核：　制单：

付款凭证　　　　____字第___号

贷方科目：　　　　年　月　日　　　　附件___张

摘要	借方科目		√	金额									
	总账科目	明细科目		千	百	十	万	千	百	十	元	角	分
合计													

会计主管：　记账：　出纳：　复核：　制单：

付款凭证　　　　____字第___号

贷方科目：　　　　年　月　日　　　　附件___张

摘要	借方科目		√	金额									
	总账科目	明细科目		千	百	十	万	千	百	十	元	角	分
合计													

会计主管：　　记账：　　出纳：　　复核：　　制单：

付款凭证　　　　____字第___号

贷方科目：　　　　年　月　日　　　　附件___张

摘要	借方科目		√	金额									
	总账科目	明细科目		千	百	十	万	千	百	十	元	角	分
合计													

会计主管：　　记账：　　出纳：　　复核：　　制单：

转账凭证　　　　凭证编号：

年　月　日　　　　附件___张

摘要	总账科目	明细科目	√	借方金额										√	贷方金额									
				千	百	十	万	千	百	十	元	角	分		千	百	十	万	千	百	十	元	角	分

会计主管：　　记账：　　复核：　　制单：

转账凭证　　　　凭证编号：

年　月　日　　　　附件___张

摘要	总账科目	明细科目	√	借方金额										√	贷方金额									
				千	百	十	万	千	百	十	元	角	分		千	百	十	万	千	百	十	元	角	分

会计主管：　　记账：　　复核：　　制单：

转账凭证

凭证编号:

年　月　日

附件___张

摘要	总账科目	明细科目	√	借方金额										√	贷方金额								
				千	百	十	万	千	百	十	元	角	分		千	百	十	万	千	百	十	元	角	分

会计主管:　　记账:　　复核:　　制单:

转账凭证

凭证编号:

年　月　日

附件___张

摘要	总账科目	明细科目	√	借方金额										√	贷方金额								
				千	百	十	万	千	百	十	元	角	分		千	百	十	万	千	百	十	元	角	分

会计主管:　　记账:　　复核:　　制单:

转账凭证

凭证编号:

年　月　日

附件___张

摘要	总账科目	明细科目	√	借方金额										√	贷方金额								
				千	百	十	万	千	百	十	元	角	分		千	百	十	万	千	百	十	元	角	分

会计主管:　　记账:　　复核:　　制单:

转账凭证

凭证编号:

年　月　日

附件___张

摘要	总账科目	明细科目	√	借方金额										√	贷方金额								
				千	百	十	万	千	百	十	元	角	分		千	百	十	万	千	百	十	元	角	分

会计主管:　　记账:　　复核:　　制单:

转账凭证　　凭证编号：

年　月　日　　附件___张

摘要	总账科目	明细科目	√	借方金额										√	贷方金额								
				千	百	十	万	千	百	十	元	角	分		千	百	十	万	千	百	十	元	角	分

会计主管：　　记账：　　复核：　　制单：

转账凭证　　凭证编号：

年　月　日　　附件___张

摘要	总账科目	明细科目	√	借方金额										√	贷方金额								
				千	百	十	万	千	百	十	元	角	分		千	百	十	万	千	百	十	元	角	分

会计主管：　　记账：　　复核：　　制单：

转账凭证　　凭证编号：

年　月　日　　附件___张

摘要	总账科目	明细科目	√	借方金额										√	贷方金额								
				千	百	十	万	千	百	十	元	角	分		千	百	十	万	千	百	十	元	角	分

会计主管：　　记账：　　复核：　　制单：

转账凭证　　凭证编号：

年　月　日　　附件___张

摘要	总账科目	明细科目	√	借方金额										√	贷方金额								
				千	百	十	万	千	百	十	元	角	分		千	百	十	万	千	百	十	元	角	分

会计主管：　　记账：　　复核：　　制单：

转账凭证

凭证编号:

年　月　日

附件___张

摘要	总账科目	明细科目	√	借方金额										√	贷方金额								
				千	百	十	万	千	百	十	元	角	分		千	百	十	万	千	百	十	元	角	分

会计主管:　　　　记账:　　　　复核:　　　　制单:

转账凭证

凭证编号:

年　月　日

附件___张

摘要	总账科目	明细科目	√	借方金额										√	贷方金额								
				千	百	十	万	千	百	十	元	角	分		千	百	十	万	千	百	十	元	角	分

会计主管:　　　　记账:　　　　复核:　　　　制单:

转账凭证

凭证编号:

年　月　日

附件___张

摘要	总账科目	明细科目	√	借方金额										√	贷方金额								
				千	百	十	万	千	百	十	元	角	分		千	百	十	万	千	百	十	元	角	分

会计主管:　　　　记账:　　　　复核:　　　　制单:

转账凭证

凭证编号:

年　月　日

附件___张

摘要	总账科目	明细科目	√	借方金额										√	贷方金额								
				千	百	十	万	千	百	十	元	角	分		千	百	十	万	千	百	十	元	角	分

会计主管:　　　　记账:　　　　复核:　　　　制单:

转账凭证

凭证编号:

年　月　日

附件___张

摘要	总账科目	明细科目	√	借方金额										√	贷方金额								
				千	百	十	万	千	百	十	元	角	分		千	百	十	万	千	百	十	元	角	分

会计主管:　　　　记账:　　　　复核:　　　　制单:

转账凭证

凭证编号:

年　月　日

附件___张

摘要	总账科目	明细科目	√	借方金额										√	贷方金额								
				千	百	十	万	千	百	十	元	角	分		千	百	十	万	千	百	十	元	角	分

会计主管:　　　　记账:　　　　复核:　　　　制单:

转账凭证

凭证编号:

年　月　日

附件___张

摘要	总账科目	明细科目	√	借方金额										√	贷方金额								
				千	百	十	万	千	百	十	元	角	分		千	百	十	万	千	百	十	元	角	分

会计主管:　　　　记账:　　　　复核:　　　　制单:

转账凭证

凭证编号:

年　月　日

附件___张

摘要	总账科目	明细科目	√	借方金额										√	贷方金额								
				千	百	十	万	千	百	十	元	角	分		千	百	十	万	千	百	十	元	角	分

会计主管:　　　　记账:　　　　复核:　　　　制单:

转账凭证

凭证编号:

年　月　日

附件___张

摘要	总账科目	明细科目	√	借方金额										√	贷方金额									
				千	百	十	万	千	百	十	元	角	分		千	百	十	万	千	百	十	元	角	分

会计主管:　　　　记账:　　　　复核:　　　　制单:

转账凭证

凭证编号:

年　月　日

附件___张

摘要	总账科目	明细科目	√	借方金额										√	贷方金额									
				千	百	十	万	千	百	十	元	角	分		千	百	十	万	千	百	十	元	角	分

会计主管:　　　　记账:　　　　复核:　　　　制单:

转账凭证

凭证编号:

年　月　日

附件___张

摘要	总账科目	明细科目	√	借方金额										√	贷方金额									
				千	百	十	万	千	百	十	元	角	分		千	百	十	万	千	百	十	元	角	分

会计主管:　　　　记账:　　　　复核:　　　　制单:

转账凭证

凭证编号:

年　月　日

附件___张

摘要	总账科目	明细科目	√	借方金额										√	贷方金额									
				千	百	十	万	千	百	十	元	角	分		千	百	十	万	千	百	十	元	角	分

会计主管:　　　　记账:　　　　复核:　　　　制单:

转账凭证　　　　凭证编号：

年　月　日　　　　附件___张

摘要	总账科目	明细科目	√	借方金额										√	贷方金额									
				千	百	十	万	千	百	十	元	角	分		千	百	十	万	千	百	十	元	角	分

会计主管：　　　　记账：　　　　复核：　　　　制单：

转账凭证　　　　凭证编号：

年　月　日　　　　附件___张

摘要	总账科目	明细科目	√	借方金额										√	贷方金额									
				千	百	十	万	千	百	十	元	角	分		千	百	十	万	千	百	十	元	角	分

会计主管：　　　　记账：　　　　复核：　　　　制单：

转账凭证　　　　凭证编号：

年　月　日　　　　附件___张

摘要	总账科目	明细科目	√	借方金额										√	贷方金额									
				千	百	十	万	千	百	十	元	角	分		千	百	十	万	千	百	十	元	角	分

会计主管：　　　　记账：　　　　复核：　　　　制单：

转账凭证　　　　凭证编号：

年　月　日　　　　附件___张

摘要	总账科目	明细科目	√	借方金额										√	贷方金额									
				千	百	十	万	千	百	十	元	角	分		千	百	十	万	千	百	十	元	角	分

会计主管：　　　　记账：　　　　复核：　　　　制单：

(三) 账页

(1) 日记账

银行存款日记账

开户银行：

账　　号：

年		凭证编号	摘要	对应科目	√	借方										贷方										余额									
月	日					千	百	十	万	千	百	十	元	角	分	千	百	十	万	千	百	十	元	角	分	千	百	十	万	千	百	十	元	角	分

库存现金日记账

年		凭证编号	摘要	对方科目	√	借方										贷方										余额									
月	日					千	百	十	万	千	百	十	元	角	分	千	百	十	万	千	百	十	元	角	分	千	百	十	万	千	百	十	元	角	分

（2）总分类账

总账

会计科目名称及编号：银行存款

年		凭证编号	摘要	借方										贷方										借或贷	余额									
月	日			千	百	十	万	千	百	十	元	角	分	千	百	十	万	千	百	十	元	角	分		千	百	十	万	千	百	十	元	角	分

总账

会计科目名称及编号：

年		凭证编号	摘要	借方										贷方										借或贷	余额									
月	日			千	百	十	万	千	百	十	元	角	分	千	百	十	万	千	百	十	元	角	分		千	百	十	万	千	百	十	元	角	分

总账

会计科目名称及编号：

年		凭证编号	摘要	借方										贷方										借或贷	余额									
月	日			千	百	十	万	千	百	十	元	角	分	千	百	十	万	千	百	十	元	角	分		千	百	十	万	千	百	十	元	角	分

总账

会计科目名称及编号：

年		凭证编号	摘要	借方										贷方										借或贷	余额									
月	日			千	百	十	万	千	百	十	元	角	分	千	百	十	万	千	百	十	元	角	分		千	百	十	万	千	百	十	元	角	分

总账

会计科目名称及编号：

年		凭证编号	摘要	借方										贷方										借或贷	余额									
月	日			千	百	十	万	千	百	十	元	角	分	千	百	十	万	千	百	十	元	角	分		千	百	十	万	千	百	十	元	角	分

总账

会计科目名称及编号：

年		凭证编号	摘要	借方										贷方										借或贷	余额									
月	日			千	百	十	万	千	百	十	元	角	分	千	百	十	万	千	百	十	元	角	分		千	百	十	万	千	百	十	元	角	分

总账

会计科目名称及编号：

年		凭证编号	摘要	借方										贷方										借或贷	余额									
月	日			千	百	十	万	千	百	十	元	角	分	千	百	十	万	千	百	十	元	角	分		千	百	十	万	千	百	十	元	角	分

总账

会计科目名称及编号：

年		凭证编号	摘要	借方										贷方										借或贷	余额									
月	日			千	百	十	万	千	百	十	元	角	分	千	百	十	万	千	百	十	元	角	分		千	百	十	万	千	百	十	元	角	分

总账

会计科目名称及编号:

年		凭证编号	摘要	借方										贷方										借或贷	余额									
月	日			千	百	十	万	千	百	十	元	角	分	千	百	十	万	千	百	十	元	角	分		千	百	十	万	千	百	十	元	角	分

总账

会计科目名称及编号:

年		凭证编号	摘要	借方										贷方										借或贷	余额									
月	日			千	百	十	万	千	百	十	元	角	分	千	百	十	万	千	百	十	元	角	分		千	百	十	万	千	百	十	元	角	分

总账

会计科目名称及编号:

年		凭证编号	摘要	借方										贷方										借或贷	余额									
月	日			千	百	十	万	千	百	十	元	角	分	千	百	十	万	千	百	十	元	角	分		千	百	十	万	千	百	十	元	角	分

总账

会计科目名称及编号:

年		凭证编号	摘要	借方										贷方										借或贷	余额									
月	日			千	百	十	万	千	百	十	元	角	分	千	百	十	万	千	百	十	元	角	分		千	百	十	万	千	百	十	元	角	分

总账

会计科目名称及编号:

年		凭证编号	摘要	借方										贷方										借或贷	余额									
月	日			千	百	十	万	千	百	十	元	角	分	千	百	十	万	千	百	十	元	角	分		千	百	十	万	千	百	十	元	角	分

总账

会计科目名称及编号:

年		凭证编号	摘要	借方										贷方										借或贷	余额									
月	日			千	百	十	万	千	百	十	元	角	分	千	百	十	万	千	百	十	元	角	分		千	百	十	万	千	百	十	元	角	分

总账

会计科目名称及编号：

年		凭证编号	摘要	借方										贷方										借或贷	余额									
月	日			千	百	十	万	千	百	十	元	角	分	千	百	十	万	千	百	十	元	角	分		千	百	十	万	千	百	十	元	角	分

总账

会计科目名称及编号：

年		凭证编号	摘要	借方										贷方										借或贷	余额									
月	日			千	百	十	万	千	百	十	元	角	分	千	百	十	万	千	百	十	元	角	分		千	百	十	万	千	百	十	元	角	分

总账

会计科目名称及编号：

年		凭证编号	摘要	借方										贷方										借或贷	余额									
月	日			千	百	十	万	千	百	十	元	角	分	千	百	十	万	千	百	十	元	角	分		千	百	十	万	千	百	十	元	角	分

总账

会计科目名称及编号：

年		凭证编号	摘要	借方										贷方										借或贷	余额									
月	日			千	百	十	万	千	百	十	元	角	分	千	百	十	万	千	百	十	元	角	分		千	百	十	万	千	百	十	元	角	分

总账

会计科目名称及编号：

年		凭证编号	摘要	借方										贷方										借或贷	余额									
月	日			千	百	十	万	千	百	十	元	角	分	千	百	十	万	千	百	十	元	角	分		千	百	十	万	千	百	十	元	角	分

总账

会计科目名称及编号：

年		凭证编号	摘要	借方										贷方										借或贷	余额									
月	日			千	百	十	万	千	百	十	元	角	分	千	百	十	万	千	百	十	元	角	分		千	百	十	万	千	百	十	元	角	分

总账

会计科目名称及编号：

年		凭证编号	摘要	借方										贷方										借或贷	余额									
月	日			千	百	十	万	千	百	十	元	角	分	千	百	十	万	千	百	十	元	角	分		千	百	十	万	千	百	十	元	角	分

总账

会计科目名称及编号：

年		凭证编号	摘要	借方										贷方										借或贷	余额									
月	日			千	百	十	万	千	百	十	元	角	分	千	百	十	万	千	百	十	元	角	分		千	百	十	万	千	百	十	元	角	分

总账

会计科目名称及编号：

年		凭证编号	摘要	借方										贷方										借或贷	余额									
月	日			千	百	十	万	千	百	十	元	角	分	千	百	十	万	千	百	十	元	角	分		千	百	十	万	千	百	十	元	角	分

总账

会计科目名称及编号:

年		凭证编号	摘要	借方										贷方										借或贷	余额									
月	日			千	百	十	万	千	百	十	元	角	分	千	百	十	万	千	百	十	元	角	分		千	百	十	万	千	百	十	元	角	分

总账

会计科目名称及编号:

年		凭证编号	摘要	借方										贷方										借或贷	余额									
月	日			千	百	十	万	千	百	十	元	角	分	千	百	十	万	千	百	十	元	角	分		千	百	十	万	千	百	十	元	角	分

总账

会计科目名称及编号:

年		凭证编号	摘要	借方										贷方										借或贷	余额									
月	日			千	百	十	万	千	百	十	元	角	分	千	百	十	万	千	百	十	元	角	分		千	百	十	万	千	百	十	元	角	分

总账

会计科目名称及编号:

年		凭证编号	摘要	借方										贷方										借或贷	余额									
月	日			千	百	十	万	千	百	十	元	角	分	千	百	十	万	千	百	十	元	角	分		千	百	十	万	千	百	十	元	角	分

总账

会计科目名称及编号:

年		凭证编号	摘要	借方										贷方										借或贷	余额									
月	日			千	百	十	万	千	百	十	元	角	分	千	百	十	万	千	百	十	元	角	分		千	百	十	万	千	百	十	元	角	分

总账

会计科目名称及编号:

年		凭证编号	摘要	借方										贷方										借或贷	余额									
月	日			千	百	十	万	千	百	十	元	角	分	千	百	十	万	千	百	十	元	角	分		千	百	十	万	千	百	十	元	角	分

总账

会计科目名称及编号：

年		凭证编号	摘要	借方										贷方										借或贷	余额									
月	日			千	百	十	万	千	百	十	元	角	分	千	百	十	万	千	百	十	元	角	分		千	百	十	万	千	百	十	元	角	分

总账

会计科目名称及编号：

年		凭证编号	摘要	借方										贷方										借或贷	余额									
月	日			千	百	十	万	千	百	十	元	角	分	千	百	十	万	千	百	十	元	角	分		千	百	十	万	千	百	十	元	角	分

总账

会计科目名称及编号：

年		凭证编号	摘要	借方										贷方										借或贷	余额									
月	日			千	百	十	万	千	百	十	元	角	分	千	百	十	万	千	百	十	元	角	分		千	百	十	万	千	百	十	元	角	分

总账

会计科目名称及编号:

年		凭证编号	摘要	借方										贷方										借或贷	余额									
月	日			千	百	十	万	千	百	十	元	角	分	千	百	十	万	千	百	十	元	角	分		千	百	十	万	千	百	十	元	角	分

总账

会计科目名称及编号:

年		凭证编号	摘要	借方										贷方										借或贷	余额									
月	日			千	百	十	万	千	百	十	元	角	分	千	百	十	万	千	百	十	元	角	分		千	百	十	万	千	百	十	元	角	分

总账

会计科目名称及编号:

年		凭证编号	摘要	借方										贷方										借或贷	余额									
月	日			千	百	十	万	千	百	十	元	角	分	千	百	十	万	千	百	十	元	角	分		千	百	十	万	千	百	十	元	角	分

总账

会计科目名称及编号:

年		凭证编号	摘要	借方										贷方										借或贷	余额									
月	日			千	百	十	万	千	百	十	元	角	分	千	百	十	万	千	百	十	元	角	分		千	百	十	万	千	百	十	元	角	分

总账

会计科目名称及编号:

年		凭证编号	摘要	借方										贷方										借或贷	余额									
月	日			千	百	十	万	千	百	十	元	角	分	千	百	十	万	千	百	十	元	角	分		千	百	十	万	千	百	十	元	角	分

总账

会计科目名称及编号:

年		凭证编号	摘要	借方										贷方										借或贷	余额									
月	日			千	百	十	万	千	百	十	元	角	分	千	百	十	万	千	百	十	元	角	分		千	百	十	万	千	百	十	元	角	分

总账

会计科目名称及编号：

年		凭证编号	摘要	借方										贷方										借或贷	余额									
月	日			千	百	十	万	千	百	十	元	角	分	千	百	十	万	千	百	十	元	角	分		千	百	十	万	千	百	十	元	角	分

总账

会计科目名称及编号：

年		凭证编号	摘要	借方										贷方										借或贷	余额									
月	日			千	百	十	万	千	百	十	元	角	分	千	百	十	万	千	百	十	元	角	分		千	百	十	万	千	百	十	元	角	分

总账

会计科目名称及编号：

年		凭证编号	摘要	借方										贷方										借或贷	余额									
月	日			千	百	十	万	千	百	十	元	角	分	千	百	十	万	千	百	十	元	角	分		千	百	十	万	千	百	十	元	角	分

总账

会计科目名称及编号：应交税费

年		凭证编号	摘要	借方										贷方										借或贷	余额									
月	日			千	百	十	万	千	百	十	元	角	分	千	百	十	万	千	百	十	元	角	分		千	百	十	万	千	百	十	元	角	分

总账

会计科目名称及编号：利润分配

年		凭证编号	摘要	借方										贷方										借或贷	余额									
月	日			千	百	十	万	千	百	十	元	角	分	千	百	十	万	千	百	十	元	角	分		千	百	十	万	千	百	十	元	角	分

（3）数量金额式明细账

______明细账

编号：　　　　规格：　　　　品名：　　　　单位：　　　　存放地点：

年		凭证编号	摘要	借方													贷方													余额												
月	日			数量	单价	金额											数量	单价	金额											数量	单价	金额										
						亿	千	百	十	万	千	百	十	元	角	分			亿	千	百	十	万	千	百	十	元	角	分			亿	千	百	十	万	千	百	十	元	角	分

______明细账

编号：　　　　规格：　　　　品名：　　　　单位：　　　　存放地点：

年		凭证编号	摘要	借方													贷方													余额												
月	日			数量	单价	金额											数量	单价	金额											数量	单价	金额										
						亿	千	百	十	万	千	百	十	元	角	分			亿	千	百	十	万	千	百	十	元	角	分			亿	千	百	十	万	千	百	十	元	角	分

明细账

编号：　　规格：　　品名：　　单位：　　存放地点：

年		凭证编号	摘要	借方													贷方													余额												
月	日			数量	单价	金额											数量	单价	金额											数量	单价	金额										
						亿	千	百	十	万	千	百	十	元	角	分			亿	千	百	十	万	千	百	十	元	角	分			亿	千	百	十	万	千	百	十	元	角	分

明细账

编号：　　规格：　　品名：　　单位：　　存放地点：

年		凭证编号	摘要	借方													贷方													余额												
月	日			数量	单价	金额											数量	单价	金额											数量	单价	金额										
						亿	千	百	十	万	千	百	十	元	角	分			亿	千	百	十	万	千	百	十	元	角	分			亿	千	百	十	万	千	百	十	元	角	分

明细账

编号： 规格： 品名： 单位： 存放地点：

年		凭证编号	摘要	借方													贷方													余额												
月	日			数量	单价	金额											数量	单价	金额											数量	单价	金额										
						亿	千	百	十	万	千	百	十	元	角	分			亿	千	百	十	万	千	百	十	元	角	分			亿	千	百	十	万	千	百	十	元	角	分

明细账

编号： 规格： 品名： 单位： 存放地点：

年		凭证编号	摘要	借方													贷方													余额												
月	日			数量	单价	金额											数量	单价	金额											数量	单价	金额										
						亿	千	百	十	万	千	百	十	元	角	分			亿	千	百	十	万	千	百	十	元	角	分			亿	千	百	十	万	千	百	十	元	角	分

(4) 多栏式明细账

生产成本明细账

产品名称:

年		凭证编号	摘要	对方科目	直接材料								直接人工								制造费用								……								合计							
月	日				十	万	千	百	十	元	角	分	十	万	千	百	十	元	角	分	十	万	千	百	十	元	角	分	十	万	千	百	十	元	角	分	十	万	千	百	十	元	角	分

生产成本明细账

产品名称:

年		凭证编号	摘要	对方科目	直接材料								直接人工								制造费用								……								合计							
月	日				十	万	千	百	十	元	角	分	十	万	千	百	十	元	角	分	十	万	千	百	十	元	角	分	十	万	千	百	十	元	角	分	十	万	千	百	十	元	角	分

（5）普通明细账

明细账

年		凭证编号	摘要	借方										贷方										借或贷	余额									
月	日			千	百	十	万	千	百	十	元	角	分	千	百	十	万	千	百	十	元	角	分		千	百	十	万	千	百	十	元	角	分

明细账

年		凭证编号	摘要	借方										贷方										借或贷	余额									
月	日			千	百	十	万	千	百	十	元	角	分	千	百	十	万	千	百	十	元	角	分		千	百	十	万	千	百	十	元	角	分

明细账

年		凭证编号	摘要	借方										贷方										借或贷	余额									
月	日			千	百	十	万	千	百	十	元	角	分	千	百	十	万	千	百	十	元	角	分		千	百	十	万	千	百	十	元	角	分

______________ 明细账

年		凭证编号	摘要	借方										贷方										借或贷	余额									
月	日			千	百	十	万	千	百	十	元	角	分	千	百	十	万	千	百	十	元	角	分		千	百	十	万	千	百	十	元	角	分

______________ 明细账

年		凭证编号	摘要	借方										贷方										借或贷	余额									
月	日			千	百	十	万	千	百	十	元	角	分	千	百	十	万	千	百	十	元	角	分		千	百	十	万	千	百	十	元	角	分

______________ 明细账

年		凭证编号	摘要	借方										贷方										借或贷	余额									
月	日			千	百	十	万	千	百	十	元	角	分	千	百	十	万	千	百	十	元	角	分		千	百	十	万	千	百	十	元	角	分

明细账

年		凭证编号	摘要	借方										贷方										借或贷	余额									
月	日			千	百	十	万	千	百	十	元	角	分	千	百	十	万	千	百	十	元	角	分		千	百	十	万	千	百	十	元	角	分

明细账

年		凭证编号	摘要	借方										贷方										借或贷	余额									
月	日			千	百	十	万	千	百	十	元	角	分	千	百	十	万	千	百	十	元	角	分		千	百	十	万	千	百	十	元	角	分

明细账

年		凭证编号	摘要	借方										贷方										借或贷	余额									
月	日			千	百	十	万	千	百	十	元	角	分	千	百	十	万	千	百	十	元	角	分		千	百	十	万	千	百	十	元	角	分

______________明细账

年		凭证编号	摘要	借方										贷方										借或贷	余额									
月	日			千	百	十	万	千	百	十	元	角	分	千	百	十	万	千	百	十	元	角	分		千	百	十	万	千	百	十	元	角	分

______________明细账

年		凭证编号	摘要	借方										贷方										借或贷	余额									
月	日			千	百	十	万	千	百	十	元	角	分	千	百	十	万	千	百	十	元	角	分		千	百	十	万	千	百	十	元	角	分

(6) 应交增值税明细账

应交税费——应交增值税 明细账

月	日	凭证编号	摘要	借方专栏																				贷方专栏																			
				进项税额										已交税金										销项税额										进项税额转出									
				千	百	十	万	千	百	十	元	角	分	千	百	十	万	千	百	十	元	角	分	千	百	十	万	千	百	十	元	角	分	千	百	十	万	千	百	十	元	角	分

（四）财务报表

资产负债表

会企01表

编制单位： ____年__月__日 单位：元

资　　产	期末余额	上年年末余额	负债和所有者权益（或股东权益）	期末余额	上年年末余额
流动资产：			流动负债：		
货币资金			短期借款		
交易性金融资产			交易性金融负债		
衍生金融资产			衍生金融负债		
应收票据			应付票据		
应收账款			应付账款		
应收款项融资			预收款项		
预付款项			合同负债		
其他应收款			应付职工薪酬		
存货			应交税费		
合同资产			其他应付款		
持有待售资产			持有待售负债		
一年内到期的非流动资产			一年内到期的非流动负债		
其他流动资产			其他流动负债		
流动资产合计			**流动负债合计**		
非流动资产：			非流动负债：		
债权投资			长期借款		
其他债权投资			应付债券		
长期应收款			其中：优先股		
长期股权投资			永续债		
其他权益工具投资			租赁负债		
其他非流动金融资产			长期应付款		
投资性房地产			预计负债		
固定资产			递延收益		
在建工程			递延所得税负债		
生产性生物资产			其他非流动负债		
油气资产			**非流动负债合计**		
使用权资产			**负债合计**		

续　表

资　　产	期末余额	上年年末余额	负债和所有者权益（或股东权益）	期末余额	上年年末余额
无形资产			所有者权益(或股东权益)：		
开发支出			实收资本(或股本)		
商誉			其他权益工具		
长期待摊费用			其中:优先股		
递延所得税资产			永续债		
其他非流动资产			资本公积		
非流动资产合计			减:库存股		
			其他综合收益		
			专项储备		
			盈余公积		
			未分配利润		
			所有者权益(或股东权益)合计		
资产总计			**负债和所有者权益(或股东权益)总计**		

利润表

会企 02 表

编制单位：　　　　____年__月　　　　单位:元

项　　目	本期金额	上期金额
一、营业收入		
减:营业成本		
税金及附加		
销售费用		
管理费用		
研发费用		
财务费用		
其中:利息费用		
利息收入		
加:投资收益		
投资收益(损失以"－"号填列)		
其中:对联营企业和合营企业的投资收益		
以摊余成本计量的金融资产终止确认收益(损失以"－"号填列)		

续　表

项　目	本期金额	上期金额
净敞口套期收益(损失以“－”号填列)		
公允价值变动收益(损失以“－”号填列)		
信用减值损失(损失以“－”号填列)		
资产减值损失(损失以“－”号填列)		
资产处置收益(损失以“－”号填列)		
二、营业利润(亏损以“－”号填列)		
加:营业外收入		
减:营业外支出		
三、利润总额(亏损总额以“－”号填列)		
减:所得税费用		
四、净利润(净亏损以“－”号填列)		
(一) 持续经营净利润(净亏损以“－”号填列)		
(二) 终止经营净利润(净亏损以“－”号填列)		
五、其他综合收益的税后净额		
(一) 不能重分类进损益的其他综合收益		
(二) 将重分类进损益的其他综合收益		
六、综合收益总额		
七、每股收益:		
(一) 基本每股收益		
(二) 稀释每股收益		